2018年度上海市哲学社会科学规划青年课题"马克思关于人类社会发展规律的思想研究"（2018EKS004）的阶段性成果。

马克思诞辰200周年纪念文库
The 200th Anniversary Books for Karl Marx

马克思历史规律理论的当代诠释

李国泉 | 著

中央编译出版社
Central Compilation & Translation Press

图书在版编目（CIP）数据

马克思历史规律理论的当代诠释 / 李国泉著 . -- 北京：中央编译出版社，2019.1
ISBN 978-7-5117-3663-5

Ⅰ. ①马…
Ⅱ. ①李…
Ⅲ. ①马克思主义—史学理论—研究
Ⅳ. ① A811.692

中国版本图书馆 CIP 数据核字（2018）第 284953 号

马克思历史规律理论的当代诠释

出 版 人：	葛海彦
责任编辑：	李易明
责任印制：	刘　慧
出版发行：	中央编译出版社
地　　址：	北京西城区车公庄大街乙 5 号鸿儒大厦 B 座（100044）
电　　话：	（010）52612345（总编室）　　（010）52612349（编辑室）
	（010）52612316（发行部）　　（010）52612346（馆配部）
传　　真：	（010）66515838
经　　销：	全国新华书店
印　　刷：	三河市华东印刷有限公司
开　　本：	710 毫米 × 1000 毫米　1/16
字　　数：	220 千字
印　　张：	14.5
版　　次：	2019 年 1 月第 1 版
印　　次：	2019 年 1 月第 1 次印刷
定　　价：	78.00 元

网　　址：	www.cctphome.com　　邮　箱：cctp@cctphome.com
新浪微博：	@中央编译出版社　　微　信：中央编译出版社（ID：cctphome）
淘宝店铺：	中央编译出版社直销店（http：// shop108367160.taobao.com）（010）55626985

本社常年法律顾问：北京市吴栾赵阎律师事务所　闫军　梁勤
凡有印装质量问题，本社负责调换，电话：（010）55626985

序　言

在马克思诞辰200周年这个具有重大纪念意义的日子里，作为李国泉博士的导师，我欣喜地看到他以博士论文为基础著就的《马克思历史规律理论的当代诠释》入选"马克思诞辰200周年纪念文库"。

马克思历史规律理论是马克思主义的理论内核。某种意义上，在新时代学习马克思和马克思主义，首要的是要学习和实践马克思主义关于人类历史发展规律的思想。但令人遗憾的是，对这一思想的机械论和教条主义解读仍出现在诸多阐释马克思主义的论著中，它使对当代中国马克思主义与经典马克思主义的一脉相承关系的论证出现了"断裂"，这严重损害了马克思主义的声誉。

在人类思想史上，构成一个具有原创性的理论体系内核的基本观点，至少应该具备两个必要条件：（1）它们是由这一理论创立者首次发现并提出的；（2）它们同这一理论所要回答的时代课题之间存在内在的逻辑关系。以此观之，斯大林所构建的马克思主义话语体系所强调的"马克思主义的逻辑起点是物质""马克思从自然界运动规律推导出人类历史规律从而构建整个世界运动的体系"等，均不足以成为马克思主义的核心观点。第一，它们在马克思以前，甚至有的在2000多年前，就被提出并论证。关于运动的三大规律的思想，黑格尔也已有较系统的表达。第二，仅仅从这些观点出发，逻辑上无论如何也不能推论出对马克思所要面对的"资本主义向何处去"这一时代课题的回答。

作为马克思主义理论内核的基本观点，在不同研究领域，可以有不同的概括。以实践的唯物主义的理论立场来看，作为马克思主义理论基础的世界观的基本观点，最核心的应该是：（1）生产力是历史发展的最终决定力量；（2）社会基本矛盾是历史发展的根本动力；（3）人民群众是历史的创造者。这些观点不仅是由马克思破天荒地发现并提出的，而且同马克思确立的科学实践观具有内在的相容性，同马克思所要解决的时代课题具有逻辑的必然性。只有坚持这些基本观点，才能真正把握中国特色社会主义理论与马克思主义基本原理"一脉相承"的"脉"之所在。

厘清什么不是马克思主义的核心观点，什么是马克思主义得以创立的理论立场，有助于我们科学把握什么是马克思的原创性思想，什么是马克思主义所发现的历史规律。这一历史规律，就是关于社会发展动力的规律，它表现为"生产关系一定要适应生产力的发展状况"以及"上层建筑一定要适应经济基础的变革要求"。这是任何国家、任何民族的发展都不可抗拒的。

本书最大的特色，就是紧紧围绕消解机械论和教条主义话语的研究目标，探究如何以唯物辩证的思维对马克思历史规律理论进行当代诠释。李国泉博士以马克思恩格斯原著为研究蓝本，真实还原马克思历史规律理论的辩证本质，做出了大量开创性工作。他在研究中以问题为导向，全面反映学术前沿动态，勇于回应并竭力澄清尚未解决的基础理论问题，体现出很强的学术勇气和扎实宽厚的理论功底。同时，他在书中还探讨了马克思历史规律理论对认识当代中国社会主要矛盾的启示，取得许多有新意的研究结论，值得肯定。从总体上看，本书主题鲜明，逻辑结构严密，论证有理有据，是一本可献礼马克思诞辰200周年的优秀学术著作。

陈锡喜

上海交通大学讲席教授

目录

序　言 ··· I

绪　论　还原马克思历史规律理论的辩证本质 ························· 1

第一章　马克思历史规律理论的发生学考察 ··························· 19
　一、"由纯政治转向经济关系"的前奏 ································ 19
　二、"把社会关系归结于生产关系"的探索 ·························· 25
　三、"把生产关系归结于生产力的高度"的探索 ···················· 35
　四、几点补充说明 ··· 45

第二章　马克思对揭示历史规律的主要贡献 ··························· 60
　一、历史规律的基本释义 ··· 60
　二、马克思对历史规律内容的揭示 ·································· 67
　三、社会基本矛盾运动的作用机制探究 ···························· 78
　四、历史规律的内容与两个特殊表现形式的关系 ················· 92

第三章　马克思历史规律理论若干问题再审视 ······················ 100
　一、自然规律与历史规律的关系 ···································· 100

二、社会历史条件与历史规律的"两副面孔"……………… 109

三、历史规律与人之存在的关系之谜……………………… 120

第四章　马克思历史规律理论的地位及其创新发展……………… 137

一、关于马克思历史规律理论地位的三维审视…………… 137

二、马克思历史规律理论对发展 21 世纪马克思主义的意蕴 …… 150

三、坚持问题导向与马克思历史规律理论的创新发展…………… 160

第五章　马克思历史规律理论对认识当代中国社会主要矛盾的启示… 172

一、党的十八大以前的中国社会主要矛盾及其实质……… 173

二、两个"变与不变"与当代中国社会主要矛盾的转化………… 182

三、当代中国社会主要矛盾的转化动力…………………… 193

四、新时代社会主要矛盾的结构及其解决………………… 198

结束语……………………………………………………………… 209

参考文献…………………………………………………………… 213

后　记……………………………………………………………… 223

绪　论　还原马克思历史规律理论的辩证本质

2018年适逢马克思诞辰200周年。在这个历史性时刻，没有什么方式比对马克思的核心思想及其当代意蕴进行解读，更能纪念这位伟大的思想家和革命导师，而历史规律理论恰巧就是这样一种思想。毫无疑问，它在马克思的思想中占据着不可替代的地位。马克思所发现的历史规律，就是关于人类社会发展的规律。在纪念马克思诞辰200周年大会上的讲话中，习近平总书记不仅在谈到马克思所留下的精神财富时首先强调"马克思主义是科学的理论，创造性地揭示了人类社会发展规律"，而且把"学习和实践马克思主义关于人类社会发展规律的思想"当作"学习马克思"的第一要务。① 在当今时代的语境下对马克思历史规律理论进行新的诠释，有利于重温马克思的深邃思想和缅怀马克思的历史功绩，有利于在新的实践中以科学的态度坚持和发展马克思主义。

历史规律理论是马克思一生中最重要的理论贡献，即"两个发现"的核心内容，这一理论构成马克思主义基本原理的硬核。如果根据恩格斯在《在马克思墓前的讲话》一文中的描述，"两个发现"分别是"人类历史的发展规律"和"资产阶级社会的特殊的运动规律"。这样一来，历史规律理论直接构成第一个发现的内容，而且它与第二个发现之间是一般与特殊的关系。倘若以恩格斯在《社会主义从空想到科学的发展》中的表述为依据，"两个发现"则指的是"唯物主义历史观和通过剩余价值揭开资本主义生产的秘密"。在这种意义上，因为历史规律理论不仅是"唯物主义历史观"的核心构成，而且是马克思在《资本论》中"通过剩余价值揭开资本主义生产的秘密"的指导原则，故而它在"两个发现"中的地位亦可想而知。那么，马克思历史规律

---

① 习近平：《在纪念马克思诞辰200周年大会上的讲话》，载《人民日报》，2018年5月5日。

理论对于发展21世纪马克思主义究竟意味着什么？这一理论的彻底性及其重要地位，决定了它对以高度的理论自信推进21世纪马克思主义的创新发展有深刻影响。在某种意义上，不坚持马克思历史规律理论，就不可能真正发展21世纪马克思主义。

国内外学界对这一理论的研究，是系统而深刻的，但这并不能作为我们停下研究脚步的理由。每一种有足够生命力的理论，都会面临被后人不断加以阐释的命运。马克思历史规律理论的魅力就在于，它能够在不同历史阶段的研究和阐发中日益焕发出生机活力。然而，只要有新的阐释，就有可能会导致误解的产生。关于认识和对待马克思历史规律理论的机械论倾向，即便是在马克思主义发展史上，也是客观存在的事实。通过对学术思想史进行梳理和回顾，我们可以清晰地看到：时至今日，这种机械论痕迹依然不同程度地存留在一些马克思主义研究文献中。

研究马克思历史规律理论，首先涉及一个前提性问题，即马克思是否发现了"历史规律"？对此，国内外学界形成了两种截然不同的观点。在《开放社会及其敌人》一书中，卡尔·波普尔认为，马克思并没有揭示人类历史发展的客观规律，马克思对物质利益和阶级斗争的强调从来不是为了解释历史，而是"把它们解释为社会体系——一种在历史进程中发展起来的由各种制度构成的体系——腐化影响的征兆，解释为腐化的结果而不是其原因；解释为历史的反应而不是其推动力"①。假如对马克思所揭示的"历史规律"予以否定，那对于马克思历史规律理论的研究就失去了根基。这种观点在当代西方学界仍然有很大的影响。相比较而言，对于马克思有没有发现历史规律的问题，一些国外马克思主义研究者和国内的绝大部分研究者，则往往持有肯定的态度。在这个前提下，他们对马克思历史规律理论展开了广泛而深入的研究，取得了丰硕的研究成果。从学界研究的总体状况来看，研究的议题主要集中在以下九个问题上：

一是关于马克思建构历史规律理论的逻辑起点。理论的逻辑起点，又称理论立场，也就是构建理论的出发点。围绕不同的逻辑起点，可能会形成对

---

① [英]卡尔·波普尔：《开放社会及其敌人》第2卷，郑一明等译，中国社会科学出版社1999年版，第167—168页。

马克思历史规律理论的不同解释。如何准确理解理论的逻辑起点问题,是我们研究马克思历史规律理论应当首先解答的一个基础性问题。目前单独探讨这一问题的成果尚不多见,但是,对马克思哲学或唯物史观的出发点的研究,却一直是理论界的热点课题,而后者实际上同时回答了马克思创立历史规律理论的逻辑起点问题。针对这一问题,主要形成了三种观点:

其一,"物质"起点论。把"物质"当作马克思思想的逻辑起点的观点,通常以恩格斯晚年关于"哲学基本问题"的论述为论证根据。"物质"起点论在苏联马克思主义哲学教科书中较为普遍,普列汉诺夫、斯大林等人都是这种观点的坚定倡导者。在改革开放以前,我国马克思主义哲学界大多赞同物质起点论,后者有时候也被拓展为"物质本体论"。20世纪80年代以来,随着马克思哲学研究的推进,以抽象的"物质"为逻辑起点或本体的解释范式的缺陷开始逐步暴露。然而,从近30多年国内研究的历史来看,以"物质"为核心的思维模式,从来没有被真正摒弃。张凤莲强烈捍卫"彻底完备的唯物主义",认为只有"物质本体论"才真正构成"历史唯物主义的立论根据"[①]。而声称把原有解释框架发展到"新形态"的研究者,也不在少数。黄书进在《物质本质一元论》一书中就指出:"物质本质一元论是对马克思主义哲学世界观物质本体论实质的新概括。"[②] 近年来,多数研究者则倾向于接受强调唯物论与辩证法相结合的物质起点论。侯惠勤认为,唯物论奠定了科学社会主义的世界观前提,"坚持辩证唯物论是马克思主义的基础"[③]。总体而言,在这类观点模式下,马克思是从物质出发不断推进对社会历史领域的研究,从而揭示了整个客观物质世界的发展规律。即是说,人类社会发展的历史规律是从物质运动中推演出来的。

其二,"实践"起点论。把"实践"归结为马克思哲学出发点的研究者,所依据的文本往往是《关于费尔巴哈的提纲》。这是对"物质"起点论解释范式进行反思的结果,而其形成或多或少受到了早期西方马克思主义者的影响。近年来,持这方面观点的国内学者有所增多。他们往往认为,实践不是对客观物质世界的否定,而"是整个马克思主义哲学的逻辑起点"[④]。按照这种观

[①] 张凤莲:《坚持马克思主义哲学的唯物论本质》,载《哲学研究》,1996年第12期。
[②] 黄书进:《物质本质一元论》,西苑出版社1998年版,第13页。
[③] 侯惠勤:《读好马列经典是博士生的基本功》,载《思想理论教育导刊》,2017年第3期。
[④] 王于、陈朗:《"实践本体论"及其革命意义》,载《哲学动态》,1988年第3期。

点，马克思哲学对旧唯物主义和唯心主义的超越，恰恰体现在它阐明了实践范畴在社会历史中的逻辑先在性；而由于把"实践"作为理论构建的出发点，马克思才得以创立新世界观和发现人类历史发展的一般规律。在持"实践"起点论的学者内部，以是否赞同马克思哲学是实践本体论为标准，又大体可分为两派。在《重读马克思》一书中，何中华指出："实践"作为潜在意义上的"一"，构成整个马克思哲学的始源性基础。也就是说，马克思正是立足于作为本体范畴的实践这一逻辑起点，建构了他独特的本体论思想。① 陈锡喜则不主张直接把马克思哲学归结为抽象的"实践本体论"，但是也肯定"实践"的逻辑在先；从实践的唯物主义的理论立场出发，他在《马克思告诉了我们什么》一书中告诉我们，马克思并没有以自然物质为起点构建解释整个宇宙运动的普遍规律体系。②

其三，"现实的人"起点论。把"现实的人"作为逻辑出发点的学者，其文本依据主要是《德意志意识形态》。将马克思的"现实的人"与费尔巴哈的"抽象的人"联系起来考察，是"现实的人"起点论的主要特点。所谓"现实的人"，就是在历史中从事物质生产活动的人。所以，这种观点有时也被归结为"物质生产"起点论。刘曙光强调："马克思唯物史观区别于以往一切旧哲学的地方，首先在于它的出发点不是'物质'，而是'现实的人'所从事的物质生产或者说是从事物质生产活动的'现实的人'。"③ 根据这种观点，如果不是从"现实的人"出发，马克思就不可能说明生产力、生产关系和上层建筑及其相互关系，其历史规律理论的构建也就无从谈起。在某种意义上，这里像是对"物质"起点论和"实践"起点论的调和，但是显然在其中后者更受倚重。所以，也有许多学者（包括赞同"实践"起点论的学者在内）主张，"物质生产"作为一种对象化活动，最能体现人的实践活动的本质，在这种意义上，"现实的人"起点论与"实践"起点论又具有本质同一性。当然，也有一部分研究者把"物质生产"与"物质"混为一谈，认为"现实的人"起点论实质就是"物质"起点论。

---

① 参见何中华：《重读马克思：一种哲学观的当代诠释》，山东人民出版社2009年版，第120—121页。

② 参见陈锡喜：《马克思告诉了我们什么》，江苏人民出版社2015年版，第94页。

③ 刘曙光：《人的活动与社会历史发展规律的关系》，民族出版社2002年版，第17页。

二是关于马克思与黑格尔主义的关系。研究马克思历史规律理论,不可能避开马克思与黑格尔主义的关系问题。这个重要的理论问题,不仅关乎对马克思历史规律理论的生成条件的理解,同时也关系到对其内容和逻辑的说明。黑格尔主义构成马克思历史理论的思想起点,这在理论界已达成较大共识。在《马克思早期思想研究》中,陈先达和靳辉明指出:"19世纪30年代,黑格尔哲学的分裂和青年黑格尔运动的兴起,为年轻的马克思登上理论高峰,揭开了思想发展的序幕。"[①] 卜祥记在其专著《青年黑格尔派与马克思》中同样认为,青年黑格尔派是我们解读马克思哲学革命文本的直接切入点。[②] 关键的问题在于,黑格尔和青年黑格尔派思想家对马克思究竟产生了多大的影响?确切地讲,青年马克思在多大程度上是一个黑格尔主义者?对于这个问题的解释,至今仍然存在较大的分歧。

这种争议首先体现在关于《博士论文》的讨论上。一种观点认为,《博士论文》不包含"任何马克思特有的思想"[③],或者说它坚持的是黑格尔主义的"自我意识本体论"[④]。当然,也有一些学者持有另一种观点。孙熙国撰文强调,就其基本方面而言,这部著作的哲学性质并不是黑格尔主义的,它是唯物主义历史观的"秘密诞生地"。[⑤] 如何对这两方面的观点做出评价?研究马克思历史规律理论,必须对此做出回答。

在马克思与黑格尔主义的关系中,另一个值得探讨的问题是,马克思关注物质利益难题的历史起点问题。卢秉利提出:应有与现有的矛盾,构成马克思思想逻辑生成的动力。[⑥] 那么,马克思究竟何时开始涉及促使他转向自己的理论立场的经济因素?他何时开始认识到头脑中的黑格尔因素与社会现实之间存在的矛盾?如果我们要以黑格尔因素为线索来探讨马克思历史规律理

---

① 陈先达、靳辉明:《马克思早期思想研究》,中国人民大学出版社2016年版,第1页。
② 参见卜祥记:《青年黑格尔派与马克思》,商务印书馆2015年版,第6页。
③ [英]戴维·麦克莱伦:《青年黑格尔派与马克思》,夏威仪译,商务印书馆1982年版,第74页。
④ 俞吾金:《重新理解马克思——对马克思哲学的基础理论和当代意义的反思》,北京师范大学出版社2013年版,第198页。
⑤ 参见孙熙国:《是地道的唯心主义哲学还是唯物史观的秘密诞生地——马克思〈博士论文〉与唯物史观的创立》,载《学术月刊》,2013年第5期。
⑥ 参见卢秉利:《应有和现有:马克思早期思想逻辑转换的枢纽》,载《广西社会科学》,2003年第10期。

论的生成逻辑,这个问题的解答是至关重要的。遗憾的是,学术界对此似乎并不感兴趣,而是一般笼统地把《莱茵报》时期视为马克思思想转向的起点。

最后,马克思在克罗茨纳赫写作《黑格尔法哲学批判》,对黑格尔主义的方法论和历史观作了深刻的批判,对此,学界似乎没有多大的异议。但是还有必要加强对《黑格尔法哲学批判》与《克罗茨纳赫笔记》关系的研究。苏联学者尼·拉宾就通过对两者关系的研究,认为马克思在自觉转向唯物主义立场的同时,发现了"历史规律"。① 如何评价这个观点,是一个值得进一步思考的理论问题。事实上,准确把握克罗茨纳赫时期的研究成果的地位,有利于我们从中说明马克思历史规律理论的特点。

三是关于马克思与费尔巴哈的思想关系。如同前一个议题一样,这对于探究马克思历史规律理论的重要影响,同样是显而易见的。费尔巴哈的思想究竟对马克思哲学的形成产生了多大的影响?针对这个富有争议的问题,国内外学界形成了两派。

一派认为在马克思思想的发展过程中存在一个独立的"费尔巴哈阶段"。在《马克思主义的基本问题》中,普列汉诺夫指出:费尔巴哈这位"直接的哲学前辈",在很大程度上奠定了马克思"世界观的哲学基础","马克思的认识论是直接从费尔巴哈的认识论发生出来的",他在德法年鉴时期"已经很稳定地站在费尔巴哈的'人道主义'的观点上"。② 这种观点的实质是认为马克思从黑格尔主义转到费尔巴哈主义、再由后者转到唯物主义历史观。由于把费尔巴哈主义作为中介,在马克思的思想进程中就形成了所谓的"费尔巴哈阶段"。这个逻辑进路,同样被用于解释马克思历史规律理论的创立问题。

另一派则持有截然相反的观点。为了反对第二国际"庸俗的马克思主义",早期的西方马克思主义者主张"取消费尔巴哈的优先地位"③。柯尔施在其代表作《马克思主义和哲学》中就指出:费尔巴哈的唯物主义是"抽象的",而马克思从一开始就坚持"历史的和辩证的唯物主义",如果不能首先看到这

---

① 参见[苏]尼·拉宾:《马克思的青年时代》,南京大学外文系俄罗斯语言文学教研室翻译组译,三联书店1982年版,第171页。
② 《普列汉诺夫哲学著作选集》第3卷,生活·读书·新知三联书店1961年版,第138、146、137页。
③ 吴晓明:《形而上学的没落——马克思与费尔巴哈关系的当代解读》,人民出版社2006年版,第95页。

种根本性差异，那么，马克思的唯物主义的意义"就以一种灾难性的和无可挽回的方式被歪曲了"。① 与此相对应，对"费尔巴哈阶段"的取消，造成了关于马克思历史规律理论的形成过程和演进逻辑的另一种解释。

这种争论或多或少地反映在国内学术界的研究之中。国内学者通常偏向于肯定"费尔巴哈阶段"，这种状况在近年来并发生实质性的改变。比如，田毅松就针对这个问题详细论证了"费尔巴哈阶段论的文献学证明"②。当然，质疑的声音也时而有之，但并不构成主流。后一方面的观点指出：我们不能夸大费尔巴哈的影响而忽视他与马克思在思想上的本质不同，在马克思思想的生成过程中，所谓的独立的"费尔巴哈阶段"是虚构的。③

总体而论，国内外这两方面观点争论的根源，在于对马克思早期一些标志性文本中的"费尔巴哈痕迹"，有着不同的理解。在《博士论文》中，没有证据表明费尔巴哈对马克思有什么大的影响。④ 这种状况一度延续到马克思退出《莱茵报》编辑部前夕。对此，理论界基本上是予以肯定的。因而，要重新评价费尔巴哈对马克思的意义，需要加强对《莱茵报》之后马克思的一些代表性作品的研究。比如，在写作《黑格尔法哲学批判》时，马克思是否已经明显受到了费尔巴哈的影响？马克思在1844年到底是不是一个"费尔巴哈派"？马克思在《神圣家族》中在多大程度上"迷信费尔巴哈"？《关于费尔巴哈的提纲》蕴含的理论立场如何体现马克思对费尔巴哈的超越？对这些问题的探究，有利于深化对马克思历史规律理论的研究。

四是关于马克思和恩格斯的思想贡献。这同样是研究马克思历史规律理论无法避开的一个重要问题。通过对《德意志意识形态》进行文本解读，日本学者广松涉强调，如果对两人的见解进行比较的话，"马克思明显落后于恩格斯，历史唯物主义主要是出自恩格斯的独创性见解"⑤。根据这个描述，创立

---

① [德]柯尔施：《马克思主义和哲学》，王南湜、荣新海译，重庆出版社1989年版，第38页。

② 田毅松：《马克思思想发展中是否存在"费尔巴哈阶段"》，载《高校马克思主义理论研究》，2016年第3期。

③ 参见王东、林锋：《马克思哲学存在一个"费尔巴哈阶段"吗？——"两次转变论"质疑》，载《学术月刊》，2007年第4期。

④ 参见[英]戴维·麦克莱伦：《青年黑格尔派与马克思》，夏威仪译，商务印书馆1982年版，第74页。

⑤ [日]广松涉：《文献学语境中的〈德意志意识形态〉》，彭曦翻译，南京大学出版社2005年版，第366页。

历史规律理论的主要贡献，也应主要归功于恩格斯而不是马克思。这个观点有失偏颇，国内理论界许多学者都对其持有反对的态度。只是，对于马克思和恩格斯对创立历史规律理论的贡献问题，还有必要进一步厘清。

研究马克思历史规律理论，同样需要辨析的问题是：在对待自然界与人类历史、自然规律与历史规律的问题上，马克思和恩格斯分别持有何种态度？赵家祥在《质疑"马恩对立论"》一文中表明，马克思和恩格斯对于这两个问题的解释，"在本质上是相同的"①。在《再议恩格斯和马克思的关系》一文中，陈锡喜则进一步指出，恩格斯在晚年深化和发展了马克思的实践观。②

对于这个问题，依然有深化研究的空间。传统的看法认为，恩格斯晚年通过揭示自然界辩证运动的规律，为他和马克思所创立的唯物史观奠定了自然观基础。根据这一认识，历史规律是由自然界的物质运动规律决定的。这在斯大林的《论辩证唯物主义和历史唯物主义》一文中得到鲜明的体现。③为论证马克思和恩格斯的思想一致性，这种观点往往有意忽视自然界与人类社会、自然规律与历史规律的本质差异。而另一部分的学者则主张"对立论"。何中华指出："与马克思相比，恩格斯……拘泥于自然与人的对立，所以必须设想一种与人的存在无关的辩证法，也就是他的那个意义上的'自然辩证法'。"④俞吾金认为，由于把自然置于社会历史之前，恩格斯实际上把自然观放到了比历史观更为基础和核心的位置上。⑤由此似乎就可以得出一个"合乎逻辑"的结论：恩格斯晚年实际上背离了马克思的实践立场，倒退到了"物质本体论"的水平。诚然，在这种视阈下，马克思建构历史规律理论的实践立场得到了凸显，但是，恩格斯思想的真实意义就被遮蔽了。而且这也无法解释一个自相矛盾的问题：既然恩格斯已经倒退到忽视人的机械的"物质本体论"水平，那么，他为何还能够提出"历史合力论"？如何既坚持解读马克思历史规律理论的"实践的唯物主义"立场，又不割裂马克思与恩格斯思

---

① 赵家祥：《质疑"马恩对立论"》，载《教学与研究》，2005年第5期。
② 参见陈锡喜：《再议恩格斯和马克思的关系——兼论恩格斯晚年的唯物辩证法思想》，载《探索与争鸣》，2016年第11期。
③ 参见《斯大林文集》，人民出版社1985年版，第211页。
④ 何中华：《重读马克思：一种哲学观的当代诠释》，山东人民出版社2009年版，第389页。
⑤ 参见俞吾金：《被遮蔽的马克思》，载《学术月刊》，2012年第5期。

想的本质联系，是一个值得深究的问题。

五是关于"多元决定论"与"一元决定论"之争。在国外马克思主义研究阵营中，对马克思历史规律理论的研究，首当其冲的表现是"多元决定论"与"一元决定论"之争。法国学者阿尔都塞在其代表作《保卫马克思》中，对马克思揭示的历史规律作了多元主义的解读，在他看来，经济并不是历史的唯一决定因素，真实的历史形成于经济、政治、意识形态等交替起主导性影响的作用中。① 较之这种"多元决定论"，更多的西方学者则倾向于把马克思揭示的历史必然性与机械的"一元决定论"直接挂钩。早在1890年，德国学者保尔·巴尔特就在《黑格尔和包括马克思及哈特曼在内的黑格尔派的历史哲学》一书中提出这种观点。它后来经由社会民主党内的"青年派"和第二国际理论家的阐释，逐渐发展成为一种颇为流行的观点。这种观点的实质是最大化地模糊马克思与黑格尔的"历史规律"的界限，把前者的"生产力"（经济因素）与后者的"绝对精神"混为一谈。哪怕是在今天，这依然是许多国外学者对马克思的思想预设。所谓的"有机马克思主义"，基于凸显其"学说"的"有机性"的考虑，就故意把马克思的历史规律理论贬低到黑格尔的历史决定论的层次。② 如何对曲解马克思的历史决定论的观点进行驳斥，是我们研究马克思历史规律理论不得不面对的一个重要问题。

六是关于如何解读《〈政治经济学批判〉序言》中的历史规律思想。在中国马克思主义学界，学者们基本上赞同马克思提出了一种不排斥社会结构辩证运动的"一元决定论"，但是在对《〈政治经济学批判〉序言》所概括的"总的结果"的解读过程中发生了分歧。众所周知，这一大段表述主要涉及两个方面的内容：（1）关于社会基本矛盾运动的论述；（2）对经济的社会形态演进的几个时代的说明（这通常被拓展为"五种社会形态"理论）。如何准确认识这两方面内容之间的联系？究竟何者（某一方面或者全部内容）才是马克思所发现的历史规律？近年来，理论界的研究主要围绕"五种社会形态"理论的普遍性而展开。主要的分歧在于：究竟"五种社会形态"的说法是对历史

---

① 参见［法］路易·阿尔都塞：《保卫马克思》，顾良译，商务印书馆2006年版，第208—209页。

② 参见［美］菲利普·克莱顿、贾斯廷·海因泽克：《有机马克思主义——生态灾难与资本主义的替代选择》，孟献丽等译，人民出版社2015年版，第61页。

规律的表现形式所做的大体概括,还是构成历史规律本身或者它的一部分?对于这个分歧,还存在一定的研究空间。

一部分学者认为"五种社会形态"理论是马克思所发现的普遍规律。这其中又分为两派。一是有意忽视马克思得到的"总的结果"的第一个方面的内容。在标题为《社会历史发展规律研究》的著作中,侯绍庄就把绝大部分的篇幅都花在说明"社会形态的演变"问题上,他指出,作为马克思的伟大发现,五种生产方式(社会形态)是人类社会历史发展的普遍真理。[①] 另一种更为常见的观点则主张把两个方面的内容统一起来。通过解读马克思的这个"总的结果",田心铭不仅把马克思所发现的历史规律概括为"生产力与生产关系、经济基础与上层建筑的矛盾运动引起社会变革的规律",而且强调"五种社会形态依次更替是历史发展的一般规律"[②]。当前,许多学者赞同这种观点,他们往往认为:社会基本矛盾运动与五种社会形态的演变是一个不可分割的整体,这个整体才是对历史规律的正确概括;尽管没有一个国家完整地经历过"五种社会形态",但是人类社会历史演进的总体,并没有偏离其所规定的轨道。

另一部分的学者则提出,有且只有第一个方面的内容——社会基本矛盾运动思想,才是对历史规律的科学描述。在他们看来,赋予"五种社会形态"理论以普遍性,或者说把它的线性更替当作一切民族发展的普遍规律,是对马克思历史规律理论的误读,"实质是将马克思关于人类社会发展的历史辩证法观点和思想简单化、教条化"[③]。也有学者依据马克思在1857—1858年所写的经济学手稿,提出不完全相同的"三种社会形态"或者"三阶段"理论,从而达到推翻和否定"五种社会形态"理论的目的。[④] 还有学者依据不同的标

[①] 参见侯绍庄:《社会历史发展规律研究》,贵州民族出版社1997年版。

[②] 田心铭:《马克思对唯物主义历史观要点"扼要的阐述"——读马克思〈政治经济学批判〉序言》,载《红旗文稿》,2015年第5期。

[③] 孙继虎:《对马克思社会发展规律理论两个重大问题的再认识》,载《华东师范大学学报》(哲学社会科学版),2007年第3期。

[④] 参见段忠桥:《对"五种社会形态理论"一个主要依据的质疑——重释〈《政治经济学批判》序言〉的一段著名论述》,载《南京大学学报》(哲学·人文科学·社会科学版),2005年第2期;奚兆永:《关于五种社会形态理论的讨论——兼评〈对"五种社会形态理论"一个主要依据的质疑〉一文》,载《教学与研究》,2006年第2期。

准梳理出多种"马克思认可的社会形态发展规律"。① 其实，庞卓恒的研究早就表明："实际上，马克思虽然对社会形态演进序列作过多次论述，但从未把任何一种演进序列作为人类历史发展的普遍规律。他所作的演进序列的阐述，都有特定的历史背景和针对性。"②

七是关于社会基本矛盾运动的作用机制。生产力和生产关系、经济基础和上层建筑矛盾运动的作用机制问题，在马克思历史规律理论中具有关键性的地位。"分析的马克思主义"代表人物科恩主张运用分析哲学的方法，对生产力的构成、经济结构、社会的物质性和社会性、拜物教、生产力的首要性、生产力和资本主义、经济基础和上层建筑等一系列问题进行澄清，并对这一矛盾运动作了功能解释。③ 不得不说，基于分析哲学方法论的清晰、严谨的研究，在一定程度上深化了我们对社会基本矛盾运动构成要素的理解。然而，由于排斥辩证法，"分析的马克思主义"根本不可能准确把握社会基本矛盾运动的作用机制。相比较而言，在一些研究唯物史观的论著中，国内学者从各个维度对社会基本矛盾运动的构成及其关系做了较为广泛、深入的研究。比如林泰主编的《唯物史观通论》一书，就对生产力的因素及其系统、生产关系体系及其结构层次、经济基础、上层建筑等范畴以及它们之间的作用做了详细的解释。④ 当然，其他的许多论著也涉及这些内容。对于已经取得的研究成绩，应当予以充分肯定。只是专门探讨社会基本矛盾运动的作用机制的成果依然不多见。在一定程度上，我们对于这一作用机制，依然缺乏具体的、严谨的论证。有待进一步深化的问题有：如何在历史的必然性与偶然性的相互作用中理解社会基本矛盾运动的作用形式？如何更加具体地理解生产力对社会历史的决定逻辑？如何看待社会心理在经济基础与上层建筑的矛盾运动中的作用？广义的经济基础是否存在？社会基本矛盾究竟是一个整体性的矛盾，还是两个不同的或者相互联系的矛盾？

---

① 郭强：《马克思的社会形态发展规律思想新探》，载《当代世界与社会主义》，2013年第1期。

② 庞卓恒：《唯物史观与历史科学》，高等教育出版社1999年版，第53页。

③ ［英］G. A. 科恩：《卡尔·马克思的历史理论——一种辩护》，段忠桥译，高等教育出版社2008年版。

④ 参见林泰：《唯物史观通论》，高等教育出版社2001年版。

八是关于历史规律的基本特征。改革开放以来，我国马克思主义哲学界对于规律问题的研究重心，在某种程度上实现了从"整个宇宙的普遍规律"到"人类历史发展的普遍规律"的转变，这不可谓不是理论研究的一大进步。但同时也隐约出现了一种令人担忧的现象：有些学者存在把历史规律神秘化、神圣化的思想倾向。孙承叔在《中国道路与马克思主义哲学研究重心的第二次转向》一文中就注意到了这种现象。① 在这种背景下，对附加在马克思的"历史规律"之上的神秘性的消解，是深化马克思历史规律理论研究的紧迫需要。

把历史规律神秘化，具有客观的原因，那就是作为对本质反思结果的历史规律本身具有抽象性。胡亚军和许恒兵指出，马克思眼中的历史规律，"具有很强的抽象性特征"②。那么，我们应当如何把握历史规律的抽象性与具体性之间的关系？要揭示历史规律的基本特征，首先需要对此展开探讨。对于这个问题的研究，学术界已经有了比较深入的研究。商逾的研究较有代表性，他通过区分"抽象表述"与"具体论述"，论证了历史规律的这两重特征的关系。③ 要真正消解附加在马克思揭示的"历史规律"之上的神秘性，还有必要进一步研究以下重要的基础理论问题，并从中把握"历史规律"的辩证本质。比如，当我们把自然区分为自在自然与人化自然时，历史规律与自然规律之间有何区别和联系？如何深刻理解历史规律的普遍性与社会历史条件的特殊性之间的关系？历史规律是不是一种纯粹的因果制约律？如何合理阐释历史规律的客观性与人的主体性的关系之谜？等等。

九是关于社会主义社会的基本矛盾与主要矛盾的关系。从当代语境解读马克思历史规律理论，应当把这"两种矛盾"的区别和联系阐释清楚。在改革开放初期，刘青华基于拨乱反正的现实需要，为了反对把"社会主要矛盾"归结为"阶级矛盾"，从源头上否定了"社会基本矛盾"和"社会主要矛盾"

---

① 参见孙承叔：《中国道路与马克思主义哲学研究重心的第二次转向》，载《马克思主义与现实》，2014年第1期。

② 胡亚军、许恒兵：《历史规律的抽象性特征——从〈德意志意识形态〉谈起》，载《云南社会科学》，2008年第2期。

③ 参见商逾：《论历史规律的抽象表述与具体论述之关系及其方法论意义》，载《马克思主义研究》，2003年第2期。

这两个概念。① 对此，姜忠则持另外一种态度，他通过研究指出：无论是在资本主义社会，还是在社会主义社会，"两种矛盾"都同样是根源与表现的关系。② 仅就结论而言这是深刻的，但由于把社会主义社会的主要矛盾仍然归结为"阶级矛盾"，这个结论的得出体现了理论研究的历史局限性。

1981年召开的党的十一届六中全会对社会主要矛盾做了规范化的表述。有些学者从新的认识出发对"两种矛盾"的关系进行了探究。张淑君的研究较有代表性，这位学者首先从一般意义上说明"社会基本矛盾"和"社会主要矛盾"的本质同一性，以及它们在层次、时效、作用、稳定性、数量等方面的差异，最后得出结论："人民日益增长的物质文化需要同落后的社会生产之间的矛盾，只是社会主义社会基本矛盾在我国社会主义初级阶段的特殊表现。"③ 近年来，贺祥林和王启妍通过揭示"两种矛盾"之间既区别又联系的关系得出了类似的结论。④ 但是从其论证过程来看，存在两点缺陷：一是以所谓的"四大社会基本矛盾"思想（人口因素与自然环境、生产力与生产关系、经济基础与上层建筑、社会存在与社会意识）改造和解构了马克思历史规律理论；二是只承认社会主要矛盾的历史性，而忽视社会基本矛盾在不同历史条件下所呈现出来的特殊本质。

对"社会基本矛盾"和"社会主要矛盾"关系问题的研究有待加强。而且随着新时代我国社会主要矛盾的转化，对于它们之间的关系的探讨应该被提上一个新的高度。在新的历史方位上，以马克思历史规律理论来为社会主要矛盾的转化问题提供学理论证，具有现实紧迫性。无论是发展21世纪马克思主义，还是推进新时代中国特色社会主义的实践，都亟须从当代语境下对此做出创新性解释。当前，少数的学者已经开始意识到这个问题，并就此展开了一些研究。相关研究还有待进一步推进和深化。这个"大问题"又包含

---

① 参见刘青华：《"社会基本矛盾"和"社会主要矛盾"这两个概念是不恰当的》，载《国内哲学动态》，1979年第4期。

② 参见姜忠：《关于社会主义社会基本矛盾和主要矛盾的关系问题》，载《经济研究》，1978年第7期。

③ 张淑君：《社会主义初级阶段主要矛盾与基本矛盾辨析》，载《长白学刊》，1999年第3期。

④ 参见贺祥林、王启妍：《澄明社会基本矛盾与社会主要矛盾的宏阔视野》，载《理论探讨》，2015年第1期。

了许多值得研究的具体问题。比如，如果说社会基本矛盾运动贯穿于人类社会历史中，那为何在社会发展的不同时期其主要矛盾会有不同的表现形式？怎样以社会基本矛盾理论来说明新时代社会主要矛盾发生变化的新特点？当代中国在不同时期呈现的两个主要矛盾之间是何种关系？它们与社会基本矛盾规律又有何内在关联？等等。

总体而言，国内外理论界的研究主要集中在这些方面，需要说明的是，并不是所有研究都局限在这九个问题上，也有一些学者从其他方面对马克思历史规律理论展开了考察。但是，至少从这些方面的研究现状来看，学术界对于马克思历史规律理论的理解，或多或少还存留着一定的机械论痕迹。这种状况，我们不得不警惕。对于这一课题的研究，在许多方面依然有可以深化的新的拓展空间。对马克思历史规律理论进行当代诠释，最重要的就是要以唯物辩证的思维消解附在这一理论之上的机械论话语，这恰恰是发展21世纪马克思主义需要深入思考的重大课题。

而从现实境遇来看，对此展开深入的研究，首先有利于为坚持中国特色社会主义道路提供理论辩护。当前社会上一部分人，对于"中国现在搞的是不是马克思主义"的问题，仍然存在着模糊的甚至是错误的认知。这种状况产生的理论根源主要有：一是认为中国未经历过资本主义发展阶段直接过渡到"社会主义社会"，有悖于马克思揭示的社会形态演变规律；二是质疑中国改革的"马克思主义属性"，认为这是要"改旗易帜"，是发展"中国特色的资本主义"。这两方面的错误思想之所以得以存在，其实质都与对马克思历史规律理论的机械化理解有关。一方面，把关于"五种社会形态"的依次线性更替图式归结为适用于一切民族的历史规律，当然会否定中国道路与马克思思想的相容性。而另一方面，社会主义改革与中国"跳跃式地"走上社会主义道路一样，从根本上也是由社会基本矛盾运动规律的内在逻辑所决定的；同时，"苏联模式"的社会主义提供了反面的例证，其失败的深层次根源在于未能把握历史规律在社会主义条件下的特殊本质。

消解关于马克思历史规律理论的机械论话语，不仅能从理论上为论证中国道路的合理性提供有力的辩护，而且其现实意义还鲜明地体现为有利于为新时代我国社会主要矛盾的转化提供学理论证。由于对中国共产党的执政环境产生全局性的影响，新时代社会主要矛盾的转化问题实际上构成了当代中国最大的问题。毋庸置疑，要深刻理解这个问题，需要有马克思主义理论基础的论证，需要建立在对历史规律的科学把握之上。如何抓住关于"社会基本矛盾运动规律与当代中国社会主要矛盾转化"这一新的学术生长点，深入揭示马克思历史规律理论的当代意蕴，同样是本书的一个重要考量。

本书将以考察和研究马克思的文本为基础，从其阐发的基本观点出发还原马克思历史规律理论的辩证本质，并从多个维度对这一理论进行当代诠释，以进一步说明它对于认识当代中国社会主要矛盾的启示，从而达到消解机械论倾向的主要研究目标。研究的主要特色表现在：一方面，紧扣拒斥机械论思想倾向的研究主题，有重点地选取一些问题进行解析，追求把研究推向深入和凸显学理性；另一方面，在重视加强对马克思恩格斯思想关联的比较研究的同时，坚持以问题为研究导向，有意识地回应当代学界的一些讨论。而在研究方法上，坚持以马克思主义方法论为指导，本书所坚持的方法论原则主要包括：

第一，坚持历史与逻辑相统一的方法。把对历史的考察和对逻辑的说明辩证地统一起来，是马克思主义坚持的一条重要方法论原则。历史构成逻辑的基础，马克思历史规律理论的逻辑展开，在本质上契合于现实历史过程；逻辑是历史的再现，只有揭示逻辑所蕴含的真实历史内容，才能准确把握马克思的思想。以列宁的"两个归结"为逻辑线索追溯马克思思想发生的历史过程，注重分析马克思思想生成的社会历史条件和思想史背景，把马克思建构历史规律理论的逻辑起点与历史的现实前提统一起来，对几个不同阶段的重要范畴进行本体论的说明，把历史规律放到现实的历史中对其内容和特征进行剖析，立足于历史的语境展开对马克思历史规律理论的地位和价值展开逻辑分析，等等，都是旨在实现历史与逻辑在本质层面上的一致。

第二，坚持矛盾分析方法。矛盾分析方法，是唯物辩证法的根本内容，同时也是本书采用的主要研究方法。历史规律本身就是社会基本矛盾运动规律，对这一规律的内容、作用机制、表现形式、内外部关系和基本属性的探究，必须充分运用对立统一和矛盾分析的思维方法。同样，问题就是矛盾，坚持问题导向就是坚持以理论本身、理论与实践之间、理论与理论之间存在的矛盾为研究导向，对"问题"与马克思历史规律理论的创新路径关系的研究、对这一理论在21世纪创新发展的着力点的阐发，需要坚持矛盾的普遍性与特殊性、同一性与斗争性的关系原理。而在探讨其对认识当代中国社会主要矛盾的启示的过程中，对社会主义社会基本矛盾运动的说明，对主要矛盾的实质、变化程度、转化动力、内在结构及其解决思路的探究，同样离不开矛盾分析方法的指导。

第三，坚持实事求是的研究方法。所谓实事求是的方法论，指的是从事物的实际情况出发，通过研究得到关于事物本身规律性的思想认识，并把其作为人们实践活动的向导。实事求是，是一种实现主观性与客观性、合目的性与合规律性的统一的思维方式。以"实践的唯物主义"为理论立场展开对马克思历史规律理论的考察，是坚持这种思维方法的集中体现。历史是人的现实历史，历史中的"实事"不是不包含主体因素的"实事"。通过研究历史运动中的"实事"而"求"得的"是"（历史规律），不仅是关于客体运动的规律，更是主体活动的规律性的呈现。如果不是坚持实事求是的研究方法，我们根本无法理解马克思揭示的历史本身所固有的而不是臆造的规律性——历史的内部必然性，也就不可能从主体方面去理解历史规律，特别是把历史规律和人们从事实践活动的条件以及进行社会行动的动机（以需要为基础）、主体的自由意志、主体选择的合力等联系起来进行考究。

本书由绪论和正文组成，正文共包括五章内容。前三章主要从"如何认识"的维度进行讨论，深入研究"马克思历史规律理论的发生""马克思对揭示历史规律的贡献"和"马克思历史规律理论若干问题再审视"几个问题，探讨怎样才能正确地坚持马克思的核心观点。后两章侧重于从"如何对待"的维度进行阐释，其中第四章"马克思历史规律理论的地位及其创新发展"聚焦于这一理论的"历史运用"和"当代发展"，而第五章"马克思历史规律理论对认识当代中国社会主要矛盾的启示"则主要是抓住新时代中国的一个重大问题探究这一理论的"当代运用"。各章之间是层层递进的关系，它们共同彰显了研究主题：如何在坚持、发展和运用马克思历史规律理论的过程中突破机械论解释范式的藩篱。

第一章对马克思历史规律理论做发生学考察。以列宁提出的"两个归结"为逻辑线索梳理这一理论的成长轨迹，展开对其发生基础、过程和逻辑的"三位一体"研究,有利于克服割裂"历史"与"逻辑"的机械论误区。第一节首先从"思想起点"和"遭遇物质利益难题"两方面说明马克思如何把关注点由纯政治转向经济关系。第二节从讨论是否存在独立的"费尔巴哈阶段"谈起,通过探究克罗茨纳赫和《德法年鉴》时期的思想,展示马克思如何推进"把社会关系归结于生产关系"的过程。第三节不仅抓住"异化劳动"而不是"异化"的核心范畴评价《1844年经济学哲学手稿》的地位,而且探讨马克思对历史诞生地认识的逐步深化,以及对"现实的人"这一历史前提进行解析。第四节对几个理论问题做了补充论证:一是关于1844—1846年思想联系的本体论阐释;二是关于逻辑起点如何与历史的前提相一致;三是关于青年马克思是否为机械的物质生产决定论者。

第二章探讨马克思对揭示历史规律的主要贡献。这一章探究的是马克思历史规律理论的最基础的内容,主要从"是什么"的角度对历史规律本身进行辨析。对历史规律的内容、作用机制和表现形式做唯物辩证的诠释,有助于避免陷入机械论的泥潭。为推进这项工作,第一节首先厘清"规律"在西方哲学中的源初含义,明确马克思主义对这一范畴的界定,进而揭示历史规律的基本内涵。第二节围绕马克思眼中的历史规律与经济生活规律、历史规律就是社会基本矛盾运动规律、谁是拉响历史规律奏章的"第一小提琴手"等作细致的文本考证。第三节是对"是什么"研究的深入,从四个方面具体展开对历史规律作用机制的研究。第四节则从两个理论疑点入手,厘清历史规律的内容与两个特殊表现形式(阶级斗争、具体民族或国家社会形态的演变)的关系。

第三章对马克思历史规律理论若干问题进行再审视。本章是对马克思历史规律理论的深入考察,主要是在机械论所拒斥的有机联系中把握历史规律的本质和特点。首先,揭示自然规律与历史规律的本质差异,解释为何永恒的自然规律在变成历史性的自然规律,以及明确在何种意义上可以把人类史理解为"自然历史过程"。其次,在历史规律与社会历史条件的关联中,从抽象性与具体性、普遍性与特殊性、因果制约性与可统计性三个方面,展示历史规律的"两副面孔"。最后,围绕"历史规律与人之存在的关系之谜"这一绕不开的问题,从合规律性与合目的性、历史规律的制约性与自由选择的可能性空间、历史规律的客观性与主体选择的合力等维度进行说明。

第四章研究马克思历史规律理论的地位及其创新发展。要消解对待这一理论的机械论倾向，应当准确评价其地位以及结合发展21世纪马克思主义的时代要求进行解析。第一节首先提出，只有把它放到人类探索历史规律问题的思想史背景下、置于马克思的"两个发现"框架以及20世纪的社会主义运动中，我们才能理解这一理论的深刻意义。第二节不仅在与"当代中国马克思主义"的关联中，从外延、内涵与发展主体界定"21世纪马克思主义"，而且说明以高度的理论自信创新马克思历史规律理论对于发展21世纪马克思主义的价值。要彰显这个价值，关键在于把握坚持问题导向与马克思历史规律理论创新的关系。围绕这个问题，第三节从剔除马克思主义发展史上的机械论痕迹、提升对21世纪实践的解释力、加强与当代各种思潮对话的能力三大方面对推进创新的着力点进行阐述。

第五章探究马克思历史规律理论对认识当代中国社会主要矛盾的启示。在认识这一理论方面要拒斥机械论倾向，在运用上也要警惕。本章之所以"选取"当代中国社会主要矛盾问题来作为联系马克思主义中国化研究的内容，不仅在于当代中国社会主要矛盾学说是对马克思历史规律理论的创造性运用，而且在于这一具有全局性影响的问题构成了当前中国最大的实际问题。马克思历史规律理论对认识当代中国社会主要矛盾具有四重启示。其一，关于党的十八大以前的中国社会主要矛盾及其实质。通过探讨"改革开放以前社会主要矛盾学说的曲折发展""从社会基本矛盾出发明确新时期的社会主要矛盾"两大问题，阐明社会基本矛盾何以构成社会主要矛盾的实质。其二，关于两个"变与不变"与当代中国社会主要矛盾的阶段性质变。研究社会主义初级阶段的变与不变、中国国际地位的变与不变，从而辨析新时代社会主要矛盾的转化程度。其三，关于当代中国社会主要矛盾的转化动力。提出把需要范畴纳入历史规律的框架，解析生产与需要的矛盾如何构成转化的内生动力。其四，关于新时代社会主要矛盾的结构及其解决。揭示新时代社会主要矛盾的两个方面及其相互关系，从"以生产力为牵引推动社会有机体的协调发展"和"以调整分配格局为核心理顺人与人之间的关系"两个维度探究主要矛盾的解决思路。

第一章　马克思历史规律理论的发生学考察

机械论哲学的一个显著特点，就是存在把"逻辑"与"历史"割裂开来的思想倾向。消解对马克思历史规律理论理解的机械论痕迹，首先须从历史与逻辑相统一的维度对其生成进行探究。这一理论的生成并非一蹴而就，相反，作为马克思思维构造的结果，其成长经历了较长的历史过程。从马克思的早期文献来看，其每一个后期的文本相对于前期的文本往往都包含了一定的新观点。这些新观点如何发生？它们为何得以发生？这就涉及发生学探究的主要问题，即关于如何从零散观点逐步成长为成熟理论的问题。对理论进行发生学的考察，包括对其发生的基础、过程和逻辑的"三位一体"的研究。而马克思对历史规律问题的追问过程，体现在对列宁所说的"两个归结"（一是"把社会关系归结于生产关系"，二是"把生产关系归结于生产力的水平"）的思想探索轨迹之中。从发生学意义上追溯马克思对于"两个归结"的探索历程，有利于实现逻辑与历史在本质层面上的一致，真实还原马克思历史规律理论生成之原貌。

一、"由纯政治转向经济关系"的前奏

黑格尔主义构成马克思历史理论的思想起点。《博士论文》的写作目的主要是为青年黑格尔派的政治观点提供哲学辩护。但是，在这一著作中，马克思并没有完全信奉思辨哲学，他一方面赋予"自我意识"以原初性的涵义，另一方面又极力表达对伊壁鸠鲁朴素唯物主义的欣赏之情，希望把黑格尔思辨哲学"拿到阳光中来"。在为《莱茵报》撰写政论文章的初期，为捍卫精神的自由，马克思把自我意识哲学实际应用到政治生活领域。1842年10月以后，

由于鲜活的现实对已有的历史观构成挑战，马克思的思想蕴含着某种相当紧张的内在矛盾。对物质利益难题的理论思考，是他把研究重心"由纯政治转向经济关系"的前奏。

（一）以黑格尔主义为思想起点

从19世纪初开始，黑格尔主义在德国社会产生了强烈的影响，甚至被推崇为"普鲁士王国的国家哲学"，而且这种影响并没有随着这位百科全书式的思想家的逝世而止步。当时，黑格尔哲学在思想意识领域占据绝对的主导性地位，它广泛渗透到各种文化作品之中，对人们的日常生活影响深远。诚如恩格斯所说："正是从1830年到1840年，'黑格尔主义'取得了独占的统治，它甚至或多或少地感染了自己的敌手；正是在这个时期，黑格尔的观点自觉地或不自觉地大量渗入了各种科学，也渗透了通俗读物和日报，而普通的'有教养的意识'就是从这些通俗读物和日报中汲取自己的思想材料的。"[①] 在这种思想背景下，黑格尔主义特别是作为其分裂后"左翼"的青年黑格尔派的自我意识哲学，构成了马克思哲学的起点。

在父亲的建议下，马克思在大学修读法律专业，但他更钟情于哲学和历史，而只是把法律当作后两者的"辅助学科"来研究。1836年10月，在转学到黑格尔派的大本营——柏林大学之后，马克思逐渐放弃自身的浪漫主义情怀，开始"专攻哲学"，并试图构建贯穿于法的全部领域的法哲学体系。在施特拉劳养病期间，他系统研究了黑格尔的全部著作及其大部分弟子的著作，并积极参加布鲁诺·鲍威尔等青年黑格尔派组建的博士俱乐部活动，从而同以黑格尔主义为代表的"现代世界哲学"的联系变得更为密切。

马克思之所以关心社会政治问题，与青年黑格尔派哲学的冲击有直接关系。在《博士论文》的序言中，他写道："不妨把这篇论文仅仅看作是一部更大著作的先导，在那部著作中我将联系整个希腊思辨详细地阐述伊壁鸠鲁主义、斯多亚主义和怀疑主义这一组哲学。"[②] 当时，基于政治理论建构的需要，青年黑格尔派希望借助于古希腊晚期哲学的这三个"主义"，来为他们的自我意识哲学和无神论提供论证。这与马克思的主要写作目的是相契合的。在后

---

① 《马克思恩格斯文集》第4卷，人民出版社2009年版，第273页。
② 《马克思恩格斯全集》第1卷，人民出版社2002年版，第11页。

来致拉萨尔的信中回忆这个研究工作时，马克思就坦诚道："与其说出于哲学的兴趣，不如说出于［政治的］兴趣。"①这里所说的"出于［政治的］兴趣"，正是表达为青年黑格尔派的革命民主主义政治观点提供哲学辩护的目的。

在《博士论文》中，马克思的思想总体属于自我意识哲学。他指出："正如原子不外是抽象的、个别的自我意识的自然形式一样，感性的自然也只是对象化了的、经验的、个别的自我意识，而这就是感性的自我意识。"②由此可见，他把"自我意识"归结为"原子"和"感性的自然"的基础。那么，马克思究竟有没有把"自我意识"归于一切存在的基础？在批判黑格尔关于神的存在的证明时，他指出，对神的存在的证明只是"空洞的同义反复"，例如，本体论的证明无非就是使"想象的东西"（一切神）具有一种实在的存在。康德在《纯粹理性批判》中通过区分"真正的塔勒"和"可能有的塔勒"，批判了证明神存在的各种方法。马克思认为康德的批判是徒劳的，并进一步提出自己的观点："对神的存在的证明，不外是对人的本质的自我意识存在的证明，对自我意识存在的逻辑说明。例如，本体论的证明。当我们思索存在的时候，什么存在是直接的呢？自我意识。"③在此，自我意识被赋予了"原初性的存在"的涵义。

然而，对于以传统形而上学的意义把其思想归为"自我意识本体论"的倾向，马克思显然是不赞同的。他之所以把自我意识与本体论结合起来论述，主要是希望揭示"关于神的存在的本体论证明与反驳"的错误，进而为解决这个"声名狼藉的题目"提供新的思路。

我们同样不能忽视马克思与青年黑格尔派的思想差异。其实，早在1835年中学考试德语作文中，马克思就不仅隐约表达出人们的职业选择要受社会关系制约的观点，还强调人比动物的优越之处，在于前者能选择和在自己的领域内独立地进行创造。如果仅就这个观点而论，"这是一种非常深刻的思想。……后来马克思在许多著作中进一步发展了这一思想"④。只是由于马克思当时坚信

---

① 《马克思恩格斯全集》第29卷，人民出版社1972年版，第527页。
② 《马克思恩格斯全集》第1卷，人民出版社2002年版，第98页。
③ 《马克思恩格斯全集》第1卷，人民出版社2002年版，第101页。
④ 萧灼基：《马克思传》，中国社会科学出版社2008年版，第10页。

"神的旨意"高于一切,因而这更多的只是其朴素感情的直观体现。另一个证据似乎更有说服力。在写作《博士论文》以前,马克思于1837年致信父亲,表示自己并不希望像青年黑格尔派一样,仅仅学习黑格尔思辨哲学的"剑术",而是想转向"阳光中"去寻求和检验思想:"先前我读过黑格尔哲学的一些片断,我不喜欢它那种离奇古怪的调子。我想再钻到大海里一次,不过有个明确的目的,这就是要证实精神本性也和肉体本性一样是必要的、具体的,并且具有同样的严格形式;我不想再练剑术,而只想把真正的珍珠拿到阳光中来。"[1]

在《博士论文》中,马克思并不完全信任黑格尔主义,相反,关于原子的辩证运动、宗教的根源、哲学与现实的关系等方面的观点,在一定程度上表明了他对后者有所突破。具体而论,这种突破主要体现在:其一,关于原子的辩证运动。马克思深入研究了德谟克利特和伊壁鸠鲁的朴素唯物主义原子论。他指出,把两位希腊哲学家的自然哲学等同起来面临着严重的困难,因为德谟克利特强调的是必然性,而伊壁鸠鲁则强调与之截然相反的偶然性,这种对立的区别在于是否承认"原子偏离直线而倾斜"的运动规律。与黑格尔及其弟子们一味强调必然性不同,马克思赞赏伊壁鸠鲁关于偶然性和偏斜规律的主张,认为"偏斜"能够促进形式规定的显现,推动原子概念所蕴涵的矛盾的对象化。其二,关于宗教的根源问题。与青年黑格尔派一样,马克思也认为自我意识才是最高的神性。但这位伟大的思想家显然要走得更远一些,他驳斥关于宗教与理性相容的认识,提出神的存在源于"自然安排得不好"和"非理性世界的存在"的观点,触及了一定的世俗根源。[2] 其三,关于哲学与现实的关系。为了利用黑格尔的原理来超越这位伟大的思想家,马克思提出必须使哲学成为"实践力量",即面向"尘世的现实",并得出富有见解的结论:"世界的哲学化同时也是哲学的世界化。"[3] 在后来的《〈科隆日报〉第179号的社论》和《关于费尔巴哈的提纲》等论著中,这得到进一步的阐述。由此可见,马克思在当时已经开始对应有和现有、理论批判和积极行动的矛盾有所察觉。这种察觉在马克思探索历史规律理论的进程中具有重要的意义。

---

[1] 《马克思恩格斯全集》第40卷,人民出版社1982年版,第15页。
[2] 参见《马克思恩格斯全集》第1卷,人民出版社2002年版,第101页。
[3] 《马克思恩格斯全集》第1卷,人民出版社2002年版,第75—76页。

(二)在社会舞台中遭遇物质利益难题

马克思写作《博士论文》主要是出于政治的兴趣，而他把自我意识哲学实际应用到政治生活领域，则要发生在为《莱茵报》撰写政论文章之后。离开大学以后，马克思开始走向社会，并逐步将批判的矛头由基督教指向封建专制主义王国。当时的德意志，不但没有像英国、法国一样爆发资产阶级民主革命，反而处于封建主义的"水深火热"之中。在刚即位不久的威廉四世的统治下，自由派大失所望，原因在于，这位君主显然并不愿意真正满足他们对于政治自由和民主的强烈要求。马克思在谋求大学教职受挫后，开始投身于新闻写作，此时其写作风格已不同于《博士论文》，而是转为关注实际的法律制度和政治斗争。

在第一篇政论文章中，马克思反对"虚伪"的新书报检查令，并以此为出发点抨击普鲁士封建国家制度的"痼疾"。但是，他用来批判的武器却是"自我意识"，批判的目的是"捍卫精神的自由"。由此可见，《评普鲁士最近的书报检查令》一文虽然是马克思政治活动的开端，但它更多的只是《博士论文》观点的延伸。确切地讲，这篇论文表明马克思把自我意识哲学进一步用来论证书报检查和出版自由问题。1842年4月前后，马克思写作《第六届莱茵省议会的辩论（第一篇论文）》。在给卢格的信中谈及这篇文章时，他说道："我给《莱茵报》寄去了一篇关于我们最近莱茵省议会的长文章，文章有一个对《普鲁士国家报》的讽刺性引言。由于出版问题的辩论，我又重新回到书报检查和出版自由的问题上来了，从另一观点加以考察。"[①] 这里所说的"另一观点"，指的是辩论人"实际上进行论战的是他们的特殊等级"[②]的观点。这个认识具有深刻性，只是由于马克思还未真正触及推动他研究经济关系的物质因素，因而其所捍卫的还是革命民主主义的政治观点。

那么，马克思究竟何时开始遭遇"物质利益难题"？不妨先来看他自己的描述："1842—1843年间，我作为《莱茵报》的编辑，第一次遇到要对所谓物质利益发表意见的难事。"[③] 马克思是在1842年10月上半月来到科隆的，他

---

① 《马克思恩格斯全集》第27卷，人民出版社1972年版，第426页。
② 《马克思恩格斯全集》第1卷，人民出版社2002年版，第155页。
③ 《马克思恩格斯文集》第2卷，人民出版社2009年版，第588页。

担任《莱茵报》编辑（事实上的主编）的时间是10月15日。如果说，马克思在1842年10月以前还和青年黑格尔派基本上保持思想的一贯性的话，那么接下来担任《莱茵报》编辑期间对林木盗窃法和贫困问题的理论思考，则表明他要与柏林"自由人"（以鲍威尔兄弟为首的青年黑格尔派小组）分道扬镳了。

《关于林木盗窃法的辩论》是马克思在《莱茵报》工作期间研究第六届莱茵省议会的辩论问题而发表的第三篇论文。在开篇，作者就阐明了写作目的，指出"现在我们来到坚实的地面上演戏""谈到意义重大的真正的现实生活问题"。①针对一项把"捡拾枯枝"归入盗窃范围的法案，马克思公开为广大贫苦阶级辩护，深刻揭示了普鲁士的国家和法律制度维护私有财产利益的本质。他指出，捡拾枯树和盗窃林木具有根本性的差异，省议会故意抹杀它们之间的差别，这背后涉及各个等级的"物质利益的对立"问题，"我们为穷人要求习惯法……这种习惯法按其本质来说只能是这些最底层的、一无所有的基本群众的法"②。而且，私人利益是狭隘的，它把自身看作是世界的最终目的，把国家贬为自己的手段，使国家沦为林木所有者的"奴仆"和"工具"。马克思最后总结道："我们的全部叙述表明，省议会怎样把行政权、行政当局、被告的存在、国家观念、罪行本身和惩罚降低为私人利益的物质手段。"③这些观点表明，遭遇物质利益难题困惑的马克思，已经开始察觉到头脑中的黑格尔思想因素与社会现实状况之间的矛盾。

1843年1月初，马克思再于《莱茵报》发表《摩泽尔记者的辩护》一文，深入考察了摩泽尔河沿岸地区居民的贫困处境的根源，特别是长期受上级机关怀疑的葡萄种植者悲惨状况产生的原因。他深刻阐述道："人们在研究国家状况时很容易走入歧途，即忽视各种关系的客观本性，而用当事人的意志来解释一切。但是存在着这样一些关系，这些关系既决定私人的行动，也决定个别行政当局的行动，而且就像呼吸的方式一样不以他们为转移。只要人们一开始就站在这种客观立场上，人们就不会违反常规地以这一方或那一方的善意或恶意为前提，而会在初看起来似乎只有人在起作用的地方看到这些关

---

① 《马克思恩格斯全集》第1卷，人民出版社2002年版，第240页。
② 《马克思恩格斯全集》第1卷，人民出版社2002年版，第248页。
③ 《马克思恩格斯全集》第1卷，人民出版社2002年版，第285页。

系在起作用。"① 由于当时尚未揭示市民社会的本质，所以马克思还不知道上面所提到的客观关系的内容是经济关系和生产关系，"而是一种抽象的、原则的提法，但是问题已经提出来了"②。在这个理论原则的指导下，他进一步指出，该地区居民经常性的贫困状况是由官僚一手创造出来的管理原则和制度造成的，体现了当局管理工作和现实之间的矛盾。而在因受到官方审查被中断发表的续篇《摩泽尔河沿岸地区的种种主要弊端》中，马克思还试图通过更多的事实来证明上述矛盾的"普遍性"。③ 这表明他对黑格尔主义的理性国家观产生了怀疑。如果国家真如黑格尔所说是理性的，那么这些矛盾就不会产生，摩泽尔河沿岸地区居民的处境就不会如此悲惨。

以黑格尔主义为代表的思辨哲学所忽略和不关心的现实社会的"物质利益难题"，对马克思已有的历史观构成了严峻的挑战。由于这个缘故，可以说，"在马克思莱茵报时期讨论物质利益的论文中，必定包含着某种内在的矛盾，而且这种矛盾的性质必定是相当紧张不安的"④。应有和现有之间的对立与冲突，推动他接下来把研究重点转向物质关系和经济关系。恩格斯在1895年致费舍的信中证实了这一判断，他回忆道："我曾不止一次地听马克思说过，正是他对林木盗窃法和摩泽尔河沿岸地区农民状况的研究，推动他由纯政治转向经济关系，并从而走向社会主义。"⑤

二、"把社会关系归结于生产关系"的探索

《莱茵报》日益明显的革命倾向使它遭到政府当局的查封，由于不满于股东们委曲求全的退让，马克思以"因现行书报检查制度的关系"为由，于

---

① 《马克思恩格斯全集》第1卷，人民出版社2002年版，第363页。
② 陈先达、靳辉明：《马克思早期思想研究》，中国人民大学出版社2016年版，第60页。
③ 《摩泽尔记者的辩护》共分为五个部分，其中A、B部分为通常所谈到的、已经在《莱茵报》上发表的文章。作为续篇的C部分《摩泽尔河沿岸地区的种种主要弊端》由于遭到莱茵省总督沙培尔的阻挠中断发表，其中的部分内容被《马克思恩格斯全集》中文第二版新收录。而D部分《摩泽尔河沿岸地区的吸血鬼》和E部分《关于消除弊端的若干建议》是否已经完稿则无从得知。
④ 吴晓明：《形而上学的没落——马克思与费尔巴哈关系的当代解读》，人民出版社2006年版，第422页。
⑤ 《马克思恩格斯文集》第10卷，人民出版社2009年版，第701页。

1843年3月17日宣布退出该报编辑部。之后他来到克罗茨纳赫,以便从社会舞台退回到书斋从事理论研究,对黑格尔的法哲学进行批判性反思。解决"苦恼的疑问"——遭遇的物质利益难题,构成马克思写作《黑格尔法哲学批判》的直接动因。在这部著作中,马克思在现实生活中划分出市民社会领域,开始了对历史规律问题的追问历程:"把社会关系归结于生产关系"的思想探索过程。根据列宁的观点,社会关系包括"物质的社会关系"和"思想的社会关系"。其中前者指的是经济关系或生产关系,而后者作为它的上层建筑,不仅包括观念形态的成分,同时也包括经由人们的意识而生成的政治上层建筑。当然,"生产关系""上层建筑"的概念都没有被提出来,但是这并不妨碍我们暂时借用于对马克思思想形成的逻辑建构。如果说,这个过程的发生主要得益于费尔巴哈因素的影响,那么,其深入推进则要归功于《克罗茨纳赫笔记》的研究。而克罗茨纳赫时期的研究成果,则为马克思在《德法年鉴》时期的研究奠定了思想指导原则。

(一)是否存在一个独立的"费尔巴哈阶段"

迁居克罗茨纳赫以后,马克思究竟是如何把思想的社会关系的两种构成因素归结于物质生活关系的水平的?要回答这个问题,首先需要引入对马克思与费尔巴哈的思想关系的讨论。原因在于,对马克思思想的生成有着重要影响的费尔巴哈因素,本质上是以对黑格尔思辨哲学的批判性影响的方式而呈现出来的;这一点构成了我们理解马克思在克罗茨纳赫时期的著作之精髓的原则立场。[①]那么,马克思在克罗茨纳赫时期的研究,是否受到了费尔巴哈思想的影响?这是国内外学界争议颇大的一个问题。它对于解读两人学术思想的关系,理解马克思探究历史规律的思想轨迹,都有着重要的意义。

恩格斯曾指出,费尔巴哈的《基督教的本质》使唯物主义重新登上王座,"这部书的解放作用,只有亲身体验过的人才能想象得到。那时大家都很兴奋:我们一时都成为费尔巴哈派了。马克思曾经怎样热烈地欢迎这种新观点,而这种新观点又如何强烈地影响了他(尽管还有种种批判性的保留意见),这可以从《神圣家族》中看出来"[②]。对于这段论述,应当作更加严谨的分析。一

[①] 参见卜祥记:《青年黑格尔派与马克思》,商务印书馆2015年版,第359—360页。
[②] 《马克思恩格斯文集》第4卷,人民出版社2009年版,第275页。

是尽管《基督教的本质》在1841年就已经出版,但恩格斯在这里并没有给出其对马克思产生影响的确切时间。由于马克思当时还没有接触到物质利益的难题,所以感受还没那么深切,这一点可以从以下事实得到证明——在其1841—1843年初的论著中很难发现费尔巴哈思想的痕迹。二是上文提到的"可以"一词有另外一重含义,即表明这只是恩格斯所举的一个典型的例子,并不排斥其他的可能性。实际上,马克思在退出《莱茵报》编辑部前夕就受到了费尔巴哈唯物主义的影响。

有必要再结合马克思自己的表述作进一步的探讨。费尔巴哈在1842年出版《关于哲学改造的临时提纲》。在研读完这本著作后,马克思于1843年3月致信卢格时提到:"费尔巴哈的警句只有一点不能使我满意,这就是:他过多地强调自然而过少地强调政治。"① 这至少可以得到以下两方面的结论。

第一,"只有一点"不满意,那就证明马克思当时对费尔巴哈把思维和存在的关系颠倒过来的唯物主义阐释是满意的。在《关于哲学改造的临时提纲》中,费尔巴哈指出:"我们主要经常将宾语当作主语,将主体当作客体和原则,就是说,只要将思辨哲学颠倒过来,就能得到毫无掩饰的、纯粹的、显明的真理。"② 这里对思辨哲学的批判无疑是深刻的。它帮助马克思在克罗茨纳赫时期(当然也包括接下来的《德法年鉴》时期)推进以下工作:把思想上层建筑归结到它的物质基础的层次。

第二,费尔巴哈"过多地强调自然而过少地强调政治",招致了马克思的不满。在费尔巴哈的眼中,自然界对于人具有逻辑优先性。根据他的描述,"作为存在的存在的本质就是自然的本质""自然是人的根据"。③ 由于这个原因,费尔巴哈似乎并不关心现实政治问题。马克思则不同,从社会舞台退回到书斋以后,他开始深入研究国家、法等政治上层建筑,并逐步把它们归结于市民社会(物质关系的总和)的水平。

至此,我们可以对马克思早期思想中是否存在着一个独立的"费尔巴哈阶段"的问题做出回答。"费尔巴哈阶段"论一般认为,马克思思想形成的逻

---

① 《马克思恩格斯全集》第27卷,人民出版社1972年版,第442—443页。
② 《费尔巴哈哲学著作选集》(上),商务印书馆1984年版,第102页。
③ 《费尔巴哈哲学著作选集》(上),商务印书馆1984年版,第115—116页。

辑进路体现为"黑格尔主义或唯心主义→费尔巴哈的唯物主义→新世界观或唯物主义历史观"的过程。根据这种观点，其中的费尔巴哈阶段具有独立性，而马克思则是在克罗茨纳赫时期开始进入这个阶段的。其实，独立的"费尔巴哈阶段"并不能真实反映马克思思想的生成轨迹，它作为人为虚构的结果，构成对马克思历史规律理论理解的机械论倾向产生的一个重要根源。

正如不能否认黑格尔主义的影响一样，同样不能否定费尔巴哈哲学对马克思思想的影响。但是，马克思从一开始就不是实际的"费尔巴哈派"。在《莱茵报》时期，马克思就开始关注人类社会的政治问题，而不是处于费尔巴哈式的"一般唯物主义"时期。从社会舞台退回到书斋的目的，也恰恰在于要深入研究费尔巴哈所忽视的社会历史问题。离开《莱茵报》后，马克思逐步对思辨哲学进行扬弃，开始了从"以黑格尔主义为思想起点"到"形成'历史的'唯物主义"的思想转变。所谓"历史的"唯物主义是一种不完善的唯物主义历史观，它与费尔巴哈"过于强调自然"的唯物主义有着本质的不同。这否定了马克思由黑格尔的唯心主义转向费尔巴哈的唯物主义的前提条件。不能从一开始就把马克思与费尔巴哈的唯物主义区别开来，固然容易陷入对马克思思想解释的机械化泥潭。应当明确，客观地讲，费尔巴哈因素的影响是思想启发式的，这种启发仅仅表现为对马克思进行"把社会关系归结于生产关系"的探索，从而形成"历史的"唯物主义，有重要的促进作用。

（二）理解人类历史的锁钥：国家还是市民社会

应有和现有之间的矛盾，推进马克思展开"把社会关系归结于生产关系"的思想探索过程。《黑格尔法哲学批判》的研究是开启这个进程的标志。作为对黑格尔《法哲学原理》一书第三篇《伦理》第三章《国家》第257—329节所做的批注，马克思在其中"赋予他的批判以一种费尔巴哈所缺少的社会历史的维度"[①]。

这部著作的核心问题是关于市民社会和国家的关系问题，确切地讲，也就是究竟何者才构成理解人类历史的锁钥的问题。黑格尔把观念看作独立实体，认为国家是"伦理理念的现实""绝对自在自为的理性东西"，而"个人

---

① ［英］戴维·麦克莱伦：《马克思传》，王珍译，中国人民大学出版社2016年版，第68页。

本身只有成为国家成员才具有客观性、真理性和伦理性"。①根据这一观点，一方面，国家作为绝对精神的产物，对构成家庭和市民社会的成员来说是一种"外在必然性"，也就是说，家庭和市民社会从属于国家的理性，它们的存在以后者的法律和利益为转移；而另一方面，作为普遍利益代表的国家，通过扬弃自己的具有有限性的两个领域，又得以构成这两者的"内在目的"。既然国家从根本上决定着家庭和市民社会的走向，那么，它也就构成了人类社会历史的基础。对于这一观点和推理逻辑，马克思究竟是如何看待的？能否从"国家"出发找到理解人类社会历史的"锁钥"？

对黑格尔唯心主义哲学的批判，与对黑格尔国家学说的批判，是马克思所进行的同一项工作的两个方面。从一开始就基于社会历史维度对黑格尔思想进行扬弃，体现了他对费尔巴哈的唯物主义的根本性超越。根据马克思的观点，黑格尔不仅把国家看成地上的理念，而且把家庭和市民社会描述为主观的理念活动的产物。这种"用国家来论证逻辑"的思辨哲学，事实上把现实关系"头足倒置"了。"外在必然性"与"内在目的"的矛盾冲突，表明黑格尔陷入了一个连自己都无法解决的"二律背反"。在对这些观点进行批判的基础上，马克思得出自己的深刻的研究结论："家庭和市民社会都是国家的前提，它们才是真正活动着的；而在思辨的思维中这一切却是颠倒的。"②具体来讲，这种"前提"作用主要表现在：一方面，家庭和市民社会分别构成国家的自然基础和人为基础，假如缺乏这两重基础，国家的存在就会丧失可能性；另一方面，它们都是国家的现实构成部分，是其存在方式与发展动力。由此，马克思确立了"市民社会决定国家"的命题，从而在探索人类历史规律的道路上迈出了决定性的一步。

如果说前面的分析主要着眼于《黑格尔法哲学批判》的前半部分，那在这部手稿的后半部分，马克思通过探究国家与私有财产的关系，进一步论证"市民社会决定国家"的命题，对物质利益难题做出了初步的回答。马克思认为，黑格尔的国家观，面临着立法权与行政权乃至整个国家冲突，根据这一考察，他发现："政治制度就其最高阶段来说，是私有财产的制度。最高的政

---

① ［德］黑格尔：《法哲学原理》，范扬、张企泰译，商务印书馆2016年版，第288—289页。
② 《马克思恩格斯全集》第3卷，人民出版社2002年版，第10页。

治信念就是私有财产的信念。"①根据这一论述，如果政治国家使私有财产脱离家庭和市民社会，而成为抽象的独立物，那么，国家对私有财产的权力就是后者本身已经得到的实现的本质。所以，由此可得出结论：黑格尔不是使私有财产成为公民的特质，而是使国家和法律制度成为私有财产的内在性、偶然性。当然，后半部分还包括一些其他的思想，比如对不同国家制度的区分等。总体上看，它比前半部分的论述更加深化，其中的唯物主义因素也表现得更为明显。

  这些思想表明马克思转向"历史的"唯物主义立场与他对历史规律问题的思想探索几乎是同时发生的。通过以物质生活解释政治生活，马克思逐步实现了把理念（精神）和政治上层建筑归结于物质关系的水平。正如他自己所说，"我的研究得出这样一个结果：法的关系正像国家的形式一样，既不能从它们本身来理解，也不能从所谓人类精神的一般发展来理解，相反，它们根源于物质的生活关系，这种物质的生活关系的总和，黑格尔按照18世纪的英国人和法国人的先例，概括为'市民社会'。"②对此，恩格斯在他所写的《马克思传记》（发表于《未来报》1869年8月2日第185号）中，更是明确指出："马克思从黑格尔的法哲学出发，得出这样一种见解：要获得理解人类历史发展过程的锁钥，不应当到被黑格尔描绘成'大厦之顶'的国家中去寻找，而应当到黑格尔所那样蔑视的'市民社会'中去寻找。"③这对我们开始提出的问题做出了回答。

  马克思之所以能够发现这个研究结果，与费尔巴哈的启发有一定的关系，但是主要应归功于《克罗茨纳赫笔记》④的深入研究。前后部分内容所出现的差异，当然是他的论证层层深入所产生的逻辑结果，但不能忽视《克罗茨纳

---

① 《马克思恩格斯全集》第3卷，人民出版社2002年版，第123页。
② 《马克思恩格斯文集》第2卷，人民出版社2009年版，第591页。
③ 《马克思恩格斯全集》第16卷，人民出版社1964年版，第409页。
④ 《克罗茨纳赫笔记》的价值长期以来被埋没。从文献出版的角度来看，《马克思恩格斯全集》历史考证版（MEGA^1）对其进行了简要的介绍，它在《马克思恩格斯全集》历史考证版（MEGA^2）中第一次公开面世，而截止笔者写作时，其只是被零星地翻译成中文。在相关研究中，以梁赞诺夫、尼·拉宾为代表的部分苏联学者的研究最有代表性，相对而言，西方和中国的马克思主义研究者则关注较少，当然，麦克莱伦、陈先达、靳辉明、张一兵等学者对此已有一定的研究。

赫笔记》的影响。这个笔记一共有5本，是马克思通过广泛研读23部有关历史和国家理论的著作以及发表在《历史政治杂志》上的一些文章所做的摘录及少量批注。这些著作和文章的主题主要涉及三个方面：一是关于法国历史和法国革命史；二是关于英国、德国、瑞士、意大利、波兰、美国等国家的历史；三是关于国家理论和政治制度史。①

基于马克思阅读的这些论著的研究内容，在此不妨进行大胆假设：笔记对于马克思写作《黑格尔法哲学批判》有促进作用，并且是造成后者前后思想差异的重要原因。如果这个结论成立，那么，上面提到的两个判断（"是论证层层深入所产生的逻辑结果"与"不能忽视《克罗茨纳赫笔记》的影响"）则是相容的。而该结论要为"真命题"，至少需要满足两个必要条件：（1）马克思写作笔记的时间刚好处于《黑格尔法哲学批判》写作中断的时期，且发生在后者"有差异的"前后两部分文本的中间；（2）后半部分的思想与马克思在《克罗茨纳赫笔记》中所关注的主要问题有高度的关联性。

马克思于6月19日与燕妮结婚并外出度了几个星期的蜜月而导致《黑格尔法哲学批判》写作的中断。这部手稿写于3月中旬至9月底，而《克罗茨纳赫笔记》的写作时间是在7—8月，这两个时间几乎是衔接的，所以可推断出马克思蜜月之旅结束后不久就开始笔记的写作。再结合其所阅读书目的广泛性来分析，他不得不继续中断未完成的手稿的写作。问题在于，马克思究竟在手稿的"什么地方"中断了写作？苏联学者尼·拉宾通过对复印原件的文本的考察发现：在手稿的后半部分（第23印张），马克思结束了对黑格尔《法哲学原理》第303节的分析并在第24印张摘录了304—307节的内容，但分析了前几行以后就中断了，而是又重新回到303节进行详细的分析，这和他在其他地方的写作习惯完全不同。此外，他还通过对马克思在这里所作"记号"的研究证实了这个观点。② 巧合的是，这个"中断"刚好处于有差异的前后文

---

① 关于法国历史和法国革命史的摘录在其中占据核心地位，在第一、二、四、五笔记中都有较多的摘录。参见王旭东、姜海波：《马克思〈克罗茨纳赫笔记〉研究读本》，中央编译出版社2016年版，第79—80页。

② 参见［苏］尼·拉宾：《马克思的青年时代》，南京大学外文系俄罗斯语言文学教研室翻译组译，生活·读书·新知三联书店1982年版，第168—169、343页。

本的中间。^① 由此可见，第一个条件是成立的。

关于第二个条件，要区分马克思所阅读论著的研究主题和他自己所关注的主要问题，二者有着密切的联系，但还是有区别的。从马克思自己编制的"内容索引"可知，他主要关注三大问题：一是国家问题，包括国家的起源、国家的本质、国家机构的发展；二是各种不同形式的财产和所有制问题；三是阶级问题，包括各个阶级的形成和阶级特权的起源。② 显而易见，这些问题与《黑格尔法哲学批判》后半部分对国家与私有财产的关系、不同国家制度等方面内容的论述具有高度的相关性。而且如拉宾所言，马克思在笔记中并没有纯粹地堆积经验材料，他通过对欧洲各国的历史进行比较研究，能够更加清晰地看出黑格尔主义与现实历史发展之间的矛盾性，这表明马克思在此时已经开始自觉地站在唯物主义的立场上研究人类历史的发展问题。由此可见，正是这些研究，把马克思对黑格尔法哲学的批判性反思推向了一个新的台阶。

既然第二个条件也是成立的，那么我们就可以得出结论：马克思之所以开始写作《克罗茨纳赫笔记》，在很大程度上是为了将《黑格尔法哲学批判》的论证进一步推向深入。确切地讲，"如果说批判黑格尔法哲学是从理论上找寻解决问题的钥匙的话，那么同一年《克罗茨纳赫笔记》中的历史摘录毋宁说是从历史的角度寻找这个问题的答案。"③

（三）《德法年鉴》时期的拓展

1843年10月底，马克思从克罗茨纳赫迁居巴黎，并与卢格合办《德法年鉴》。在该刊创刊号上，马克思发表了《〈黑格尔法哲学批判〉导言》的文章。作为导言，它存在的价值在于通俗地向读者阐释著作的研究目的以及得到的基本观点。只是马克思在进行这项工作所采取的叙述方式，不是联系"原本"

---

① 根据《马克思恩格斯全集》（中文第2版）第3卷第653页注释19的说明可知：《黑格尔法哲学批判》的笔记、字体证明，马克思确实在303节出现了中断。由于这部手稿一个印张对折后成为4页，所以23印张对应的是中译本第87—90页，24印张对应的是第91—94页。其中，拉宾在这里所说的第303节出现在第88页，第303—307节出现在第93—94页。

② 王旭东、姜海波：《马克思〈克罗茨纳赫笔记〉研究读本》，中央编译出版社2016年版，第80页。

③ 王旭东、姜海波：《马克思〈克罗茨纳赫笔记〉研究读本》，中央编译出版社2016年版，第15页。

（黑格尔法哲学），而是联系"副本"（德国的国家哲学和法哲学）展开的。这使得他在一定程度上对原来的思想做出了一些补充说明。

在导言的开篇，马克思就为把理论批判的矛头从"天国、宗教、神学"转到"尘世、法、政治"方面提出了必要性论证。费尔巴哈认为"黑格尔哲学是神学的最后的避难所和最后的理性支柱"①。但在马克思的眼中，黑格尔法哲学标志着普鲁士国家哲学的完成。这造就了他们批判思辨哲学的目的之差异。通过把宗教世界归结于它的世俗基础、把宗教的本质归结为人的本质，费尔巴哈从哲学上完成了德国的宗教批判工作。但令人遗憾的是，由于把人的本质归结为其自然本质，这位哲学家忽视人的社会属性，所以最终没能以市民社会的自我分裂来解释宗教异化的根源。这一任务，是由马克思来完成的。他指出："人不是抽象的蛰居于世界之外的存在物。人就是人的世界，就是国家，社会。这个国家、这个社会产生了宗教……宗教里的苦难既是现实的苦难的表现，又是对这种现实的苦难的抗议。"②言下之意，就是不能脱离政治生活和社会去考察抽象的人性，否则就无法正确找到消除作为"人民的鸦片"的宗教的途径。结合马克思此时的唯物主义立场进行分析，这难道不就是在说，宗教这种思想上层建筑，只能在人的历史特别是其中的物质生活关系中，才能找到根源吗？

在《德法年鉴》的另一篇文章《论犹太人问题》中，马克思同样表达出这种思想倾向。从历史上看，基督教国家的性质决定了犹太人在普鲁士的恶劣处境，这种状况从威廉二世统治时期一直持续到19世纪40年代初期。由于长期遭受歧视和享有不平等的政治、社会权利，犹太人积极投身于反对普鲁士封建制度的斗争，并逐渐获得了一些资产阶级和进步思想家的关注与同情。1842年，普鲁士政府颁布关于犹太人的新法令，引起了理论界对"犹太人解放"问题的激烈讨论。马克思在巴黎参与到这一讨论中，他在《论犹太人问题》中批判道，布鲁诺·鲍威尔要求犹太人放弃宗教信仰而获得政治解放的主张，实质上是把犹太人问题归结为"神学问题"，这种使国家从宗教中摆脱出来的政治解放是有限度的，而"只有对政治解放本身的批判，才是对犹太

---

① 《费尔巴哈哲学著作选集》（上），商务印书馆1984年版，第115页。
② 《马克思恩格斯全集》第3卷，人民出版社2002年版，第199—200页。

人问题的最终批判"①。马克思做出这个结论，所依据的论据是：犹太人宗教的秘密体现在市民社会的现实中，具体来讲，犹太教的世俗基础是"犹太人的实际需要"、世俗礼拜是"做生意"、世俗的神是"金钱"。

因为这些论述，马克思长期被理论界视为反犹主义者，巧合的是，这亦恰恰是青年黑格尔派对马克思的一个主要攻击点。且不说马克思在此是为了表明"用历史来说明迷信"的立场，通过文中其他地方的阐述可以进一步发现：与其说马克思是在专门针对犹太人，倒不如说他是在反对市民社会与政治国家的对立，反对私有财产对人的统治关系。反观德意志的历史，从1671年奥地利富裕的犹太人来到普鲁士以来，就积极从事商业活动，后来之所以变得"自私自利"，虽然有长期被当局压制和遭受歧视因素的影响，但根源在于他们在市民社会的生活中，不仅把他人看成是工具，而且使自身亦沦为异己力量的玩物。

在这两篇文章中，马克思从解读宗教问题出发，进一步发展了对市民社会的认识。他指出："工业以至于整个财富领域对政治领域的关系，是现代主要问题之一。……在法国和英国，问题是政治经济学或社会对财富的统治；在德国，问题却是国民经济学或私有财产对国民的统治。"② 这一思想无疑是深刻的，它与克罗茨纳赫时期的研究成果一道，表明马克思完成了向"历史的"唯物主义的思想转变。因为初步意识到市民社会中的私有财产在政治领域和精神领域对人民的统治，马克思不仅说明了扬弃私有财产、实现现实的人的解放的途径，而且第一次表述了无产阶级作为旧制度的破坏者和新社会的创造者的历史使命的思想。

不得不提的是，马克思此时对无产阶级的关注，虽然在情感上与他在《莱茵报》工作期间为贫苦居民辩护并无多大的差别，但在历史观上已经发生了质的变化：以前更多的是表示"同情"，但现在已经察觉到这一底层阶级对于历史进步的力量。究其原因，这与马克思对国家和市民社会关系的探讨、对法国大革命的深入研究分不开，这是其一。其二，自1789年革命以来，法国长期处于欧洲革命理论和运动的中心，而马克思来到巴黎后广泛与各种社会

---

① 《马克思恩格斯全集》第3卷，人民出版社2002年版，第167页。
② 《马克思恩格斯全集》第3卷，人民出版社2002年版，第204页。

主义学说的代表人物交往、积极参加工人协会的活动，在思想上受到了冲击。

当然，由于缺乏对市民社会本质的深入研究，尚未弄清楚私有财产生成的根源，马克思此时的理解注定要更多地停留在感性的层面。这标志着他在这一阶段的思想探索暂时告一段落，同时也为下一阶段指明了新的研究任务。

三、"把生产关系归结于生产力的高度"的探索

恩格斯曾指出："关于市民社会的科学，也就是政治经济学。"[①] 1844年6月前后至8月，为了"解剖"市民社会，马克思在巴黎写作《1844年经济学哲学手稿》，希望探讨国民经济学同国家、法、道德、市民社会的联系。由此，马克思开始了对"第二个归结"——"把生产关系归结于生产力的高度"的思想探索过程。这时的市民社会范畴，已经由原来的"物质生活关系的总和"具体化为"资产阶级社会"。通过深刻揭示资产阶级社会的异化劳动现实和劳动人民的悲惨状况，马克思在人类劳动发展史中找到了历史之谜的答案。从"劳动""实践"和"物质生产"中不断探寻历史的诞生地，把"现实的人"确立为历史的前提，马克思实现了由"历史的"唯物主义向唯物主义历史观的思想转变。应当首先加以明确，在马克思的视阈下，关于"历史的诞生地"和"历史的前提"的认识是一致的、密不可分的。

（一）《1844年经济学哲学手稿》的积极过渡作用

《1844年经济学哲学手稿》是马克思的一部未完成的手稿，共由三个笔记构成。该手稿1932年首次在苏联全文发表以后，就引起了学术界对马克思思想的激烈争论。国外学术界纷纷提出要"重新发现马克思""区分两个马克思"，其中既有所谓的伦理学意义上的"理性评价"，但更多的是基于意识形态的考量，特别是为反对斯大林的"正统的马克思主义"和抨击苏联模式提供理论供给；而在国内学界，在改革开放初期一度引起了关于人道主义和异化问题的大讨论。现在回过头来反观这些讨论，其误区往往都在于把"异化"当作《1844年经济学哲学手稿》的核心范畴。而"抓住'异化'来评价马克

[①] 《马克思恩格斯全集》第16卷，人民出版社1964年版，第409页。

思当年思想的成熟与否,并没有抓住问题的实质"①。其实,无论是"异化",还是"劳动",都是马克思借用的概念,两者的统一才产生手稿的核心范畴。同样,要理解《1844年经济学哲学手稿》在联结马克思对"第一个归结"的探索和对"第二个归结"的探索之间的积极过渡作用,也必须抓住"异化劳动"的核心概念。

异化劳动理论是马克思超越黑格尔的异化观和历史哲学的直接结果。黑格尔认为,历史运动是由绝对精神到绝对精神的异化、再到异化的扬弃而实现绝对精神的过程:"精神的发展是渐进的,它能把潜能转化为具体的事物。精神一旦如种子一般萌发出来,会持续地向前推进和发展,但是与种子单纯的量变不同,精神的发展中存在着质变。因此,在每一个阶段之中,精神的发展都添加进了新的内容,直到精神发展到了完善阶段,达到绝对。精神的这些发展阶段都要经过激烈的斗争、痛苦的煎熬,这个蜕变过程往往充满着痛苦及艰难,但是却恰恰是痛苦及艰难才会促进精神的成长,才会促进人类的进步。而精神的这个发展过程,自身就是一个不断扬弃自身前一阶段的辩证发展过程。"②根据这一思想,精神的"自足性"使其开端与终结都在自身之内,历史哲学就是精神自由的实现过程。马克思欣赏历史发展是辩证运动的方法论思想,但是不满于黑格尔对历史运动的抽象和思辨的表达。他指出,现代德国哲学对于"我们如何对待黑格尔的辩证法这一表面上看来是形式的问题,而实际上是本质的问题,则完全缺乏认识"③。这表明马克思需要对"本质的问题"即异化的内容加以改造,以在"绝对精神"之外寻找历史的真正基础。

马克思对历史的诞生地的探索,得益于他对资产阶级社会的政治经济学分析。虽然求助于黑格尔的"辩证法三段论"(正题→反题→合题),但马克思却是以现实的反题为参照系来观照正题和合题,这是他得以摆脱思辨的历史辩证法之抽象性的方法论前提。通过研究工资、资本的利润和地租,马克

---

① 陈锡喜:《马克思主义:意识形态和话语体系》,华东师范大学出版社2011年版,第70页。

② [德]黑格尔:《黑格尔历史哲学》,潘高峰译,九州出版社2011年版,第54—55页。

③《马克思恩格斯全集》第3卷,人民出版社2002年版,第312页。

思注意到一个资产阶级社会的经济事实：工人的劳动生产的财富越多，他反而越贫困潦倒，物的世界的增值同人的世界的贬值成正比。这一现象与资产阶级经济学理论显然是冲突的，后者认为劳动是创造财富的源泉。为什么劳动的对象化会导致对象的丧失和人的异化？这是困扰马克思的"历史之谜"，是马克思在担任《莱茵报》编辑时期所遭遇的物质利益难题的具体化。而马克思对历史之谜的结果的揭示进程，实质就是在历史内部探索和找寻其发展的客观规律的过程。

马克思通过认真的批判研究发现，私有财产自私自利的本质是问题产生的原因，它导致了劳动、资本、地产的分离，使工人沦为机器和资本的奴隶，降低为最贱的商品。而私有财产又是历史的产物，是"外化劳动即工人对自然界和对自身的外在关系的产物、结果和必然后果"①。为了解决资产阶级经济学与现实之间的矛盾，他把劳动分为一般劳动和现实劳动：前者为人的类本质的体现，而后者是一般劳动的异化的结果，是劳动的一种特殊表现。工人在现实的异化劳动中，生产的产品被资本家占有，从而与自身创造的"物"相分离。之所以产生这种劳动结果的异化，在于劳动行为发生了异化，即由自由自觉的一般劳动变为维持谋生的强制性的现实劳动。当劳动产品和劳动行为成为对劳动者来说是一种异己的力量时，他们自然也就同与动物相区别开来的类本质发生了异化。这三种异化的直接结果就是人同人相异化，从而造成社会的破裂和所有制、阶级关系的变化。私有财产在本质上是积累的劳动，它是异化劳动的产物，但反过来又强化异化劳动。和私有财产一样，异化劳动也是一个历史的范畴。当这种相互作用达到顶点时，异化劳动必然被扬弃，从而恢复人的类本质即一般劳动。而这种扬弃只能发生在以人的解放为前提的共产主义社会。这就是马克思在1844年为我们提供的关于"历史之谜"的答案。

作为劳动的一种特殊形式，"异化劳动"既是一个政治经济学的范畴，更是一个历史哲学的概念，它对于马克思历史规律理论的建构意义重大。在探索和回答"历史之谜"的过程中，通过以"异化劳动"为着眼点探究私有财

---

① 《马克思恩格斯全集》第3卷，人民出版社2002年版，第277页。

产的根源，马克思较为深刻地揭示了资产阶级社会的本质，从劳动发展史中找到了历史的出发点。如果把上述过程套上辩证法的外衣，那么可以说，马克思揭示了"一般劳动Ⅰ→异化劳动→一般劳动Ⅱ"的历史辩证法。其中，"一般劳动Ⅰ"是包含潜在对立面的正题，它的异化形式即"异化劳动"就是对立面显化的反题，而共产主义条件下的"一般劳动Ⅱ"则是合题。合题并不是对正题的简单重复，而是处于更高阶段的正题和反题的统一。在此意义上，倘若以"原始社会不是伊甸园"和"资本主义社会不是人类的没落"来驳斥对这一历史进程的描述，那么则是对唯物辩证法的曲解。从总体上看，马克思的历史辩证法因劳动的物质性本质带有了唯物主义的内蕴。

马克思以"异化劳动"为核心范畴而展开的研究表明，社会是人的劳动所创造的各种客观关系的集合，而不是一种天然存在的东西。在资产阶级社会中，"人不仅生产出他对作为异己的、敌对的力量的生产对象和生产行为的关系，而且还生产出他人对他的生产和他的产品的关系，以及他对这些他人的关系"[①]。这些通过劳动而生产出来的关系的总和，构成马克思后来所说的"生产关系"。把劳动看成这些关系形成的基础和前提，马克思在探索"把生产关系归结于生产力的高度"的进程中迈出了可贵的一步。不仅如此，他继续深化对"第一个归结"的认识，提出了以下深刻见解："宗教、家庭、国家、法、道德、科学、艺术等，都不过是生产的一些特殊的方式，并且受生产的普遍规律的支配。"[②] 由此观之，马克思1844年思想的独特贡献在于，他不但把劳动归结为市民社会（物质关系）的基础，而且把它归结为整个历史的物质性基础：整个历史不外是人通过人的劳动而诞生的过程。这一积极成果，无疑是马克思在探索历史规律问题之路上所实现的重要突破，它为马克思在这个历史阶段准确说明"历史的诞生地"问题奠定了科学的理论基础。

（二）对"历史的诞生地"认识的逐步深化

布鲁诺·鲍威尔及其伙伴以"自我意识"取代"绝对精神"创造出主观唯心主义历史观，特别是他们在总结西里西亚工人起义失败的教训时表现出的错误倾向，对工人运动和共产主义来说是"危险的敌人"。为了向无产阶级

[①] 《马克思恩格斯全集》第3卷，人民出版社2002年版，第276页。
[②] 《马克思恩格斯全集》第3卷，人民出版社2002年版，第298页。

阐明他在《1844年经济学哲学手稿》(当时并未得到发表)的发现,1844年9—11月,马克思与刚结识的恩格斯合著《神圣家族》①,并于次年年初在法兰克福出版。《神圣家族》是联结马克思在巴黎时期和布鲁塞尔时期的重要思想纽带。

在这部著作中,马克思在清算自我意识哲学的过程中,深化了关于历史基础的见解。在"颠倒"黑格尔的法哲学和一般哲学以后,马克思为何要对青年黑格尔派进行全面的批判?一个重要的原因在于,他看到青年黑格尔派的抽象思维不外是黑格尔历史观的"批判的漫画式的完成"。所谓"批判的",指的是青年黑格尔派通过承认一小撮批判家的天才创造作用和制造群众这个自身的对立面使精神得以具体化,在一定程度上摆脱了黑格尔哲学的不彻底性;所谓"漫画式的",指的是他们在另一方面又使以太般的自我意识不再受到任何实物世界的拘束,抛弃了黑格尔在许多方面提供的真实地评述人的关系的要素。

马克思首先"论战式地"论证了历史的诞生地,恰恰是被青年黑格尔派所鄙视的"地上的粗糙的物质生产",而不是在天上的云雾即虚幻的"自我意识"中。在此基础上,他进一步驳斥道:"难道批判的批判以为,它不把比如说某一历史时期的工业,即生活本身的直接的生产方式认识清楚,它就能真正地认清这个历史时期吗?"②这样,在坚持历史的物质性起源论的前提下,马克思不仅把历史的基础由"劳动"具体化为"物质生产",更是以"生活本身的直接的生产方式"深化了对"物质生产"的理解。物质生产是最本质的劳动,构成马克思后来所说的生产力的前提,而这里第一次提到的"生产方式"则指的是人们从事物质生产活动的方式。

通过批判青年黑格尔派的思辨哲学,马克思间接地提出了"物质生产"构成历史诞生地的观点,只是由于新世界观还没有确立,所以他并没有从正面展开论证。1845年2月初,他由巴黎迁往布鲁塞尔。当时,革命的形势已经较为成熟,但由于无产阶级没有科学理论的引导和缺乏组织性,工人运动

---

① 基于研究便利性的考虑,本章暂且把两部合著成果——《神圣家族》和《德意志意识形态》——都看成是马克思的思想。实际上这也无可厚非,因为哪怕是恩格斯的思想,至少也是马克思予以认可的。而且,在第二章我们将论证这两部著作的思想主要是属于马克思的。

② 《马克思恩格斯文集》第1卷,人民出版社2009年版,第350页。

频频失败。面对这一状况,马克思深切感到有必要再全面清算各种各样的错误思潮,并明确自身的思想观点。1845年春写作的《关于费尔巴哈的提纲》,是马克思创立唯物主义历史观的理论准备,用恩格斯的话来讲,"它作为包含着新世界观的天才萌芽的第一个文献,是非常宝贵的"[①]。可以说,提纲的写作表明马克思事实上确立了"实践的唯物主义"的理论立场。

在提纲的第一条,他从两大方面深刻揭示了旧哲学的根本缺陷:"从前的一切唯物主义(包括费尔巴哈的唯物主义)的主要缺点是:对对象、现实、感性,只是从客体的或者直观的形式去理解,而不是把它们当作感性的人的活动,当作实践去理解,不是从主体方面去理解。因此,和唯物主义相反,唯心主义却把能动的方面抽象地发展了,当然,唯心主义是不知道现实的、感性的活动本身的。"[②]那么,应当如何看待马克思的这段论述?马克思究竟如何实现对旧哲学的超越?

要理解旧唯物主义的缺点,有必要简要回顾其理论发展的历史。古希腊哲学家热衷于探讨世界的本原或基质,形成了朴素的唯物主义观点。近代哲学的奠基者笛卡尔提出物质是具有自主创造性的力量,并把机械运动视做这种力量生命活动的展现。这种机械论世界观被法国启蒙思想家拉梅特里发展到顶峰,后者以自然科学为根据提出"人是机器"的命题。17世纪英国的经验论哲学,对感性经验作唯物主义的说明,为反对神学和形而上学做出了重要的理论贡献。但到了霍布斯,他通过把感性抽象化,提出人和自然都受制于同样的规律,使得唯物主义漠视感性的人的活动。在18世纪,爱尔维修等法国唯物主义者把人看成教育和环境的产物,同样忽视了人的主体性。费尔巴哈的学说仍然没有超越旧唯物主义的缺点,即把人摆在自然存在物的位置,从客体出发去理解感性世界。与唯物主义相反,唯心主义发展了主体的能动性,但是却否定了这种能动性的客观来源,所以这种发展只是"抽象的"。黑格尔的思辨哲学堪称典范。他以"实体即主体"的命题赋予人的主体性以本体论的意义,但却把其纳入"绝对精神"的自我运动的逻辑体系中。思辨哲学实质上是把人放在了精神存在物的位置,并以此作为认识世界的出发点。

[①] 《马克思恩格斯文集》第4卷,人民出版社2009年版,第266页。
[②] 《马克思恩格斯文集》第1卷,人民出版社2009年版,第499页。

如此一来，要克服旧哲学的缺陷，就要化解客观主义和主观主义的矛盾，寻找到客观性和能动性结合的基础。康德就进行过这个努力，但他对现象界和物自体界的二元划分，为神秘主义留下空间，从而导致了不可知论。马克思的深刻之处，就在于把"实践"确立为认识和把握感性世界的逻辑起点，从根本上克服了机械论哲学和思辨哲学历史解释范式的弊端。这一新的理论立场的确立，实现了唯物论和辩证法的统一，它对于马克思探究历史现象及其内在规律有显著的促进作用。基于"实践的唯物主义"理论立场，马克思在他与恩格斯合著的《德意志意识形态》中，以唯物辩证的思维明确阐述了唯物史观基本原理。在论证这一新世界观的过程中，他对历史诞生地问题的理解得到进一步的深化。

根据马克思的描述，历史具有"原初的历史的关系的四个因素"，它们构成了历史的基础。第一个因素是物质生活资料的生产。我们周围的感性世界不是从来就存在的，而是人的实践活动的产物。人虽然与动物一样都受到肉体组织的制约，但人还具有自身独特的能动性和创造性，可以生产自身所必需的生活资料。而只有在一定的物质条件下从事改造自然的生产活动，人们才能维持其生命存在，才能真正创造历史。所以"生产物质生活本身"就构成"一切历史的第一个前提"。[①] 然而，当人们维持生命存在的需要得到实现以后，又会引起新的需要，而这种新的需要催生了第二个因素——物质生活资料的再生产。马克思的这一思想背后蕴含的深刻涵义在于，生产的发展是有其原动力的，那就是"需要"以及"新的需要"。第三个因素是人口的自身生产。人们不仅借助于前两个因素重新生产自身的生命，还通过繁殖而生产其他生命，这就是生命的再生产过程。第四个因素是社会关系的生产。起初，由于生产力水平落后，家庭是主导性的社会关系，但随着历史的发展，马克思注意到由家庭关系向新的社会关系的转变过程：人们在生命的生产和再生产的过程中，不仅产生人与自然之间的关系，更形成人与人之间的物质联系。

在此基础上，马克思一方面强调"人们所达到的生产力的总和决定着社会状况"，另一方面又指出："受到迄今为止一切历史阶段的生产力制约同时

---

① 参见《马克思恩格斯文集》第1卷，人民出版社2009年版，第531页。

又反过来制约生产力的交往形式,就是市民社会。……这个市民社会是全部历史的真正发源地和舞台。"① 这里的"交往形式"在本质上就是马克思后来所说的"生产关系",而"市民社会"也具有了"经济基础"的涵义。由此可得出结论,马克思通过阐明生产力在社会历史中的决定性作用,实际上完成了对"第二个归结"的思想探索。

(三)"现实的人"何以构成历史的前提

马克思对"原初的历史的关系的四个因素"的说明,是以"现实的人"为前提条件的。因而,厘清马克思追问历史规律问题的理论生成逻辑,应当进一步追溯"现实的人"构成历史的起点何以可能的问题。对这一问题的回答,是澄清对马克思历史规律理论的机械论阐释的必要条件。这包括两个问题:一是何谓"现实的人",二是为何"现实的人"是历史的前提和起点。

在确立"市民社会决定国家"的命题以后,马克思就意识到,在市民社会的直接现实中,人并不具有现实性,而是一种不真实的现象。在《论犹太人问题》一文中,马克思就展示出以下论证思路:私有财产导致人成为异己的力量,而只有使人的世界回归人本身即在劳动、个体关系中成为类存在物时,他们才能克服这种分离而实现自身的解放。②1844年异化劳动理论的创立,表明马克思更加深切地感觉到人在资产阶级社会中非现实的普遍性。这成为他论证共产主义生成的必然性的核心论据。由此可见,马克思眼中的"现实的人"并非处于现实资产阶级社会的处境的人,而是指扬弃异化劳动之后的本来意义上的人。也就是说,马克思是在人的本质的层面上谈论"现实的人"范畴的。

那么,何为人的本质?黑格尔从其建构的逻辑体系出发,把人沦为"绝对精神"实现自身的工具。费尔巴哈则立足于市民社会揭示人的本质,所以只能把人理解为孤立的"感性的人"。恰恰是因为如此,他们都错误地理解了历史的出发点。与他们不同,马克思既不是从精神出发,也不是从自然物质出发,而是立足于"实践的唯物主义"的立场来确定人的本质。

理论界存在一种制造《1844年经济学哲学手稿》与《关于费尔巴哈的提

---

① 《马克思恩格斯文集》第1卷,人民出版社2009年版,第533、540页。
② 参见《马克思恩格斯全集》第3卷,人民出版社2002年版,第189页。

纲》对立的论调,其主要的依据是两个文本对于"人的本质"的不同阐述。在后一个文本中,马克思把人的本质之现实性归结为"社会关系的总和",这与他在1844年提出的"人的类本质是自由自觉的劳动"思想是什么关系?在很长一段时期内,国内外一些学者分别以这两处文本为依据,提出所谓的关于人的本质的两种观点:一派认为人的本质是"劳动",一派认为人的本质是"社会关系"。实际上,把二者对立起来的做法,是对马克思思想的误解,实质上是对其思想的发展逻辑的否定。正如英国学者肖恩·塞耶斯所言:"人类生活的这两个方面:劳动和社会关系,绝对地、必然地联系在一起。将它们割裂开是人为造成的。"①一方面应当认识到,社会关系是劳动创造的产物,而另一方面又要看到,劳动总是在一定的社会关系中发生的。所以,人的本质是更具有基础地位的劳动,但这种本质的现实性体现在"社会关系"中。如果仅仅是把劳动看作人的类本质而没有看到它处于历史的社会关系中的现实性,并没有完全摆脱费尔巴哈关于"人是人的最高本质"思想的痕迹。马克思之所以在提纲中进一步说明人的本质的现实性,目的就在于更加彻底地与费尔巴哈划清界限。

在准确把握人的本质及其现实性的基础上,马克思阐明了"现实的人"的内涵:"这里所说的个人不是他们自己或别人想象中的那种个人,而是现实中的个人,也就是说,这些个人是从事活动的,进行物质生产的,因而是在一定的物质的、不受他们任意支配的界限、前提和条件下活动着的。"②此处蕴含了两重涵义:一是现实的人是从事实践活动,确切地讲是从事物质生产的人;二是现实的人受物质的界限、前提和条件的制约,是处于一定的、客观的社会关系中的人。那么,"现实的人"对历史的前提作用如何呈现?

"现实的人"不仅从事物质生活资料的生产和再生产,同时他们也在生产中发生一定的物质联系,构成创造全部社会历史的主体力量。事实上,在《神圣家族》中,马克思就明确指出:"历史的活动和思想就是'群众'的思想和

---

① 梁爽:《只有用历史的辩证法才能正确理解马克思主义——访英国肯特大学哲学系荣休教授肖恩·塞耶斯》,载《马克思主义研究》,2016年第11期。
② 《马克思恩格斯文集》第1卷,人民出版社2009年版,第524页。

活动。"① 即是说，历史绝非是由思辨哲学家的"笔"所预先规定的，而是广大群众追求实现自身利益的经验活动的结果。这难道不是在表明马克思正在推进以"现实的人"来代替费尔巴哈的"人"的工作吗？在《德意志意识形态》中，他更为清晰地认识到，社会结构、国家和意识形态等历史内容都根源于人们的现实生活过程："以一定的方式进行生产活动的一定的个人，发生一定的社会关系和政治关系。经验的观察在任何情况下都应当根据经验来揭示社会结构和政治结构同生产的联系，而不应当带有任何神秘和思辨的色彩。社会结构和国家总是从一定的个人的生活过程中产生的。……人们是自己的观念、思想等等的生产者，但这里所说的人们是现实的、从事活动的人们，他们受自己的生产力和与之相适应的交往的一定发展——直到交往的最遥远的形态——所制约。意识［das Bewußtsein］在任何时候都只能是被意识到了的存在［das bewußte Sein］，而人们的存在就是他们的现实生活过程。"② 由此，马克思向我们展示了"现实的人"对于整个历史生成的前提性作用。

以"现实的人"来解释人类社会历史的发展进程，其实质在于对马克思所提出的"实践的人道主义"的把握。关于马克思思想与人道主义的关系，一直是一个重大的理论问题。过去一些学者对"人"的排斥，主观上是旨在警惕西方学界把马克思思想归结为人道主义的思想侵蚀，但实际上却容易落入另一种话语陷阱，即马克思思想存在着"人的空场"。其实，马克思的人道主义是关于"现实的人"的人道主义，与费尔巴哈的"理论的人道主义"（包括西方学者所歪曲的）有着根本性的区别。人道主义者未必是共产主义者，但反人道主义者，肯定不会成为共产主义者。所以，我们不能笼统地排斥以"人的本质复归论"（"人Ⅰ→非人→人Ⅱ"）来阐释历史进程的图式。以人的本质异化和复归来解释历史，并不意味着把客观条件排斥在视野之外。马克思是明确反对把人的本质与物质生产、物质生活条件割裂开来的。只有立足于"现实的人"，凸显"人的本质复归论"的物质性内蕴以及"实践的人道主义"同共产主义的内在联系，才能避免陷入一心探求主体的主观思辨泥潭。

---

① 《马克思恩格斯文集》第1卷，人民出版社2009年版，第286页。
② 《马克思恩格斯文集》第1卷，人民出版社2009年版，第523—525页。

四、几点补充说明

从发生学维度对马克思历史规律理论进行探究,避免陷入机械论历史观的泥潭,还必须对以下重要理论问题作一些说明:一是如何从本体论的意义上阐明马克思在1844—1846年间思想的本质一致性;二是论证马克思建构历史规律理论的逻辑起点如何与作为历史前提的"现实的人"相一致的问题;三是说明为什么青年马克思不是机械的物质生产决定论者。

(一)1844—1846年思想联系的本体论阐释

在1844—1846年间,马克思开始了对"第二个归结"的探索,在这个阶段,马克思的思想经历了一个不断完善的过程。但是从总体来看,这种变化并不是本质的变化,马克思的思想保持着一脉相承的连贯性。对马克思在1845年前后思想的连贯性进行把握,是驳斥各种强调马克思思想存在明显的"机械性的断裂"的论调之需要,而最根本的,是要从本体论的意义上对马克思在这期间思想的发展做出科学的阐述。要完成这项工作,首先必须弄清"究竟何为本体论",这就需要对西方哲学史上的本体论理论作简要的回顾。

从古希腊到中世纪,哲学家们纷纷以理念、实体、上帝等为原初范畴提出各种本体论理论。到了17世纪,笛卡尔、莱布尼茨等唯理论者把本体论发展到了一个新的阶段。莱布尼茨思想的继承者沃尔夫提出"形而上学独断论",并首次对本体论做出了明确的界定:"本体论,论述各种关于'有'的抽象的、完全普遍的哲学范畴,认为'有'是唯一的、善的;其中出现了唯一者、偶然、实体、因果、现象等范畴;这是抽象的形而上学。"[①] 这个定义揭示了传统本体论哲学的两个基本特征:一是把先验的、预设的"一"作为最高根据和理论出发点;二是通过形式逻辑演绎出"多"以求对现实世界做出合理的解释。传统本体论在近代受到了英国经验论和法国唯物主义的冲击。但在德国,真正的哲学革命是由康德开始的,他通过对唯理论和经验论的调和,打破了陈旧的莱布尼茨—沃尔夫形而上学体系。康德提出先天综合判断的新命题,认为由单纯的概念借助于逻辑规定而得到的原理"超出于感性世

---

① 转引自[德]黑格尔:《哲学史讲演录》第4卷,贺麟、王太庆译,商务印书馆2009年版,第210页。

界",是理性对知性的"限制"。①通过对逻辑的谓词(有)和实在的谓词(实存)的明确区分,他一方面揭示了关于上帝存有的"本体论证明"的不可能性,另一方面又指出"上帝的概念是一个在本源上……属于道德学的概念"②。这就为先验的上帝和神秘主义留下了空间。在康德之后,黑格尔开始试图克服传统本体论的缺陷,他以辩证逻辑取代形式逻辑,在绝对精神之内把经验和超经验的领域贯通起来,构建了西方哲学史上形态最典型、内容最完整的本体论。③

如果按照传统的界定,无论如何也不能把马克思哲学归为某种本体论。众所周知,对康德批判的不彻底性和黑格尔富有内容的复辟的不满,直接影响了马克思哲学的形成。在大学毕业后,特别是遭遇物质利益的难题之后,马克思就显然放弃了追求从终极意义上构建解释整个世界的完备体系的主观愿望。马克思拒斥黑格尔以来的德国思辨哲学与形而上学结合的传统,对后者用绝对精神、自我意识、实体等范畴来构建庞大思想王国的做法进行了深刻的批判。

但是,这并不妨碍我们以本体论维度来探讨马克思在1845年前后的思想联系。依据在于:无论是《1844年经济学哲学手稿》,还是《关于费尔巴哈的提纲》,抑或是《德意志意识形态》,都确实存在着作为一种思维逻辑前提的"本体论承诺"。从马克思的这三个文本来看,就其主要方面而言,在社会历史中具有本体论功能的范畴经历了从"劳动"到"实践"再到"物质生产"的过程。那么,究竟应当如何准确看待和解释这种变化?

在1844年,马克思通过赋予"劳动"以先于主客体二元分立的逻辑在先性,实际上把他的思想说成"既不同于唯心主义,也不同于唯物主义,同时又是把两者结合起来的真理"④。根据他的观点,劳动在历史中的本体地位,主要体现在它对于自然界、人自身和社会的生成的意义上。劳动创造了现实的、人本学的自然界。不仅自然界是"人化的自然",人本身也是自身劳动的产物,劳动是产生生命的活动。劳动生成人,但不是生成个体的人,而是生成

---

① [德]康德:《纯粹理性批判》,邓晓芒译,人民出版社2004年版,第471—472页。
② [德]康德:《实践理性批判》,韩水法译,商务印书馆2009年版,第153页。
③ 参见俞宣孟:《本体论研究》,上海人民出版社2012年版,第324页。
④ 《马克思恩格斯全集》第3卷,人民出版社2002年版,第324页。

社会中的人或人的社会。值得注意的是，马克思在1844年一般使用"劳动"一词来指称人的对象化活动，但是，他对"实践"概念的使用亦多达22处。为什么会出现这种情况？究其原因，用马克思的话来讲，这是因为"实践的人的活动即劳动"①。而且，在谈到主观和客观、活动和受动对立的消解问题时，他还指出："我们看到，主观主义和客观主义，唯灵主义和唯物主义，活动和受动，只是在社会状态中才失去它们彼此间的对立，从而失去它们作为这样的对立面的存在；我们看到，理论的对立本身的解决，只有通过实践方式，只有借助于人的实践力量，才是可能的；因此，这种对立的解决绝对不只是认识的任务，而是现实生活的任务，而哲学未能解决这个任务，正是因为哲学把这仅仅看作理论的任务。"②

在《关于费尔巴哈的提纲》中，马克思以同样的方式来对待其核心范畴——"实践"。作为认识和对待感性世界的出发点，"实践"实际上具有了对于社会历史的逻辑在先的意义。在肯定实践对于现实的自然界的作用时，马克思阐明了实践对人类思维、人自身和社会生活的基础性地位。

其一，思维的真理性只能通过实践来证明。"人的思维是否具有客观的 [gegenständliche] 真理性，这不是一个理论的问题，而是一个实践的问题。人应该在实践中证明自己思维的真理性，即自己思维的现实性和力量，自己思维的此岸性。"③这里的"现实性"，指的是作为人的感性对象所具有的客观实在性。在这个意义上，如果思维能够与客观实在相符合，那么，它就具有现实的力量，即具有真理性。对这种真理性的检验，既不能依靠上帝、感觉、理性和绝对精神，又不是客观事物本身能够自我完成的，而只能依托作为人的感性活动的实践。离开实践去谈思维是否具有现实性和真理性，是一个纯粹经院哲学的问题。"费尔巴哈不满意抽象的思维而喜欢直观；但是他把感性不是看做实践的、人的感性的活动。"④

其二，人与环境相互作用的本质是实践。18世纪法国唯物主义者关注社

---

① 《马克思恩格斯全集》第3卷，人民出版社2002年版，第271页。
② 《马克思恩格斯全集》第3卷，人民出版社2002年版，第306页。
③ 《马克思恩格斯文集》第1卷，人民出版社2009年版，第500页。
④ 《马克思恩格斯文集》第1卷，人民出版社2009年版，第501页。

会环境和教育对人的改变作用,对此,马克思批判道:"关于环境和教育起改变作用的唯物主义学说忘记了:环境是由人来改变的,而教育者本人一定是受教育的。因此,这种学说必然会把社会分成两部分,其中一部分凌驾于社会之上。"① 在《1844年经济学哲学手稿》中,马克思试图以"劳动"范畴解决"人是环境的产物"和"意见支配世界"的"二律背反"。在《关于费尔巴哈的提纲》中,他进一步明确自己的观点:"环境的改变和人的活动或自我改变的一致,只能被看做是并合理地理解为革命的实践。"② 也就是说,作为人与环境相互作用的本质,实践既能改变社会环境,又能制约人的主观意见。

其三,实践对人和社会生活具有决定性作用。费尔巴哈把宗教世界归结为它的世俗基础,把宗教的本质归结为人的本质,这是他主要的理论贡献。而费尔巴哈的缺陷在于:没有把宗教异化的根源归结为世俗基础的自我分裂和自我矛盾,因而未能找到消除宗教的途径;与此相联系,他把人的本质归结为其自然本质,忽视了人的发展的历史性和社会性,也就是撇开历史的进程和现实的社会关系去考察抽象的人性。马克思不满于这一点,强调:"人的本质不是单个人所固有的抽象物,在其现实性上,它是一切社会关系的总和。"③

那么,这里的实践与《德法年鉴》时期的"实践"是不是一样的呢?它与《1844年经济学哲学手稿》的"实践"又有何种关系?在《德法年鉴》时期,马克思基本上是在"政治生活的革命实践""实践批判""无情的实践"等意义上使用实践的概念。在1844年,马克思主要赋予"实践"以劳动的内蕴和物质性的内涵,当然,这主要得益于他到政治经济学中解剖市民社会的秘密的写作初衷。而《关于费尔巴哈的提纲》的"实践",在本质上与劳动是一致的,即感性的、现实的、作用于外部世界的物质性活动;但是,前者还多了一重特性,那就是更为强调"革命的""实践批判的"活动的意义。在这个意义上可以说,这里的"实践"是《德法年鉴》时期尚比较抽象的"实践"概念与1844年具有具体劳动意蕴的"实践"范畴相结合的产物。由此,马克思从根本上超越了德国古典哲学把实践规定为"精神的活动"或"消极适应环

---

① 《马克思恩格斯文集》第1卷,人民出版社2009年版,第500页。
② 《马克思恩格斯文集》第1卷,人民出版社2009年版,第500页。
③ 《马克思恩格斯文集》第1卷,人民出版社2009年版,第501页。

境的活动"的局限性。

在《德意志意识形态》中，他阐明了自己的历史观："这种历史观就在于：从直接生活的物质生产出发阐述现实的生产过程，把同这种生产方式相联系的、它所产生的交往形式即各个不同阶段上的市民社会理解为整个历史的基础，从市民社会作为国家的活动描述市民社会，同时从市民社会出发阐明意识的所有各种不同的理论产物和形式，如宗教、哲学、道德等，而且追溯它们产生的过程。"① 这是他在1859年所说的一经得到就用于指导其研究工作的"总的结果"最初的完整表达。由此，马克思赋予了"物质生产"以历史的本体论意义。那么"物质生产"与《关于费尔巴哈的提纲》的"实践"之间究竟是何种关系？

有学者认为，在提纲中，"'实践'还是一个哲学范畴，不能把人类的实践和动物的活动区别开来，更不能说明人类社会内部结构及其矛盾运动的具体情况"。由此得出的逻辑结论是：只有把"实践"具体化为"物质生产"，"才能从根本上把人类的实践和动物的活动区别开来，用'物质生产'去说明人道主义的'人类本性'，不再从人性出发，而是从生产出发，说明人们在物质生产的过程中，不仅生产出各种不同的产品，而且生产出人们之间的物质社会关系，同时也生产出相应的各种观念及其上层建筑"。② 这种批评，实质是为了反对把马克思哲学归结为抽象的"实践本体论"的论调。这当然有可取之处，但是如果不加注意，反而容易造成另一种后果，即为关于马克思思想在1845年的"断裂"的说法提供口实。同时亦无法解释一个自相矛盾的问题：如果说从"实践"到"物质生产"是一种进步，那么，从"劳动"到"实践"是不是就是一种退步了呢？这在逻辑上是说不通的。如此一来，为了合乎逻辑，一些研究者只能有意忽视《1844年经济学哲学手稿》中丰富的、占压倒性地位的"劳动"思想，甚至把其仅仅视为马克思阐述"情欲本体论"的杰作。

对于"实践"和"物质生产"的关系，应做进一步的理论分析。在1844年，马克思有时也把"生产"和"实践"放到一起使用，比如强调"工人在

---

① 《马克思恩格斯文集》第1卷，人民出版社2009年版，第544页。
② 参见徐亦让：《人道主义到唯物史观》，天津人民出版社1995年版，第184页。

生产中的现实的、实践的态度"①。但他明确认识到这两个范畴的本质联系，则发生在确立"实践的唯物主义"理论立场之后。在《德意志意识形态》中，他提出"实践的唯物主义者即共产主义者"②的重要论断。在描述唯物主义历史观的那段论述中，马克思不仅指出"物质生产"在人类历史发展中的决定作用，而且强调他的历史观"不是从观念出发来解释实践，而是从物质实践出发来解释各种观念形态"③。这难道不是在表明"实践"和"物质生产"的本质同一吗？

既然"劳动"与"实践"、"实践"与"物质生产"在本质意义上是一致的，那么，我们就完全没有必要纠缠于关于它们差异的争论，因为以任何一个范畴，都能说明人与动物的本质区别，也都能解释历史的根源及其发展规律。简言之，它们都可以被视作马克思历史规律理论的原初范畴，都是历史唯物主义的基础性概念。

这些文本高度接近的写作时间，同样提供了佐证。《1844年经济学哲学手稿》写于1844年6月前后至8月，《关于费尔巴哈的提纲》写于1845年春，而《德意志意识形态》写于1845年秋至1846年5月。在如此短的时间内，马克思的思想可能会发生质的变化吗？如果说，马克思当时还处于过于迷信黑格尔主义的阶段，那或许具有一定的可能性。但是要是发生在马克思转向"历史的"唯物主义以后，那就让人难以置信了。

有人会问，那为何马克思在三个文本中的侧重点不同？原因与他在不同阶段的研究重点和写作目的不无关系。在《1844年经济学哲学手稿》中，马克思研究的是"国民经济学"，所以沿用了它的语言"劳动"，但他又不满于"劳动"原来的规定，而是揭示了这一范畴二重化的内涵。在《关于费尔巴哈的提纲》中，他要和费尔巴哈"理论的人道主义"划清界限，所以强调作为物质性活动的"实践"的重要性。或许是考虑到在德国的思辨哲学传统里，"实践"一词通常具有精神性的内涵，而这容易给人留下误解；但是更为重要的是出于理论建构的新需要，马克思在《德意志意识形态》中以"物质生产"

---

① 《马克思恩格斯全集》第3卷，人民出版社2002年版，第280页。
② 《马克思恩格斯文集》第1卷，人民出版社2009年版，第527页。
③ 《马克思恩格斯文集》第1卷，人民出版社2009年版，第544页。

取代"实践",赋予了前者以历史的本体论地位。

总而言之,由于这三个具有本体论意义的范畴具有本质的一致性,所以奠基于这些范畴之上的关于历史规律问题的认识就自然具有连贯性。确切地讲,它们只是处于不断发展和完善的过程中。这才是马克思1844—1846年思想联系的真实体现。对于前两个文本的联系,有学者打过一个形象的比喻:手稿是穿着费尔巴哈外衣的提纲,提纲是脱下费尔巴哈外衣的手稿。① 这个比喻基本上是恰当的。使用"外衣"的比喻,可以清楚地表明:两者关于历史规律问题的核心观点是一致的,其区别主要是形式上的。在1845年与费尔巴哈划清界限以后,马克思的思路和表述变得更为清晰,进而以新的理论立场全面创立了历史规律理论。

(二)逻辑起点如何与历史的前提相一致

这里的"逻辑起点"指的是马克思建构历史规律理论的逻辑起点。如何实现这一逻辑起点与历史的现实前提相统一?要厘清这一问题,必须在揭示"物质逻辑起点论"的机械化误区的基础上,结合马克思的心路历程和相关论述,论证他确立"现实的人"的逻辑起点的必要性和可能性。

有论者提出,马克思是以"自然物质"为出发点建构唯物主义历史观的。言下之意就是,马克思创立历史规律理论的逻辑起点同样是"自然物质"。苏联马克思主义哲学体系,在很大程度上就坚持了这种传统的机械论解读模式。斯大林正是在这个理论基础上理所当然地推论道:"显而易见,把哲学唯物主义原理推广去研究社会生活和社会历史,该有多么巨大的意义;把这些原理应用到社会历史上去,应用到无产阶级党的实际活动上去,该有多么巨大的意义。既然自然现象的联系和相互制约是自然界发展的规律,那么由此可见,社会生活现象的联系和相互制约也同样不是偶然的事情,而是社会发展的规律。"② "由此可见"一词的使用,意在表明前后两个命题之间的"逻辑关联"。在"自然物质"逻辑起点论者的眼中,从自然界物质运动的普遍性可以推理、演绎出人类历史发展的规律性,仿佛成了颠扑不破的真理。如果真的是这样

---

① 参见安启念:《〈关于费尔巴哈的提纲〉与〈1844年经济学哲学手稿〉》,见韩立新主编:《新版〈德意志意识形态研究〉》,中国人民大学出版社2008年版,第47—61页。

② 《斯大林文集》,人民出版社1985年版,第211页。

的话，费尔巴哈看到了自然界的物质第一性，黑格尔看到了世界的辩证运动特征，那么，他们为何没能科学揭示出历史运动的真实规律？

把自然物质看作逻辑起点，容易造成对于马克思历史规律理论的教条主义理解，而其实质在于坚持以下论证逻辑：由于自身的"第一性"特征，自然界中的"物质"构成了派生的"意识"生成的根据，进而推演"社会存在决定社会意识"的结论。正如斯大林所言："既然自然界、存在、物质世界是第一性的，而意识、思维是第二性的，是派生的；既然物质世界是不依赖于人们意识而存在的客观实在，而意识是这一客观实在的反映，那么由此应该得出结论：社会的物质生活、社会的存在，也是第一性的，而社会的精神生活是第二性的，是派生的；社会的物质生活是不依赖于人们意志而存在的客观实在，而社会的精神生活是这一客观实在的反映，是存在的反映。"① 其实，这一逻辑推论在理论上是自相矛盾的。如果我们肯定这个推理逻辑，那么就相当于承认在"社会存在"之前就有被"存在"决定的"意识"，而且这一"意识"的外延要比"社会意识"更大。而在马克思那里，意识作为人所特有的东西，其实质是被意识到了的存在，这个存在并不是抽象的物质，而是现实的人的实际生活过程。在此意义上，意识是由社会存在而不是物质所决定的。所以，一个合乎逻辑的结论是：意识从来都是社会意识，与社会相脱离的意识是不存在的。这才是符合马克思的原意的。假如否认这一点，认为在社会意识之外还存在其他的意识，无疑会给唯心主义和神秘主义留下存在空间。②

我们不能把"物质第一性、精神第二性"与"物质决定意识"混淆起来。"第一性"和"第二性"回答的是先后问题，而"决定"则揭示了因果关系，这两者并不是一定等同的。我们说两个事物中的一个具有时间上的先在性，并不能必然得出它是另一个事物的原因的结论。斯大林在做推论时所依据的主要论据是：恩格斯晚年谈到"哲学的基本问题"时，以精神和自然界"谁是本原"为标准划分"两大阵营"的那段论述。在《路德维希·费尔巴哈和德国古典哲学的终结》中，恩格斯指出："思维对存在、精神对自然界的关

---

① 《斯大林文集》，人民出版社1985年版，第212页。
② 参见陈锡喜：《意识形态：当代中国的理论与实践》，中国人民大学出版社2018年版，第272—273页。

系问题，全部哲学的最高问题，像一切宗教一样，其根源在于蒙昧时代的愚昧无知的观念。什么是本原的，是精神，还是自然界？……哲学家依照他们如何回答这个问题而分成了两大阵营。凡是断定精神对自然界说来是本原的，从而归根到底承认某种创世说的人（而创世说在哲学家那里，例如在黑格尔那里，往往比在基督教那里还要繁杂和荒唐得多），组成唯心主义阵营。凡是认为自然界是本原的，则属于唯物主义的各种学派。"①遗憾的是，斯大林只看到这段论述，却有意忽略了作者接下来的重要补充："除此之外，唯心主义和唯物主义这两个用语本来没有任何别的意思，它们在这里也不是在别的意义上使用的。下面我们可以看到，如果给它们加上别的意义，就会造成怎样的混乱。"②可见，唯心主义和唯物主义这两个用语只能在"谁第一性"的意义上加以使用，而如果"加上别的意义"，就会造成"混乱"，从而无法凸显马克思新唯物主义这一天才世界观的本质规定。当然，不能简单地否定"哲学的基本问题"，因为马克思对唯心主义和旧唯物主义的超越，正是体现在他对"两大派别"冲突和对立的化解上。

马克思是承认物质第一性原理的，正是自然界的本原性决定了人们需要去对其进行改造，而在这个过程中才产生社会关系和社会意识。但是，无论是18世纪法国唯物主义，还是费尔巴哈的唯物主义，都确认了自然界中物质的第一性问题。因为这个哲学问题在某种意义上已得到解决，所以马克思并无意关注抽象的自然界。所谓抽象，就是没有人的存在，而脱离人的自然界就是"无"。

要准确理解马克思历史规律理论的逻辑起点，有必要对"物质"和"物质性"两个范畴加以严格的区分。当强调物质活动以及由此形成的物质关系时，这种"物质性"就超越了旧唯物主义者眼中单调的、机械的"物质"。马克思在《德意志意识形态》中就明显表现出不喜欢单独使用物质概念的倾向，他大量使用的是诸如"物质生产""物质活动""物质交往""物质行动""物质前提""物质生活过程"等表述："这些个人是从事活动的，进行物质生产的……思想、观念、意识的生产最初是直接与人们的物质活动，与人们的物

---

① 《马克思恩格斯文集》第4卷，人民出版社2009年版，第278页。
② 《马克思恩格斯文集》第4卷，人民出版社2009年版，第278页。

质交往,与现实生活的语言交织在一起的。人们的想象、思维、精神交往在这里还是人们物质行动的直接产物。……我们的出发点是从事实际活动的人,而且从他们的现实生活过程中还可以描绘出这一生活过程在意识形态上的反射和反响的发展。甚至人们头脑中的模糊幻象也是他们的可以通过经验来确认的、与物质前提相联系的物质生活过程的必然升华物。"①由此观之,社会历史并不是"自然物质"的直接升华物,而是现实的人的物质实践活动及其形成的关系的产物。

就此而论,恩格斯晚年提出的关于"世界的真正的统一性在于它的物质性"的思想,不但不能为恩格斯倒回到机械唯物主义的质疑提供论据,反而体现出他对马克思哲学的捍卫和坚持。在《反杜林论》中,恩格斯强调:"世界的统一性并不在于它的存在,尽管世界的存在是它的统一性的前提,因为世界必须先存在,然后才能是统一的。在我们的视野的范围之外,存在甚至完全是一个悬而未决的问题。世界的真正的统一性在于它的物质性,而这种物质性不是由魔术师的三两句话所证明的,而是由哲学和自然科学的长期的和持续的发展所证明的。"②

总而言之,马克思是基于"实践的唯物主义"的理论立场,确立他关注"现实的人"的价值立场的。从人们的实践活动出发,或者更确切地讲,从"现实的人"的物质生产或从事物质生产的"现实的人"出发,马克思找到了与历史的前提相一致的逻辑起点。那么,为什么马克思能够从"现实的人"出发而创立历史规律理论?

从《关于林木盗窃法的辩论》开始,马克思就通过揭示普鲁士政治上层建筑的本质——维护私有财产的利益,公开为广大贫苦阶级辩护。这是他遭遇"物质利益难题"的历史起点。在《莱茵报》发表的另一篇文章《摩泽尔记者的辩护》中,他对摩泽尔河沿岸地区居民的贫困处境问题进行了深入的阐述。这表明马克思已经意识到头脑中的黑格尔思想因素同资本主义社会现实之间的矛盾。而对这个矛盾的追问和解决的过程,实际上也就是他的历史规律理论生成的过程。后来由于对政治经济学的研究,马克思

---

① 参见《马克思恩格斯文集》第1卷,人民出版社2009年版,第524—525页。
② 《马克思恩格斯文集》第9卷,人民出版社2009年版,第47页。

对资本主义社会中无产阶级的悲惨状况和命运有更透彻的体会——私有制条件下的异化劳动只会使得无产阶级感到自己是被毁灭的。而无论是对市民社会的解剖,还是对各种思潮的批判,马克思的动机都只有一个,即希望满足无产阶级解放自身的运动的需要。正是因为这一伟大的动机,他才能以"现实的人"为逻辑起点展开对"两个归结"的思想探索进程,沿着向"历史的"唯物主义以及唯物主义历史观的思想转变的逻辑进路,以新的世界观创立历史规律理论。

当然,必须明确的是,马克思是从资本主义特殊运动规律中揭示出一般意义上的历史规律的。这是一个从特殊到一般的过程。对历史动因的探究,对历史规律的探寻,在马克思所处的时代以前并不具有现实的可能性。但是,在资产阶级社会这种相对发达的社会形式中,对历史发展的深层次动因的探讨变得可能了,这一社会复杂的生产组织和社会结构,不仅有利于马克思研究这一社会的历史动因与其结果之间的联系,而且也能帮助他观照以前各种社会形式的结构和生产关系。正如恩格斯所指出:"在以前的各个时期,对历史的这些动因的探究几乎是不可能的,因为它们和自己的结果的联系是混乱而隐蔽的,在我们今天这个时期,这种联系已经简化了,以致人们有可能揭开这个谜了。"①

(三)青年马克思是机械的物质生产决定论者吗②

以"两个归结"为线索梳理马克思历史规律理论的发展轨迹,可能会面对这样一种质疑:马克思通过把一切社会历史全部"归结"于物质生产,所以在他眼中,历史只是生产力单线决定的结果("生产力→生产关系→上层建筑"),这不就是表明青年马克思是一名"机械的"物质生产决定论者吗?所以,在此还有必要通过补充说明对这个问题进行澄清。

其实,早在1890年,德国学者保尔·巴尔特就把马克思的思想归结为所谓的"经济决定论"(实质是庸俗的经济决定论)。这种论调认为,马克思仅仅承认经济因素在社会历史中的主导性作用,而排斥包括政治、意识形态等

---

① 《马克思恩格斯文集》第4卷,人民出版社2009年版,第304页。
② 此处使用"青年马克思"的提法并不是要制造"两个马克思"的对立,恰恰相反,使用这一概念,是为了更好地对这种论调加以驳斥。

在内的一切因素的历史影响。与此相对应的结论是：在马克思的眼中，历史似乎只是生产力自动作用和机械运动的结果，历史中的人仅仅是经济因素的奴隶。这种观点后来在社会民主党内的"青年派"、伯恩施坦以及俄国的一些机会主义者那里得到发扬光大。在当今国外学术界，仍然有许多人批评马克思是直接用"物质生产"或"生产力"取代了黑格尔的"绝对精神"，从而把历史视作这个因素发展的自然而然的结果。当然，也有一部分研究者认为马克思只是在青年时代是"机械历史决定论"或"纯粹经济决定论"的主张者，并由此制造"两个马克思"的对立。相比之下，国内理论界则显得更为委婉些。一些论者提出，马克思的历史观在1845年前是"历史决定论"，而在之后则是"历史制约论"。然而，哪怕是这种"委婉的观点"，也是对青年马克思思想的曲解。

倘若对马克思思想的生成作一简要回顾，可以发现事实并非如此。马克思在《博士论文》中把"自我意识"归结为一切存在的基础，赋予了其"原初性的涵义"，并初步提出了哲学的现实化思想。他后来也坦诚，《博士论文》写作的主要目的是出于政治的兴趣。在莱茵报初期，他投身现实的政治活动，以这种哲学捍卫精神的自由。这些事实虽然发生在马克思信仰黑格尔主义的时期，但是，难道这不是表明，马克思从一开始就没有忽视精神和政治因素的历史作用吗？在遭遇物质利益难题时，马克思一方面关注摩泽尔河沿岸地区居民的经济状况，而另一方面又把注意力更多地放在政治思想领域，认为我们前面所谈论的那些客观关系其实就是"占统治地位的政治精神及其体系"[①]。如果不是感受到普鲁士封建王国的国家和法对市民社会的制约作用，马克思不会去批判黑格尔的法哲学，更不会号召"向德国制度开火"；同样地，如果不是认识到思想意识形态对社会存在的影响，马克思也不会煞费苦心在历史观上把两者的关系"颠倒过来"。

至少可以看出，青年马克思并没有否定上层建筑在历史发展中的作用，而之所以没有对此加以强调，原因在于，他把精力几乎都放到阐述和论证那些被黑格尔及其弟子们等论敌所忽视、否定的基本原则方面，从而在客观上

[①] 《马克思恩格斯全集》第1卷，人民出版社2002年版，第384—385页。

缺乏详细说明其他参与作用的历史因素的时间与机会。其实，细心的读者也不难发现，马克思在确立"历史的"唯物主义立场后在一些早期文本中不乏正面的阐述。比如，他在1843年就提出以下一些观点："即使从历史的观点来看，理论的解放对德国也有特别实际的意义"；"理论一经掌握群众，也会变成物质力量"；"彻底的德国不从根本上进行革命，就不能完成革命。……这个解放的头脑是哲学，它的心脏是无产阶级"。① 可见，他重视经济前提之外的其他因素对历史生成运动的影响。

在1844年，马克思赋予了"劳动"在历史进程中的本体论地位，但并没有忽视其他条件在历史中的作用。对于各种要素及其矛盾运动的历史意义，马克思已经有了一定的认识，这为他探寻历史之谜的答案和形成辩证的历史决定论做出了新的贡献。归结起来，这主要表现在以下几个方面：

一是关于思维和现实存在之间的对立统一关系。根据马克思的描述，思维作为现实生活的抽象，往往与存在具有统一性。人不仅在思维之中复原自身的现实存在，而且还作为思维着的存在物自为地存在着。既然现实存在是劳动的产物，而后者本身又蕴含主观意志的因素，那么就相当于承认思维对现实存在的生成的重要意义。但是，在资产阶级工业社会，思维作为这样的抽象与现实生活之间是相互敌对的。经过这一论证过程，马克思概括道："思维和存在虽有区别，但同时彼此又处于统一中。"② 这种对立统一的能动关系是历史生成运动的内在推动力。当然，这同样体现在马克思的另一个思想上：不同国家或民族的人们扬弃异化的运动包括两个方面，既要在物质生活领域进行这一运动，也要在意识形态领域加以推进，至于运动应当先从哪一领域开始，则取决于他们正在处于观念的抑或是现实的生活之中。

二是关于劳动与私有财产关系之间的矛盾运动。作为私有财产的主体本质，劳动创造私有财产关系，即劳动、资本以及两者之间的关系。马克思认为，这些关系的成分必定经历从"直接的或间接的统一"到"相互对立"、再到"各自同自身对立"的运动。"起初，资本和劳动还是统一的；后来，他们

---

① 《马克思恩格斯全集》第3卷，人民出版社2002年版，第208、207、214页。
② 《马克思恩格斯全集》第3卷，人民出版社2002年版，第302页。

虽然分离和异化，却作为积极的条件而互相促进和互相推动。"①但是，在异化劳动条件下，它们都力图剥夺另一方的存在，并逐渐发展为敌对性的相互对立。也就是说，私有财产关系虽然是劳动的结果，但它产生以后就对劳动本身（劳动者、劳动行为、劳动产品）有强烈的制约作用。这种矛盾一达到极端，就必定造成整个关系的崩溃和灭亡，从而由此促进历史的进步。

三是关于工人阶级和资本家阶级之间的斗争关系。通过对"垄断的最初扬弃→竞争→垄断的普遍化"过程的考察，马克思提出，随着资本家和土地所有者、农民和工人之间差别的消失，整个社会必定会分化为两大相互对立的阶级：工人阶级和资本家阶级。这种对立的根源在于私有财产关系的存在，其实质是劳动与资本之间产生了尖锐的矛盾，如果不从这一对抗实质来理解，那么，两大阶级之间的对立还只能停留在无关紧要的水平上。如此一来，当私有财产的运动这一迄今为止全部生产运动的感性展现达到最高阶段时，工人阶级和资本家阶级之间的矛盾也达到顶点，而这就必然导致革命。

根据马克思的观点，这些复杂的、能动的矛盾运动，构成推动历史由低级到高级发展的动力。起初，工业本身还在行会、同业公会等形式中，保留着自己的对立面的封建性质。随着工业生产被广泛运用于农业中，劳动逐渐变成完全自为的存在，动产对不动产的冲突日益加剧。工业和资本的扩大，是劳动的必然发展。但封建土地所有制已经不能容纳这些新的因素，并由此造成政治生活和意识形态领域的矛盾显化时，必定会导致资本家对土地所有者、发达的私有财产对不发达的私有财产的胜利。同样地，由于异化劳动条件下思维和现实存在、劳动与私有财产关系、工人阶级和资本家阶级之间的矛盾运动，资产阶级社会被共产主义社会所取代是历史的必然趋势。一方面，现代工业的发展为解决这些矛盾创造了经济条件，共产主义是在以往发展的全部财富之范围内形成的。而另一方面，当资本家对工人和劳动的财产关系日益成为工业发展的桎梏时，市民社会和上层建筑的变革也随之而来。

值得一提的是，在1844年6月，普鲁士爆发了西里西亚纺织工人起义，马克思为此撰文赞赏这一起义的理论性和自觉性，指出："无产阶级一下子就

---

① 《马克思恩格斯全集》第3卷，人民出版社2002年版，第288页。

绝不含糊地、尖锐地、毫不留情地、威风凛凛地大声宣布，它反对私有制社会。"[①]在他看来，要实现共产主义，就要消灭私有制，就要通过依靠无产阶级有组织的革命行动来推翻现有政权和废除旧体系。而在1844年底写作的《神圣家族》中，马克思把之前的研究成果进一步与工人运动相结合起来进行理解，他指出：无产阶级在异化中感到自己是被毁灭的，他们实际上已经全部丧失了合乎人性的外观，而他们要消灭自身以及制约着其发展的对立面即私有制，必须首先意识到自身作为无产阶级的悲惨境遇和必然使命，并使阶级意识达到明显的程度。也就是说私有制的扬弃是需要一定的主观条件的，这个前提就是无产阶级意识的显化。由此亦可看出，马克思在强调物质条件决定论时，并没有忽视精神因素和无产阶级在历史运动中的作用。

总而言之，只考察到1844年，我们就已经有足够的论据证明青年马克思并没有忽视物质生产（劳动）以外的政治和思想上层建筑、无产阶级的阶级斗争等的历史作用，所以他绝不是单向式的、机械的物质生产决定论者，而是承认物质生产在归根到底的意义上具有决定性作用的辩证的历史决定论者。

[①]《马克思恩格斯全集》第3卷，人民出版社2002年版，第390页。

第二章 马克思对揭示历史规律的主要贡献

随着对马克思历史规律理论研究的深入,理论界的相关研究存在着两种值得注意的倾向:一是错误地解读了马克思所发现的历史规律,确切地讲,是对其做了不恰当的拓展;二是把社会基本矛盾运动规律当作不证自明的原理,而没有对其本身给予应有的关注。这两种倾向实质上都与对于马克思揭示的历史规律的机械论"预设"有较大的关系。马克思究竟对历史规律的揭示做出了什么样的贡献?要破除附在马克思名下的关于历史规律的机械化阐释,首先必须以唯物辩证的方法论科学说明这个基本问题。本章拟从历史规律的基本释义谈起,进而从多个维度对马克思所发现的历史规律的内容进行考证和辨析,最后再具体探究社会基本矛盾运动的作用机制,以及厘清历史规律的内容与两个特殊表现形式之间的关系。

一、历史规律的基本释义

探究历史规律的基本释义,是理解马克思所发现的历史规律内涵的一项基础工作。历史规律是规律的一种特殊表现,因而要把握"历史规律"范畴的释义,关键在于厘清"规律"的基本内涵。关于"规律"的起源,最早可追溯到赫拉克利特的著作残篇中的"逻各斯"。对此,理论界已经达成了较大的一致。那么,如何理解赫拉克利特的"逻各斯"?其中包含的哲学意蕴,与λογος的词源学解释是否一致,它对于我们理解马克思主义视阈下的"规律"又有何启示意义?对这些问题的探讨,以及在此基础上再对马克思眼中的"历史"概念进行考辨,有助于我们全面说明"何谓历史规律"的基本问题。

（一）规律的源初含义：从逻各斯谈起

"规律"范畴，最早可追溯到古希腊哲学中的"逻各斯"。学术界对此并没有多大的异议。逻各斯是希腊语 λογος（Logos）的音译，人们之所以接受音译，是由于在汉语中很难找到一个十分恰当的词与之相对应。它与老子的"道"虽然有相通之处，但两者在语言功能方面是有着显著的差异的。①

根据可考证的材料，在公元前6世纪，赫拉克利特在宇宙的演化进程中发现决定事物运行规则的"逻各斯"，第一次创造性地把这一范畴引入西方哲学。②在他之后，经过诸多思想家的改造，"逻各斯"逐渐成为一个内涵丰富和颇具争议的范畴。据古希腊哲学史研究专家格思里（W.K.C. Guthrie）考证，到了公元前5世纪，"逻各斯"一词主要具有10种不同的语义：（1）说过或为此写过的言语（anything said or for that matter written）；（2）价值、尊重、声望以及名誉（worth, esteem, reputation; also fame）；（3）同自己对话，实质是指进行思考、权衡利弊的过程（taking thought, weighing up pros and cons, commonly presented itself as holding a conversation with oneself）；（4）原因、理由或论据（cause, reason or argument）；(5)事情真相（the true of the matter）；（6）完整的或适当的尺度（full or due measure）；（7）对应、关系、比例（correspondence, relation, proportion）；（8）普遍原理或规则（general principle or rule）；（9）理性的能力（the faculty of reason）；（10）揭示任何事物本质的定义或公式（definition, or formula expressing the essential nature of anything）。③

在公元前5世纪以后，"逻各斯"的涵义得到进一步发展。斯多葛派把它看成渗透一切实在的理性和精神本原，视作宇宙的灵魂。在这个派别看来，宇宙其实就是一个由小逻各斯构成的总的逻各斯。当然，古希腊哲学的另一重要派别——毕泰戈拉学派，以及亚里士多德等哲学家，也纷纷对这个范畴做出了拓展性的阐释。而经过后来的新柏拉图学派和诸多神学家的发展，"逻

---

① 参见张廷国：《"道"与"逻各斯"：中西哲学对话的可能性》，载《中国社会科学》，2004年第1期。

② 参见《不列颠百科全书》（国际中文版）第10卷，中国大百科全书出版社1998年版，第175页。

③ W.K.C. Guthrie, *A History of Greek Philosophy*：Vol.1, Cambridge: Cambridge University Press, 1962, pp.419–424.

各斯"逐渐与基督教传统相结合,从而带上深厚的神秘主义色彩。在他们眼中,逻各斯是联结上帝与世界的中介,它一方面深藏于世界之中,另一方面又体现了凌驾于万物之上的上帝的智慧。在此意蕴上,《不列颠百科全书》把其界定为:希腊哲学、神学用语,指蕴藏在宇宙之中,安排宇宙并使宇宙具有形式和意义的绝对的神圣之理。①

尽管该范畴后来在西方哲学史上具有多种多样的内涵,但是,要考察作为"规律"源初含义的"逻各斯",最根本的是要回到它的源头进行审视。下面再来对赫拉克利特的著作残篇中的"逻各斯"进行简要分析。②

赫拉克利特首先指出:"这个'逻各斯',虽然永恒地存在着,但是人们在听见人说到它以前,以及在初次听见人说到它以后,都不能了解它。……万物都根据这个'逻各斯'而产生。"(残篇1)也即是说,逻各斯是常在的,是决定宇宙万物生成和运动变化的法则。在赫拉克利特的哲学中,逻各斯就是那个"一",而智慧就在于认识这个善于驾驭一切的东西:"如果你不听从我本人而听从我的'逻各斯',承认一切是一,那就是智慧的。"(残篇50)那么,这个决定万物的法则是不是"神圣"的?换言之,这一"逻各斯"是否指的是"安排宇宙并使宇宙具有形式和意义的绝对的神圣之理"?再来看赫拉克利特的论述:"因此应当遵从那人人共有的东西。可是'逻各斯'虽是人人共有的,多数人却不加理会地生活着,好像他们有一种独特的智慧似的。"(残篇2)所谓"人人共有的",指逻各斯是共同而不是私有的,即对于单个个体的主观来说,它带有普遍性。但是,具有普遍性的形式,并不等于它就一定是有关宇宙结构的"绝对神圣法则"。这就进一步涉及逻各斯的普遍性形式何以可能的问题。如果逻各斯是取消一切对立的绝对同一,那奠基于其上的万物的差异性从何而来?这在逻辑上是说不通的。由残篇9可知,尽管"从一产生一切",但是它的前提条件是"从一切产生一"。而且,赫拉克利特欣赏的是斗争哲学:"互相排斥的东西结合在一起,不同的音调造成最美的和

---

① 参见《不列颠百科全书》(国际中文版)第10卷,中国大百科全书出版社1998年版,第175页。

② "赫拉克利特的著作残篇"收入北京大学哲学系外国哲学史教研室编译:《古希腊罗马哲学》,商务印书馆1982年版,第18—31页。

谐；一切都是斗争所产生的。"（残篇8）由此，逻各斯本身所蕴含的矛盾意蕴可见一斑。

"逻各斯"在赫拉克利特的著作残篇中所具有的哲学涵义，与它对应着的词源学解释是相称的。从词源上看，λογος（逻各斯）的词根为λεγ，由这个词根构成的动词λεγειν具有挑选、采集的意思。根据海德格尔的考察，λεγειν的拉丁文为legere，它和德语中的"lesen"（采选）是同一个词，比如Ahren lesen（拾麦穗）、Holz lesen（捡柴木）以及由"lesen"在本来意义上变异而来的die Weinlese（采摘葡萄）、die Auslese（精选）等。也就是说，把一个东西放在另一个东西的旁边，采集到一起，即拢聚；而这样做的同时，这件东西就因和那件东西产生对照而凸显出来。所谓拢聚，不是简单地把东西凑在一块，不是无关紧要的乱石堆积，而是要把纷然杂乱和互相排斥的东西留居在一种休戚相关之中。逻各斯作为这样的留居，表现为一种聚集的力量，它具有强力统摄的品格。① 海德格尔指出："采集并不把那被强力统辖者消解在空空如许的无对立状态中，而是从那些相互争逐者的合一出发，将之保持在两军对阵、千钧一发的最高紧张状态。"② 这就解释了"为何逻各斯具有普遍性，但又不是决定宇宙形式和意义的'绝对神圣法则'"的问题。

归结起来，对"逻各斯"在赫拉克利特的著作残篇中的哲学涵义以及它的词源学解释的考察，有利于我们更好地把握"规律"在西方哲学中的真正的源初含义，从而为进一步理解历史规律的本质提供重要的启示。

（二）马克思主义对规律范畴的界定

对"规律"的源初含义的厘清，旨在促进对这一范畴的明确界定。究竟什么是规律？马克思并没有直接给规律下过定义，而只是在论述规律问题的时候间接地表达出自己的看法。在《资本论》第三卷中，在谈到利润率趋向下降的规律时，马克思指出："这个规律——我指的是两个表面上互相矛盾的事物之间的这种内在的和必然的联系。"③ 把"规律"规定为两个矛盾着的事物

---

① 参见聂敏里：《什么是赫拉克利特的逻各斯》，见冯俊主编：《哲学家》，人民出版社2006年版，第158—168页。
② [德]海德格尔：《形而上学导论》，王庆节译，商务印书馆2015年版，第154页。
③ 《马克思恩格斯文集》第7卷，人民出版社2009年版，第250页。

之间的必然联系，与赫拉克利特的"逻各斯"（当然也包括其词源学解释）有着异曲同工之处，深刻揭示了这个范畴的内涵和根本属性。然而，机械论世界观由于排斥事物的内部矛盾，因而也必定无法解释规律这一范畴本身所包含的矛盾意蕴。如果说这重规定主要奠基于黑格尔以辩证法为前提的规律观的基础之上，而后者集中体现于《逻辑学》中，那么，它的丰富和发展则是由列宁在《黑格尔〈逻辑学〉一书摘要》中实现的。

根据马克思主义的观点，"规律"是一个关系范畴，它指的是事物在发展过程中所固有的必然联系。列宁说："规律就是关系，对于马赫主义者、其他不可知论者以及康德主义者等等，这点是要注意的。"① 比如，马赫主义认为，世界是感觉（要素）的复合，而那些不能为感觉经验所感知的本质、必然性、因果性等均应当被我们加以抛弃。对于这样一个世界，人们认识的任务，就是要根据"思维经济原则"对经验事实及相互关系加以描述。这种以感觉经验来判断一切的相对主义和不可知论，当然不知道也不愿意承认"规律的概念是人对于世界过程的统一和联系、相互依赖和总体性的认识的一个阶段"②。假如说"关系"是规律的基本内涵，那么"必然性"就是这一范畴的本质规定性。必然性的根本特征决定了规律的普遍性形式。当然，不可知论者有时也承认必然性，但是他们承认的是先验的而不是存在于客观现实中的必然性。

既然规律是一种关系，那它究竟是一种"什么样"的关系？用列宁的话来说，也就是"本质的关系或本质之间的关系"③。黑格尔把这个概念放到本质的自身运动中进行考察，指出本质是规律的根据，规律是本质自身肯定与否定的统一。针对这个见解，列宁提出自己的看法："规律和本质是表示人对现象、对世界等等的认识深化的同一类的（同一序列的）概念，或者说得更确切些，是同等程度的概念。"④ 由于本质是事物本身所固有的，它由事物的内部矛盾所构成，所以规律指的是相互矛盾的事物之间的依存关系。就此而论，倘若说本质是事物内部基本要素的内在联系，那么，规律则是就历时态的事

---

① 《列宁全集》第55卷，人民出版社1990年版，第128页。
② 《列宁全集》第55卷，人民出版社1990年版，第126页。
③ 《列宁全集》第55卷，人民出版社1990年版，第128页。
④ 《列宁全集》第55卷，人民出版社1990年版，第127页。

物发展过程而言的，它表征为事物演进过程的逻辑必然性。

作为本质层面的范畴，规律往往隐藏在大量的现象背后，对现象的性质和发展起支配作用。根据黑格尔的观点，由于规律是本质的现象，所以规律王国是存在的或现象的世界静止的反映。也就是说，规律是现象中持久的、保存着的东西，是现象自身同一中的反思和本质性的肯定方面，是现象的静止的反映。规律作为一种关系之所以具有相对稳定性，根源正在于此。对于"静止的"这个规定，列宁评价道，这是"非常唯物主义的"和"非常确切的"。进而言之，作为现象的静止的内容，规律并不包含现象的不静止的形式或否定性的方面，所以从丰富性来看，现象当然要远胜于规律。在这层意义上，正如黑格尔所说："现象与规律对比起来，就是总体，因为它包含规律，但还多一些，即自身运动的形式这一环节。"①

列宁之所以没有对黑格尔的规律观展开批判，虽然有"做批注"的局限性的缘故，但更为重要的是，作为对机械唯物主义进行反思的结果，黑格尔对"什么是规律"的认识具有合理性的一面。撇开把本质、范畴、现象等看作较低层次的"反思范畴"不说，黑格尔对规律概念的阐述富有启发性。实际上，黑格尔的错误主要不在于对规律概念的界定，而在于对规律内容的阐发，在某种程度上甚至可以说，他只不过是拓展了赫拉克利特的"逻各斯"罢了。经由马克思、列宁等马克思主义经典作家的扬弃，"规律"逐渐成了一个富有马克思主义色彩的范畴。当代中国马克思主义学界坚持了马克思列宁主义相关论述的基本精神和核心观点。

（三）何谓历史与历史规律

在考究马克思主义对规律范畴的界定之后，历史规律的基本内涵也就昭然若揭了。从存在范围来看，历史规律是就历史的发展过程而言的；从内容上看，历史规律与历史本质是同等程度的概念，指的是历史发展过程中的本质关系，而这种关系由历史本身所固有的内部矛盾所构成；从形式上看，历史规律具有普遍性的形式；从根本特性来看，历史规律表征为历史演进过程的逻辑必然性；从功能上看，历史规律是隐藏于历史现象背后并决定或支配

---

① ［德］黑格尔：《逻辑学》（下），杨一之译，商务印书馆2009年版，第145—146页。

历史现象的方面。

要真正回答何谓历史规律的问题，应当进一步追问，究竟什么是历史？关于"历史"这个词，不同的流派和思想家有着不完全相同的回答，而我们需要厘清的问题是：何为马克思主义视阈下的"历史"？

直观地讲，历史可以被划分为两个方面——自然史和人类史，但是这两个方面又是不可分割的。在马克思看来，自然界对于人来说是一个历史的生成过程，"被抽象地理解的，自为的，被确定为与人分隔开来的自然界，对人来说也是无"①。既然先于人类而存在的自然界是一种抽象的"无"，那么，真正的历史就只能是人类存在于其中的那个历史。在这个意义上，如果单方面地强调"自然史和人类史"的二元对立，而忽视它们之间的内在联系，则是欠妥的。我们并不否认自然史的存在，只是要看到，在有人存在的条件下，自然史的发展明显受到人的实践活动的制约。对此，恩格斯在《自然辩证法》中表示了认同："随同人，我们进入了历史。动物也有一部历史……但是这部历史对它们来说是被创造出来的。"②由此可见，马克思主义视阈下的"历史"，只有当它作为有人存在的"现实的历史"才是有意义的。

历史规律就是关于人类社会发展的规律。如果说赫拉克利特的"逻各斯"是规律范畴的源初释义，那么，当我们谈到有人存在的社会发展规律时，不得不提的是阿那克萨哥拉的"努斯"（Nous）。这两个概念虽然在黑格尔那里最终都发展成为"理性"，但是它们的深层次含义却是迥异的，表现为逻各斯是一种代表法则的理性，而努斯则是一种代表能力的理性。

有学者对它们作了区分："逻各斯就是规律，是变化的尺度，是变中之不变；它显然是一种关系……是质的关系，是两个在性质上不同或相对立的东西统一成一种新质……呈现为整个世界丰富多彩、充满矛盾斗争的流变不息的生动图景"；"努斯的提出是古希腊哲学家力图将精神从自然物质中区分开来的第一个大胆尝试。……它是与物质完全分开并对立起来的精神范畴……努斯（νοῦς）一词原本就是指心灵，也泛指感觉、思想、情感、意志活动以

---

① 《马克思恩格斯全集》第3卷，人民出版社2002年版，第335页。
② 《马克思恩格斯文集》第9卷，人民出版社2009年版，第421页。

及这些活动的主体"①。

撇开把逻各斯直接提升到规律的层次等一些有待商榷的问题不谈，这个区分显然具有独到之处。可以笼统地认为，就其核心要义而言，逻各斯体现的是规范性，而努斯体现的是主体性。因而，如果说逻各斯可以帮助我们理解历史规律中的"规律"，那么努斯则有利于我们把握历史规律中的"历史"。当然，逻各斯并非和主体性毫无关系，实际上在公元前4世纪的希腊，就存在着一种较为普遍的看法，即人和动物的根本区别在于人有逻各斯；而努斯也不是与规范性无涉，在不少西方哲学家看来，努斯是主宰和安排世界的。在某种程度上可以说，赫拉克利特的"逻各斯"和阿那克萨哥拉的"努斯"，共同构成了"历史规律"的来源。总而言之，更确切地讲，前者有助于对历史"规律"的理解，后者同样能够促进对"历史"规律的把握。

二、马克思对历史规律内容的揭示

在厘清历史规律的涵义的基础上，再来聚焦于本章的正题，即从"是什么"的维度探讨马克思对发现历史规律的贡献问题。马克思是否直接使用过"历史规律"的概念，如果有，这一概念在他的论著中究竟具有何种含义，它与马克思经常描述的经济生活规律之间有何区别和联系？对此进行深入的考究，有利于克服关于历史规律的机械论倾向。与此同时，由于一个众所周知的原因——马克思并未直接说过他揭示了什么样的历史规律，而这项工作主要是由其革命战友恩格斯来完成的，因而，对恩格斯的相关概括的研究，以及对广松涉等人"以恩代马"的思想倾向加以驳斥、明确两人对创立历史规律理论分别做出的贡献，就显得尤为重要了。

（一）马克思眼中的历史规律与经济生活规律

在马克思的浩瀚著作中，他直接明确地使用"历史规律"这个词的论述并不多见。在这其中，有的是对其他人话语的直接引用，有的则与真正的"历史规律"无涉。比如，在《神圣家族》里，马克思就多次转述青年黑格尔派

---

① 邓晓芒：《思辨的张力：黑格尔辩证法新探》，商务印书馆2008年版，第23、48页。

所谓"过分严格的历史规律",而此处的"历史规律"实际上带有讽刺性的意味①;在《得比内阁。——帕麦斯顿的假辞职》一文中,马克思用"历史规律"一词来论证得比勋爵的继任完全符合英国宪法传统的观点。②

而马克思在正面阐述历史理论时直接使用"历史规律"一词的情况,据不完全考证,主要有两处:一是在1853年发表于《纽约每日论坛报》的《不列颠在印度统治的未来结果》一文中;二是在1875年针对即将合并的德国社会民主党的纲领草案表达批评意见而写作的《哥达纲领批判》中。

在前一个文本中,马克思指出:"相继侵入印度的阿拉伯人、土耳其人、鞑靼人和莫卧儿人,不久就被印度化了——野蛮的征服者,按照一条永恒的历史规律,本身被他们所征服的臣民的较高文明所征服。不列颠人是第一批文明程度高于印度因而不受印度文明影响的征服者。他们破坏了本地的公社,摧毁了本地的工业,夷平了本地社会中伟大和崇高的一切,从而毁灭了印度的文明。"③ 如果从语义上进行分析,这里的"历史规律"的直接定义就是指较低文明被较高文明所征服的规律。而马克思之所以使用"永恒的"修饰语,不是说历史规律是一成不变的、神圣的,而是为了强调历史规律的普遍性形式。那么,这个规律具体是什么样的?

从马克思接下来的论证逻辑中似乎可以得到初步答案:英国工业巨头们通过供给铁路、水利设备、蒸汽机等在印度建立的现代工业,改变了"生产力陷于瘫痪状态"的情况,它必定会破坏"农村公社的自治制组织和经济基础",以及"瓦解印度种姓制度所凭借的传统的分工";而为了维持和巩固他们的经济利益,必须采取组织训练"印度人军队"、培育"一个具有管理国家的必要知识并且熟悉欧洲科学的新的阶级"以及发展"由印度人和欧洲人的共同子孙所领导的自由报刊"等措施。④

由此,不难看出其中蕴含的深层次用意:前一个过程意在表明社会组织形式和它们的经济基础、建立在分工方式基础上的社会制度,要适应生产力

---

① 参见《马克思恩格斯全集》第2卷,人民出版社1957年版,第134页。
② 参见《马克思恩格斯全集》第12卷,人民出版社1962年版,第432页。
③ 《马克思恩格斯文集》第2卷,人民出版社2009年版,第686页。
④ 《马克思恩格斯文集》第2卷,人民出版社2009年版,第685—689页。

的发展状况；而后一个过程则是要说明政治生活和精神生活要适应统治阶级经济利益的要求。这与《德意志意识形态》所揭示的历史观基本上是一致的。

在《哥达纲领批判》中，马克思使用了"历史的规律"一词，由于"的"并无特殊的含义，所以这里也可以视作对"历史规律"的直接使用。在这个文本中，马克思把他所认为的"直到目前的全部历史的规律"具体描述为："随着劳动的社会性的发展，以及由此而来的劳动之成为财富和文化的源泉，劳动者方面的贫穷和愚昧、非劳动者方面的财富和文化也发展起来。"①

这不就是马克思在1844年所论述的困扰他自己的"历史之谜"吗？这就是：随着劳动者的生产的财富的增长，其反而变得更加贫困潦倒，物的世界的增值同人的世界的贬值成正比。通过分析资本主义社会的异化劳动现实，马克思科学地找到了答案——共产主义。根据《神圣家族》和《德意志意识形态》等著作的论证可知，如果说共产主义实现的历史必然性，最终根源于生产力与生产关系之间的矛盾，那么，其实现的可能性则蕴含在资本主义社会所创造的物质条件和革命阶级之中。

当然，马克思在《共产党宣言》《资本论》等著作中深化了这一思想。在1875年，马克思实际上已经对这个问题有了非常成熟的看法，只是囿于写作"德国工人党纲领批注"的局限，而没有展开详细的分析。但是我们依然可以看到，在谈到上面提及的论述时，马克思紧接着就补充道，根据这一"历史的规律"，"应当在这里清楚地证明，在现今的资本主义社会中怎样最终创造了物质的和其他的条件，使工人能够并且不得不铲除这个历史祸害"②。

这至少表明了马克思眼中的历史规律，是一种"重大历史运动规律"。也就是说，历史规律是以较长的时间跨度、较大的空间范围为表征条件的规律。如果说，阐明历史规律的运动特征是防止把历史规律静止化的需要，那么揭示马克思眼中的"历史规律"与"经济生活规律"之间的关系，则是旨在进一步明确历史规律的适用领域。显而易见，两者都有利于纠正关于说明历史规律之本质的机械论倾向。

在马克思的著作中，虽然"历史规律"范畴较少见，但是与经济生活规

---

① 《马克思恩格斯文集》第3卷，人民出版社2009年版，第430页。
② 《马克思恩格斯文集》第3卷，人民出版社2009年版，第430页。

律相对应的描述是很多的。马克思使用过"政治制度的规律""道德规律"等提法，只是这些词汇往往被赋予了否定性的意义。在信奉自我意识哲学期间，他积极为捍卫精神自由的规律发声。然而，在转向"历史的"唯物主义立场以后，马克思似乎就没有公开承认过独立的政治生活和精神生活规律的存在，如果有，那也只是在表明它们服从和受制于经济条件的基础。与此形成对照的是，对于经济生活领域的"经济规律"，他却十分重视。这与他在巴黎开始的政治经济学研究是紧密相关的。马克思虽然采用了资产阶级经济学的"语言"和"规律"，但却对他们眼中的"生产的普遍规律""竞争的两个重要规律""供求规律""工资规律""分工规律"等展开了深刻的批判。与其说马克思是在否定各种经济规律本身，不如说他是在质疑资产阶级经济学家所赋予它们的内容的科学性，我们知道，马克思在《资本论》中以一种全新的视角向我们展示了"商品、价值、货币和流通本身的性质的规律"以及"剩余价值的各个规律"等。

历史规律和经济生活规律分别有其自身的特殊领域，适用于特定的范围。在人类社会的规律系统中，历史规律是较高级的规律，而其他特殊的经济规律则是较低级的规律。不能把历史规律直接运用于经济生活的具体领域和方面，特别是把对待较低级规律的标准用作衡量历史规律的尺度，用马克思的话来说，"这正像我想强迫一个巨人住在侏儒的屋子里一样"①。同样地，也不能用较低级别的规律来解释历史的宏观运动过程，如果硬是要求这些规律不该成为它自身所适用的特殊领域和方面的规律，这样不仅是没有任何意义的，而且还会把在一定限度内具有合理性的规律，变为某种滑稽可笑的东西。对此，马克思深刻阐述道："当较低级领域的规律被应用到较高级的领域时，立刻会产生这种可笑的感觉；倒过来也一样，当小孩子激昂慷慨时，也会使人觉得滑稽可笑的。"②

还应当指出，与历史运动对应的范围相比，经济生活对应的范围要广泛得多。也就是说，较高级的历史规律的抽象程度，显然要大于具体性、多样性的经济生活规律的抽象程度。后者在马克思看来，是可以用数学的方法来

---

① 《马克思恩格斯全集》第1卷，人民出版社2002年版，第190页。
② 《马克思恩格斯全集》第1卷，人民出版社2002年版，第193页。

精确计算的。比如，工人所生产的剩余价值量，就等于预付的可变资本量乘以剩余价值率。相比较而言，从历史过程中抽象出来的历史规律，不像经济生活中的具体规律一样容易被直接感知，这使得其表现出某种独立性。

实际上，在社会历史领域，"规律"作为人们的思维抽象，都有正确和错误之分。人只有认识历史本身的实际的、但又不能直接感觉得到的运动时，才能科学理解历史的本质及其发展的客观规律。哪怕是相对抽象的高级规律，只要它是对现实的历史过程本身的真实反映，就可以在经验中得到证实。进一步讲，正确的较低级别的规律，能够为形成正确的较高级别的规律提供论据的支撑。比如，正是因为对"商品、价值、货币和流通本身的性质的规律"和"剩余价值的各个规律"有准确的认识，马克思才深化了对于人类社会发展的历史运动规律的理性见解。而反过来，关于历史规律的观点能够为人们把握经济生活规律提供总的指导原则。这是社会历史领域不同层次的规律之间的深层次联系。

（二）历史规律就是社会基本矛盾运动规律

对于马克思所发现的"历史规律"，恩格斯在1883年3月20日发表于《正义报》的《马克思墓前悼词草稿》一文中指出："查理·达尔文发现了我们星球上有机界的发展规律。马克思则发现了决定人类历史运动和发展的基本规律。"[1]事实上，恩格斯曾经在各种不同的场合，一再强调马克思对历史学起到了如达尔文学说对生物学所起的贡献。那么，恩格斯为何会做出如此判断？是不是如麦克莱伦所说恩格斯这一类比是"极大的误导"？

达尔文在其代表作《物种起源》中不仅探讨生命的起源问题，还描述了生物界由简单到复杂、由低等到高等的演化进程，这一进化遵循"最适者生存"法则，而其动力则源于生存斗争下自然选择的力量。这是对"上帝创世说"的证伪，使生物学发生了革命性的变革。之所以指出马克思做出了同等地位的贡献，并不是说他把达尔文的自然选择学说套用到人类历史中，那是传统机械论哲学的"把戏"，因为人类特有的生产劳动，使"生存斗争"主要是围绕享受和发展资料来进行，但是在资本主义生产方式下，这些资料却被

---

[1] 《马克思恩格斯全集》第19卷，人民出版社1963年版，第372页。

强制性地与劳动者隔绝开来。恩格斯把他们放到一起来对比并不是"误导",不是为马克思所发现的历史规律蒙上机械性的面纱,而只是要表明以下事实:达尔文首次对有机界的发展做出了唯物主义的、带有规律性的科学解释,马克思在历史领域同样如此。而恩格斯强调"这是一个浅显易懂的规律",并非要否定历史规律本身的复杂性,而是为了讽刺资产阶级理论家对此所表现出的"无知"。

那么,马克思所发现的"决定人类历史运动和发展的基本规律"是什么?在《在马克思墓前的讲话》定稿中,恩格斯做出了明确的回答:"马克思发现了人类历史的发展规律,即历来为繁芜丛杂的意识形态所掩盖着的一个简单事实:人们首先必须吃、喝、住、穿,然后才能从事政治、科学、艺术、宗教等等,所以,直接的物质的生活资料的生产,从而一个民族或一个时代的一定的经济发展阶段,便构成基础,人们的国家设施、法的观点、艺术以至宗教观念,就是从这个基础上发展起来的,因而,也必须由这个基础来解释,而不是像过去那样做得相反。"[①] 由此可见,马克思虽然没有直接说"我发现的这个思想就是历史规律",但他的革命战友作了最好的说明。

根据对历史规律概念的解析,再结合恩格斯的概括,我们可以得出结论:人类历史的基本规律,主要体现在马克思在1859年《〈政治经济学批判〉序言》中所"简要地表述"的"我的研究工作的总的结果"的那段话中。纵观马克思一生中迄今为止已经公开发表的全部著作,对于这个"总的结果",《德意志意识形态》《哲学的贫困》《共产党宣言》等著作中都有相当成熟的阐述。但是最为精确的说明,还是出现在这段研究者公认的新唯物主义"经典表述"中,马克思在此阐释道:

"人们在自己生活的社会生产中发生一定的、必然的、不以他们的意志为转移的关系,即同他们的物质生产力的一定发展阶段相适合的生产关系。这些生产关系的总和构成社会的经济结构,即有法律的和政治的上层建筑竖立其上并有一定的社会意识形式与之相适应的现实基础。物质生活的生产方式制约着整个社会生活、政治生活和精神生活的过程。不是人们的意识决定人

---

① 《马克思恩格斯文集》第3卷,人民出版社2009年版,第601页。

们的存在,相反,是人们的社会存在决定人们的意识。社会的物质生产力发展到一定阶段,便同它们一直在其中运动的现存生产关系或财产关系(这只是生产关系的法律用语)发生矛盾。于是这些关系便由生产力的发展形式变成生产力的桎梏。那时社会革命的时代就到来了。随着经济基础的变更,全部庞大的上层建筑也或慢或快地发生变革。在考察这些变革时,必须时刻把下面两者区别开来:一种是生产的经济条件方面所发生的物质的、可以用自然科学的精确性指明的变革,一种是人们借以意识到这个冲突并力求把它克服的那些法律的、政治的、宗教的、艺术的或哲学的,简言之,意识形态的形式。我们判断一个人不能以他对自己的看法为根据,同样,我们判断这样一个变革时代也不能以它的意识为根据,相反,这个意识必须从物质生活的矛盾中,从社会生产力和生产关系之间的现存冲突中去解释。"①

这样,马克思首先在共时态意义上,把社会分为"三层楼结构",即生产力是根基、生产关系(经济基础)是中介、政治和文化因素是上层建筑。这就是马克思所揭示的社会结构。如果说社会结构与历史规律有何种内在联系的话,那就是"静态"与"动态"的关系。在历时态意义上,马克思指出,生产力发展到一定阶段便和生产关系发生矛盾,当矛盾显化时上层建筑也会随之发生变革。生产力和生产关系、经济基础和上层建筑的矛盾,是社会的基本矛盾,它们的运动构成人类历史进步的根本动力。作为历史过程中由内部矛盾所构成的本质关系,历史规律就是社会基本矛盾运动规律。应当指出,马克思并没有提出社会基本矛盾的范畴,把他所发现的历史规律同社会基本矛盾运动明确联系起来应归功于毛泽东。即便是这样,我们并不能否认,马克思实际上发现了社会基本矛盾运动规律,而这一规律的内容,包括"生产关系一定要适合生产力的发展状况"以及"上层建筑一定要适合经济基础的变革要求"两大方面。社会基本矛盾运动规律具有普遍性的形式,是马克思对人类社会历史运动中的本质关系的科学描述。

(三)谁是拉响历史规律奏章的"第一小提琴手"

社会基本矛盾运动规律的揭示主要应归功于马克思还是恩格斯?这本身

---

① 《马克思恩格斯文集》第2卷,人民出版社2009年版,第591—592页。

并不成为一个问题。只是以广松涉为代表的日本学者提出,恩格斯才是《德意志意识形态》的主要撰稿人,因而是奏响历史唯物主义乐章的"第一小提琴手"。言下之意就是,历史规律的发现,也应当主要归功于恩格斯。而且,厘清马克思和恩格斯各自对于创立历史规律理论的贡献,也有助于从根源上防止陷入机械论解读框架的误区。在苏联马克思主义哲学体系中,以物质为起点系统化论证马克思主义规律理论体系的思想观点,往往是与"抑马扬恩"的主观预设交织在一起的。当然,西方新马克思主义与马克思学研究也在一定程度上自觉、不自觉地流行着"抑马扬恩"的倾向。①

在1846年以前,马克思与恩格斯合著的著作有《神圣家族》和《德意志意识形态》。据英国学者麦克莱伦在《马克思传》一书中的考证,《神圣家族》虽然是由马克思与恩格斯共同完成的,但马克思承担了绝大部分的工作,马克思写了"几乎300页"、恩格斯只写了"大约15页"。②而对于《德意志意识形态》,有学者的研究同样表明:"从这部分手稿(指"费尔巴哈"章,引者注)的思想内容和思想特点来看,它无疑是属于马克思的。"③

更为直接的证据,则体现在马克思探索历史规律问题的思想联系之中。我们已经论证过,马克思在1844—1846年间的思想在本体论意义上是一致的。这里再来从思想史的发展逻辑的维度做一些补充说明。黑格尔在《哲学史讲演录》的导言中指出:"我们的哲学,只有在本质上与此前的哲学有了联系,才能够有其存在,而且必然地从此前的哲学产生出来。"④从马克思的探索历程来看,正是因为在《莱茵报》工作时期遭遇物质利益难题,他才对黑格尔及其追随者的思想产生怀疑,并在克罗茨纳赫时期真正开始了对历史规律的探索。而在批判黑格尔主义过程中对市民社会之于国家的基础地位的确认,昭示马克思要进一步去解剖市民社会。通过在巴黎对政治经济学的研究,他以异化劳动理论为基础发现了历史之谜的答案。当资本主义社会赤裸裸的异化

---

① 参见王东:《恩格斯的伟大贡献与历史地位——兼论必须回答"马恩对立论"的思想挑战》,载《毛泽东邓小平理论研究》,2010年第12期。
② [英]戴维·麦克莱伦:《马克思传》,王珍译,中国人民大学出版社2016年版,第121页。
③ 张一兵:《回到马克思——经济学语境中的哲学话语》,江苏人民出版社2009年版,第397页。
④ [德]黑格尔:《哲学史讲演录》第1卷,贺麟、王太庆译,商务印书馆2009年版,第9页。

劳动现实摆在面前时，马克思不得不去全面揭示各种形形色色的资产阶级意识形态的虚幻性。这预示着他要对历史发展进程进行重新考量。为了给无产阶级提供科学的理论指导，通过对青年黑格尔派的批判，他阐明了历史的真正发源地和群众的主体地位。在与唯心主义和旧唯物主义的斗争中，特别是与费尔巴哈进行彻底决裂以后，马克思开始明确"实践的唯物主义"的理论立场，进而必然地从"现实的人"出发说明了历史发展的客观规律。由于前面的理论发现，马克思才能在1845年春与恩格斯会面时，就已经把历史规律思想"考虑成熟"，并且能够用"明晰的语句"来表述了。[①] 这里指的是《德意志意识形态》"费尔巴哈章"关于唯物主义历史观的那段论述。

遗憾的是，广松涉为论证恩格斯为"第一小提琴手"的结论，不得不想方设法证明马克思思想的非原创性。引入"赫斯因素"就是一个典型的例子。在广松涉看来，赫斯对马克思思想的影响是"压倒性"的："被看作马克思早期独创的《经哲手稿》（指《1844年经济学哲学手稿》，引者注）的各个立论，不仅其构想和视角，甚至在修辞上也有很多地方追随赫斯，被誉为'唯物史观的天才萌芽'的《关于费尔巴哈的提纲》从著名的第一条开始，就恰似参考了赫斯当时发表的一些文章，而到了最后的条目中，则确实无非是赫斯的立场来批判费尔巴哈。《德意志意识形态》的旧层（指写作草稿，引者注）也仍然留有作为共同执笔者之一的赫斯的影子。唯物史观，实际上是经历从这一赫斯思想圈脱离出来的过程——特别是《德意志意识形态》的新层（指成稿，引者注）——才得以确立。"[②]

马克思在《1844年经济学哲学手稿》的"序言"中，承认利用了赫斯在《来自瑞士的二十一印张》文集中发表的几篇论文，但是赫斯的论文只是诸多参考材料之一，这些文献包括国民经济学著作以及法国、英国、德国社会主义者的著作等。[③] 可见，这种影响应该是不大的，再结合作为核心理论的异化劳动理论是马克思的独特贡献这个事实，至少可以肯定的是，广松涉所谓的

---

① 《马克思恩格斯文集》第2卷，人民出版社2009年版，第14—15页。
② ［日］广松涉：《唯物史观的原像》，邓习议译，南京大学出版社2009年版，第154—155页。
③ 参见《马克思恩格斯全集》第3卷，人民出版社2002年版，219—220页。

在构想、视角和修辞上追随赫斯的观点显然是站不住脚的。毫无疑问，马克思之所以能够在《关于费尔巴哈的提纲》中实现和旧哲学的决裂，虽然与赫斯的影响有些关系，但是这种关系不大，"实践的唯物主义"的理论立场的确立主要得益于马克思自己对政治经济学的深入研究。当然，越来越多的研究表明，赫斯实际上参与了《德意志意识形态》的写作过程，他不但与马克思主义创始人"共同制定了最初的写作大纲"，并且"也执笔写作部分章节"。[①]但是，众所周知，马克思在《德意志意识形态》的成稿中，是对赫斯做过深刻的批判的。更为重要的是，马克思在《关于费尔巴哈的提纲》中所提出新世界观的原则性认识，在《德意志意识形态》中得到具体的展开和论证。有学者就指出它们之间是一种"接着讲的关系"："从内在理路上说，后者中最主要、最具前提性的思想，都能够相应的在前者那里找到其萌芽或原型。"[②]这个评价是到位的。所以说，广松涉的"天荒夜谈"只不过是为了贬低马克思的贡献罢了。

可以肯定的是，历史规律的发现及其最后的明确表述，主要是由马克思来完成的。马克思才是奏响历史规律乐章的"第一小提琴手"。恩格斯把主要贡献归功于马克思，并不是如某些学者所言完全是出于"谦逊"的缘故，否则他就不会在各种场合反复进行强调，似乎是在费尽周折地"把这个问题澄清"。

晚年在谈到以马克思的名字命名的理论时，恩格斯做了注释："我不能否认，我和马克思共同工作40年，在这以前和这个期间，我在一定程度上独立地参加了这一理论的创立，特别是对这一理论的阐发。但是，绝大部分基本指导思想（特别是在经济和历史领域内），尤其是对这些指导思想的最后的明确的表述，都是属于马克思的。我所提供的，马克思没有我也能够做到，至多有几个专门的领域除外。至于马克思所做到的，我却做不到。"[③]对于整个以马克思命名的理论而言是这样，对历史规律理论来说更是如此。在《共产党宣言》1888年英文版序言中，恩格斯同样指出，尽管这部著作是由他和马克

---

① 姜海波：《马克思和赫斯的思想关系》，载《哲学动态》，2014年第5期。
② 何中华：《重读马克思：一种哲学观的当代诠释》，山东人民出版社2009年版，第365页。
③ 《马克思恩格斯文集》第4卷，人民出版社2009年版，第296—297页。

思合著的，但是它的核心思想却是属于他的革命战友的，"这个思想就是：每一历史时代主要的经济生产方式和交换方式以及必然由此产生的社会结构，是该时代政治的和精神的历史所赖以确立的基础，并且只有从这一基础出发，这一历史才能得到说明"①。这难道不是在说，历史规律理论的创立"应当归功于马克思"吗？经过对文本的考究可知，恩格斯在不同的论著中反复重申了这个观点。即使说历史规律理论的创立"完全是属于马克思一个人的"，在一定程度上的确展现了恩格斯的谦逊态度。那么，毋庸置疑的是，肯定马克思在理论创立过程中的主导性作用，主要是恩格斯从事实出发进行客观评价的结果。

当然，无论如何都不能否定这位"第二小提琴手"对创立和阐发历史规律理论的重要贡献。恩格斯的贡献至少体现在以下三个方面：

第一，在1845年以前，他通过对政治经济学的批判走上了与马克思殊途同归的道路。从《英国工人阶级状况》可以清晰地看出，恩格斯当时对历史规律问题已经有了一定程度的理解。对于这个问题，马克思首先是通过批判黑格尔的法哲学及其以后的哲学的方式而逐步实现的。关于两人走的殊途同归的道路，马克思指出："自从弗里德里希·恩格斯批判经济学范畴的天才大纲（在《德法年鉴》上）发表以后，我同他不断通信交换意见，他从另一条道路（参看他的《英国工人阶级状况》）得出同我一样的结果。"②

第二，在马克思把这个思想整理出来以及形成清晰的表述以后，恩格斯在"几个专门的领域"实现了对历史规律的具体化。比如，在《1852年神圣同盟对法战争的条件与前景》一文中，他把社会基本矛盾运动规律运用到军事学领域，提出"新的军事科学只能是新的社会关系的必然产物"以及"增长了的生产力是拿破仑作战方法的前提；新的生产力同样是作战方法上每一步新的完善的前提"等精辟论述。③类似的努力在发表于《纽约每日论坛报》上关于军事问题的文章中，表现得更为明显。因为两人专攻的领域有所不同，

---

① 《马克思恩格斯文集》第2卷，人民出版社2009年版，第14页。
② 《马克思恩格斯文集》第2卷，人民出版社2009年版，第592—593页。
③ 参见《马克思恩格斯文集》第2卷，人民出版社2009年版，第333页。

"在各种专业上互相帮助"早就成了这对革命战友的"习惯"。①

第三,恩格斯在晚年对历史规律理论作了"澄清"和"补充"。在《反杜林论》《费尔巴哈论》《自然辩证法》等著作以及关于历史唯物主义的多封书信中,恩格斯不仅没有背离由马克思主导创立的历史规律理论,还对其进行了必要的说明和拓展。特别是在自然规律与历史规律的关系、经济因素的最终决定作用、历史合力论等方面,恩格斯提出了许多富有启发性的新见解,丰富了马克思历史规律理论。

三、社会基本矛盾运动的作用机制探究

在阐释历史规律过程中所表现出的机械论倾向,与对历史规律如何发挥作用的问题缺乏关注有直接和紧密的关系。以唯物辩证的思维理解"历史规律",必须深入研究社会基本矛盾运动的作用机制。所谓社会基本矛盾运动的作用机制,指的是这一运动的运行机理,涉及各要素间的内在联系、影响方式及联结中介等问题。本节主要从阐释历史的"内部必然性"与偶然性的相互作用入手,着重探究生产力与生产关系的矛盾运动及其所导致的历史丰富性、经济基础与上层建筑的矛盾运动及社会心理的中介作用两大问题,进而从整体有机的视角对社会基本矛盾运动加以逻辑审视,以期为历史规律的作用机制提供更为合理的解释。

(一)历史的"内部必然性"与偶然性的相互作用

承认历史发展的必然性是马克思决定论历史观的一条基本原则,那么应该如何看待这种必然性?它与历史发展的偶然性有何关系?如何在必然性与偶然性的相互关联中理解社会基本矛盾运动的作用机制?

首先有必要区分必然性的两种形式,即外部必然性和内部必然性。在《黑格尔法哲学批判》中,马克思分析了黑格尔把国家同时看成"外在必然性"和"内在目的"的"二律背反"。既然作为绝对自在自为的理性的"国家"是一种控制家庭和市民社会的"外在必然性",那么它就不可能再构成后两者的

---

① 《马克思恩格斯文集》第9卷,人民出版社2009年版,第11页。

"内在目的"。这至少可以看出，马克思是反对历史中的"外在必然性"的。恩格斯在《路德维希·费尔巴哈和德国古典哲学的终结》中针对自然界的发展也提出了类似的概念——"外部必然性"①。在另一部著作《反杜林论》的序言中，他实际上以一种否定性的态度说明了这个概念的内涵："事情不在于把辩证法规律硬塞进自然界（原来的翻译是'从外部注入自然界'，引者注），而在于从自然界中找出这些规律并从自然界出发加以阐发。"②所谓"外部必然性"（或者说是"外在必然性"），就是从外部注入的必然性，而与之相对应的则是一种"内部必然性"。

机械论的一个重要特征，就是强调历史运动源于外部力量的作用，从而否定了历史中的内在矛盾。而马克思不仅没有把历史规律从外部强加给历史，恰恰相反，他是从历史本身中提炼出社会基本矛盾运动规律的。他眼中的"历史规律"，实质是一种反映真实的历史运动的内部必然性。只有"内部必然性"才是对社会基本矛盾运动规律的真实描述。当历史必然性作为外部的、盲目的强制力量对历史主体发生作用时，它表现为一种虚假的外部必然性的形式。而作为内部必然性的社会基本矛盾运动规律不是外在于人的，在某种程度上可以说，它本身就蕴涵着主体性的因素。历史规律既然是作为一种内部必然性在起作用，这种内部必然性当然可以在历史运动轨迹的变动中觉察出来，并克服着作为主体的人的无规则的任意行动。

作为历史本身的内部必然性，历史规律不是"铁的"，而是"海绵的"（马克思语）或者"有弹性的"（恩格斯语）。在《哥达纲领批判》中，马克思在批判拉萨尔的"铁的工资规律"观点时指出："除了从歌德的'永恒的、铁的、伟大的规律'中抄来的'铁的'这个词以外，没有什么东西是拉萨尔的。'铁的'这个词是正统的信徒们借以互相识别的一个标记。"③这个观点在《资本论》第一卷中得到更为充分的论证。正如恩格斯晚年在《布伦坦诺 CONTRA 马克思》一文中所说："马克思就在这卷书中把工资规律描写为各种可变量的函数，

---

① 参见《马克思恩格斯文集》第4卷，人民出版社2009年版，第298页。
② 《马克思恩格斯文集》第9卷，人民出版社2009年版，第15页。
③ 《马克思恩格斯文集》第3卷，人民出版社2009年版，第440页。

描写为具有极大弹性的规律，因而远不是铁的。"① 这可以借鉴用于对历史规律的解释。"铁的规律"指的就是一种外部必然性，这恰恰是马克思所极力反对的，因为他的历史决定论主张的是不排斥主体自由选择的内部必然性。自由是对外部必然性的扬弃，而这种扬弃只有在人的实践活动中才具有现实性。假定人的自由自觉的活动对历史规律不起作用，那么历史规律就是绝对的机械物，这样一来"对历史发展过程的整个了解便简单得象前世纪伊留米纳特和共济会会员的陈腐平凡的智慧那样，简单得象'魔笛'中的普通道德和被弄得极端庸俗腐化的圣西门主义那样"②。

由于历史规律不是机械论所谓的"铁的规律"，所以它并不绝对地排斥偶然性。历史具有偶然性，这是不言而喻的，那么历史规律是否包含偶然性呢？辩证法在对事物肯定性理解的同时，也包含对事物的否定性理解。事实上，在真实的历史内部，必然性与偶然性不是绝对排斥、完全不相容的，它们是同时存在、相互依存的两极。如果主张历史过程中只存在必然性，且这种必然性是外部必然性，自然会得出历史宿命论、机械决定论的结论；如果只看到历史过程的偶然性、任意性，这不仅是对历史的客观性和规律性的取消，更是对人的历史主体地位的漠视。当然，更要警惕另外一种错误的思想倾向："凡是人们可以纳入规律、因而是人们认识的东西，都是值得注意的；凡是人们不能纳入规律、因而是人们不认识的东西，都是无足轻重的，都是可以不予理睬的。……这就是说：凡是可以纳入普遍规律的东西都被看成是必然的，凡是不能纳入的都被看成是偶然的。任何人都可以看出：这就成了这样一种科学，它把它能解释的东西称为自然的东西，而把它解释不了的东西归之于超自然的原因。我把解释不了的东西的原因叫做偶然还是叫做上帝，这对事情本身来说是完全无关紧要的。"③ 中世纪基督教哲学、康德哲学就是这种宇宙观的典型体现，它虽然不直接指向人类社会，但显然蕴含了对人的历史的哲学解释。

---

① 《马克思恩格斯全集》第22卷，人民出版社1965年版，第135页。
② 《马克思恩格斯全集》第7卷，人民出版社1959年版，第307页。共济会派的特点是信仰万世不变的决定社会发展的自然规律；"魔笛"则是表达以下思想的一部歌剧：谁真正理解了自然界蕴藏的力量，并且始终不渝地遵循它的规律行事，谁就会得到好报。
③ 《马克思恩格斯文集》第9卷，人民出版社2009年版，第478页。

其实，社会基本矛盾运动规律体现为必然性，但是作为历史本身的内部必然性，它并非完全与偶然性无涉，相反，它包含着偶然性的种子，确切地讲是包含着潜在的偶然性，原因既在于社会基本矛盾运动在实践条件的制约下是变化的，同时在于其受到人的历史活动的影响。这种潜在的偶然性在历史进程中是否会转化为显现的偶然性，则取决于社会历史条件和历史主体的能动作用。

根据马克思在1871年致库格曼的信中的观点，偶然性有时也可能对历史进程的发展起到关键的作用："如果'偶然性'不起任何作用的话，那么世界历史就会带有非常神秘的性质。这些偶然性本身自然纳入总的发展过程中，并且为其他偶然性所补偿。但是，发展的加速和延缓在很大程度上是取决于这些'偶然性'的。"[①] 历史必然性作为本质层面的范畴，往往隐藏在大量的、杂乱无章的偶然性背后。不能用完全否定偶然性的办法来对付偶然性，因为历史必然性是通过偶然性为自己开辟道路的，历史是"可以证实这些偶然性内部的规律性的最终结果"[②]。如果考察人类的历史可以发现，由于无法预见的作用和无法控制的力量的大量存在，在这种情况下，历史发生的最终结果经常不能满足作为历史主体的人的预定目的。总之，忽视偶然性的作用，则会使历史和历史规律"带有非常神秘的性质"。

但是从另一个角度看，偶然性只有从历史的内部必然性中才能得到说明和证实，所以要警惕把必然性降低为纯粹的偶然性的产物的倾向。偶然性的生成与人的主体性有关，然而归根到底是由人类社会历史的复杂性决定的。也就是说，偶然性的产生受到历史客体即历史中的客观事物的影响，这其中不仅包括生产力和生产关系等经济因素，又有上层建筑的各种因素。在主、客体方面的各种因素的复杂作用中，"历史事件似乎总的说来同样是由偶然性支配着的。但是，在表面上是偶然性在起作用的地方，这种偶然性始终是受内部的隐蔽着的规律支配的，而问题只是在于发现这些规律"[③]。这实质上阐明了偶然性的历史作用之限度。恩格斯在《家庭、私有制和国家的起源》一书中说得更为清楚："一种社会活动，一系列社会过程，越是超出人们的自觉的

---

① 《马克思恩格斯文集》第10卷，人民出版社2009年版，第354页。
② 《马克思恩格斯文集》第4卷，人民出版社2009年版，第302页。
③ 《马克思恩格斯文集》第4卷，人民出版社2009年版，第302页。

控制,越是超出他们支配的范围,越是显得受纯粹的偶然性的摆布,它所固有的内在规律就越是以自然的必然性在这种偶然性中去实现自身。"①

归结起来,只有把历史规律理解为不外在于人的、以偶然性为补充和表现形式的内部必然性,才能科学把握社会基本矛盾运动的内在机理:在历史内部的必然性与偶然性的相互作用中生成的一种经常趋势,"这种保持平衡的经常趋势,只不过是对这种平衡经常遭到破坏的一种反作用"②。正因为如此,列宁才强调:"马克思对这一切都注意到了(指唯物主义历史观的原理,引者注),并且指出了科学地研究历史这一极其复杂、充满矛盾而又是有规律的统一过程的途径。"③

(二)生产力如何决定社会历史的丰富性

历史究竟是由什么决定的?历史决定论构成社会基本矛盾运动规律的立论根据。对马克思历史决定论的曲解,实质上就从根本上排斥了马克思历史规律理论。在西方马克思主义研究阵营中,有的把马克思历史决定论归结为"多元决定论",但是更多的学者则往往把它解释成死板的、机械的"生产力决定论"。要实现对这种机械论倾向的消解,必须正确把握生产力与生产关系的矛盾运动及其导致的历史丰富性问题。而这恰恰是社会基本矛盾运动的作用机制所涉及的核心内容。

生产力是人们应用劳动资料进行物质生产的能力。如果说物质生产是一种自觉的主体活动,那么,这种活动的能力就是生产力,而在活动过程中形成的物质关系即为生产关系。生产力不能直接决定历史的丰富性,历史之所以呈现为历史,主要归因于各种社会关系的复杂性。社会关系有广义和狭义之分,区别就在于是否把生产关系包含在内。对于生产力决定社会历史的过程,马克思概括道:"后来的每一代人都得到前一代人已经取得的生产力并当做原料来为自己新的生产服务,由于这一简单的事实,就形成人们的历史中的联系,就形成人类的历史,这个历史随着人们的生产力以及人们的社会关系的愈益发展而愈益成为人类的历史。由此就必然得出一个结论:人们的社

---

① 《马克思恩格斯文集》第4卷,人民出版社2009年版,第194页。
② 《马克思恩格斯文集》第5卷,人民出版社2009年版,第412页。
③ 《列宁专题文集 论马克思主义》,人民出版社2009年版,第15页。

会历史始终只是他们的个体发展的历史……他们的物质关系形成他们的一切关系的基础。这种物质关系不过是他们的物质的和个体的活动所借以实现的必然形式罢了。"① 这段论述为我们探讨历史的生成过程提供了总的理论基础。

从人类社会历史发展的宏观进程来看，生产力在总体上表现出趋于前进的态势。生产力的发展之所以贯穿于整个人类社会历史，主要是因为它本身具有延续性和可继承性。作为应用能力的体现，生产力是一种既得的力量，是人们以往活动的产物。当然，另一个不容忽视的重要原因在于，人们的需要为生产力的发展提供了源源不断的动力。历史的第一个前提是对有生命的个体的确证，为了能够创造历史，人们必须首先进行物质生活资料的生产以维持其存在。而为了能够生活，自然产生衣、食、住等各方面的需要，它们构成生产活动和工具制造的原初动力。在此基础上产生的新的需要，一方面是物质生产的历史结果，另一方面又构成再生产过程。应当注意的是，马克思从来没有离开人的需要抽象地谈论历史发展问题，"需要"范畴在马克思历史规律理论中具有重要地位。

那么，总体趋于发展的生产力对社会历史的决定逻辑如何具体呈现？按照马克思的观点，历史之所以产生，得益于人们在自己的生产活动中发生的物质联系，"这种联系是由需要和生产方式决定的，它和人本身有同样长久的历史；这种联系不断采取新的形式，因而就表现为'历史'"②。所谓的物质联系就是生产关系，主要包括财产（分配）关系、消费关系、交换关系等。由生产活动而衍生出的这些关系，是生产力发展不可避免的结果。如果说物质性需要是生产力作用于生产关系的动力，那么当我们把生产方式理解为劳动方式时，与其说它是生产力与生产关系的统一体，不如说是这两者相互作用的中介。正如马克思所言："随着新的生产力的获得，人们便改变自己的生产方式，而随着生产方式的改变，他们便改变所有不过是这一特定生产方式的必然关系的经济关系。"③ 随着生产力的发展和剩余产品的出现，生产方式发生了改变，一个突出的表现就是分工在行为内容和地域两方面的扩大化。值

---

① 《马克思恩格斯文集》第10卷，人民出版社2009年版，第43页。
② 《马克思恩格斯文集》第1卷，人民出版社2009年版，第533页。
③ 《马克思恩格斯文集》第10卷，人民出版社2009年版，第44页。

得一提的是，马克思毕竟没有经历现代信息化社会，我们今天应该区别分工的两种类型——生产性分工和社会性分工。随着生产社会化和信息化的发展，生产性分工只会更加专业化和精细化，而消失的仅仅是在自然形成的社会中生成的社会性分工。而伴随生产方式的更新，人们借以进行分配、消费和交换的经济形式也发生了变化。这里实际上简要回答了生产力究竟如何决定生产关系的问题。

生产关系一经形成，一方面会对生产方式和生产力的发展有重要制约作用，另一方面又构成其他一切关系生成的基础。与物质生活资料的生产过程几乎同时发生的是，人们还进行生命的再生产，并形成家庭关系。然而，"后来，当需要的增长产生了新的社会关系而人口的增多又产生了新的需要的时候，这种家庭便成为从属的关系了"①。在这个进程中，同样是由于需要的动力作用，原来占主导地位的家庭关系逐渐从属于氏族关系、阶级关系、国家关系（民族关系）；而随着物质生产扩展为精神生产，物质关系又"不断采取新的形式"，进一步衍生出政治关系、法律关系、道德关系、宗教关系、军事关系等。这些关系的总和构成社会关系。与社会关系一道出现的是各种政治上层建筑和观念上层建筑。由于人们历史活动的进行，各种社会关系不断实现再生产，社会关系内部诸要素相互交融所交织成的结合形式，生动地表征了社会历史的丰富内容。

尽管马克思着重强调生产关系，但他并不否认社会关系的多样性。也就是说，他不仅无意把复杂的社会关系简约为生产关系，反而以这一物质关系为前提展示社会形态的多彩特征，从而描绘了整个历史过程。马克思不但指认了每一种社会关系的物质性根源，而且还把社会关系的变革作为历史规律的表现来确立。正如恩格斯在评价《资本论》第一卷时所指出的："作者在此用崭新的唯物主义的自然史的方法论述了经济关系。……因为他极力证明，现代社会，从经济学上来考察，孕育着另一个更高的社会形态，所以他只是将达尔文在自然史方面所证明的那一个逐渐变革的过程在社会领域中作为规律确立起来。实际上，迄今为止，在从古代经过中世纪直到现在的社会关系

---

① 《马克思恩格斯文集》第1卷，人民出版社2009年版，第532页。

中都已发生过这种逐渐的变化。"①

生产力的改变并不会直接导致社会革命，后者的发生在于社会关系的变革。而社会关系的变革，出现于现有生产关系已不能容纳生产力发展的情况下。两者的矛盾运动，不仅是一切历史冲突的根源，同时因推动社会关系和上层建筑的革新而构成历史由低级向高级演进的内生动力。以生产关系的改变为中间环节，马克思动态地向我们展示了一幅建立在物质生产基础之上的历史图景。

（三）经济基础、上层建筑与作为中介的社会心理

避免形成对于历史规律的机械化的偏颇理解，还应当进一步展开对经济基础与上层建筑矛盾运动的深入考察。关于这一矛盾运动的实际运行机制问题，长期以来并未得到很好的解决。

在正式谈论此问题之前，首先需要对这一运动的复杂性有大概的认识。我们既要看到经济结构的基础作用，又不能否定上层建筑的继承性和反作用，以及其内部诸因素之间的辩证关系。有论者认为，随着经济基础的变革，上层建筑的诸因素必将全部消失，仿佛后者不存在任何继承性。事实是否真的如此？的确，每一种经济结构都有对应的上层建筑在其之上，而新的基础和上层建筑生成后必定会成为旧的社会结构的反对力量。所以随着经济基础的变更，旧的上层建筑将趋于消失。但这个过程"或慢或快"，且起初往往是从部分因素开始的，而未被变革的部分则在一定时期内得以保存下来。在保存的可能性上，由于精神因素的自身性质，社会意识形式要比政治机构、政治制度更具优势。恩格斯在探讨国家的起源问题时就指出，虽然氏族制度已被国家所取代，"不过，旧氏族时代的道德影响、传统的观点和思想方式，还保存了很久才逐渐消亡下去"②。而在社会意识形式内部，相对而言，道德、宗教、艺术、哲学等的变化速度要慢于政治思想和政治意识，原因在于后者更易受到政治变革的直接冲击。当然，上层建筑的不同因素间是相互制约的，而且它们对经济基础的作用也有差异，表现为在效果方面有促进或阻碍之分，在程度方面则有大或小的区别。

---

① 《马克思恩格斯全集》第21卷，人民出版社2003年版，第335—336页。
② 《马克思恩格斯文集》第4卷，人民出版社2009年版，第135页。

在此基础上对马克思的相关论述进行文本考察和语义分析，有助于进一步揭示经济基础与上层建筑的矛盾运动的具体机制。如前所述，马克思曾指出：生产关系的总和构成社会的经济结构，即有法律的和政治的上层建筑竖立其上并有一定的社会意识形式与之相适应的现实基础。这个"之"究竟是指"社会的经济结构"还是"法律的和政治的上层建筑"？当其指的是前者时，政治上层建筑和社会意识形式之间不存在逻辑先后关系，它们都是经济基础的产物；如果指的是后者，那么就意味着观念上层建筑建立在政治上层建筑的基础之上。

考虑到不同语言间的表达差异问题，再来考证德文版中的原文："Die Gesamtheit dieser Produktionsverhältnisse bildet die ökonomische Struktur der Gesellschaft, die reale Basis, worauf sich ein juristischer und politischer Überbau erhebt und welcher bestimmte gesellschaftliche Bewußtseinsformen entsprechen."[①] 这可直译为：生产关系的总和构成社会的经济结构，真正的基础，其上产生了法律的和政治的上层建筑和对应着明确的社会意识形式。"对应"一词表面上看是词义不清，因为它容易导致人们在理解其对应着的何物上造成混淆。其实不然，马克思是有意而为之。假如只是为了强调社会意识形式对应于特定的经济结构，那么马克思为何没有表述得明确一些？这似乎有悖于这位伟大思想家一生所秉持的严谨治学态度。而他之所以没有把社会意识形式置于前面，是由于认识到作为权力象征的政治上层建筑在实际生活中更易占据有利的地位。事实上，此处意在表达以下两重涵义：一是全部社会意识形式归根到底都是与"真正的基础"相适应的，二是部分社会意识形式特别是政治法律思想也要和政治上层建筑相适应。而不与现有政治上层建筑相适应的那部分社会意识形式，则造就了革命的可能性。倘若如此，这些带有革命因素的观念上层建筑又是如何产生的呢？

引入"社会心理"的概念，不仅能对这个问题做出回答，更可以具体透视经济基础与上层建筑矛盾运动的作用机理。在《马克思主义的基本问题》中，普列汉诺夫提出著名的"五项因素公式"，即"（一）生产力的状况；（二）

---

① Karl Marx/Friedrich Engels-Werke：Band 13,Berlin: Dietz Verlag,1971,S.8.

被生产力所制约的经济关系;(三)在一定的经济'基础'上生长起来的社会政治制度;(四)一部分由经济直接所决定的,一部分由生长在经济上的全部社会政治制度所决定的社会中的人的心理;(五)反映这种心理特性的各种思想体系"①。对此,有研究者驳斥道,一元论的理解导致他陷入了机械的历史决定论。这种判断是不符合事实的,因为它恰恰是作者在其著作中所极力批判的。正如有学者所指出,普列汉诺夫具体地探讨了上层建筑同经济基础之间以及上层建筑诸要素之间的辩证关系。② 这主要得益于"社会心理"范畴的引入。当然,"五项因素公式"解读模式亦存在明显的缺陷,主要表现为对其中的交错关系和复杂机理反映不够,比如忽视社会心理对政治因素生成的作用,以及缺乏对革命意识形态的形成机制、社会心理作为中介何以可能等问题的有效解释。

所谓社会心理,就是人们的日常生活意识,它包括感觉、情绪、意志、习惯、道德风尚和审美情趣等,反映一定时期和区域的群体所共有的精神状态。社会心理有两个直接的来源,一是物质因素和经济条件,二是法律的和政治的上层建筑。经济基础对上层建筑的决定作用以社会心理为中介,上层建筑的两大要素间的相互制约同样离不开该中间环节。在经济结构之上生长出来的社会心理,一部分形成政治上层建筑,一部分直接生成社会意识形式。关于前者,举个简单的例子,作为虚幻的普遍利益代表的国家之所以能够形成,与社会心理的作用不无关系。国家从社会中生成,是为了对特殊利益进行实际的干涉与约束而采取的组织形式。如果不是存在与私有制相适应的社会心理,那么,社会生活和私人生活之间的矛盾就难以显化,资产阶级就不能采取国家这一虚幻的组织形式,来使自身的既得利益以共同利益的形式表现出来。具有政治形式的法以国家为中介而产生,它虽然不是以脱离现实的意志为基础,但是同样是与从生产关系发展而来的社会心理相适应的。当政治上层建筑形成以后,又会生长出新的社会心理,从而形成新的社会意识形式,特别是占统治地位的政治法律观念。而带有革命因素的观念上层建筑,一方面来源于由经济条件直接而来的社会心理,另一方面还来源于因对统治阶级政治制度的不满而产生的社会心理。一言以蔽之,社会意识形式是社会

---

① 《普列汉诺夫哲学著作选集》第3卷,生活·读书·新知三联书店1961年版,第195页。
② 参见王荫庭:《普列汉诺夫哲学新论》,北京出版社1988年版,第298页。

心理的高级形式，而后者可能来自经济的或政治的因素。

归结起来，这一矛盾运动的运行机制可概括为两条路径：其一，经济基础→社会心理→政治上层建筑→新的社会心理→社会意识形式；其二，经济基础→社会心理→社会意识形式。可见，社会心理是联结经济基础与上层建筑、政治上层建筑与社会意识形式的重要纽带。当然，这两条路径都是双向的，我们自然不能忽视政治上层建筑对经济基础、社会意识形式对政治上层建筑和经济基础的影响。该机制的复杂性也远不止于此，因为社会心理并非唯一的中介，而且各种社会结构要素之间作用的发挥是同时发生并且相互交错的。还必须指出的是，强调社会心理的作用，并非如黑格尔主义那样把意识因素当作最高根据，而是以坚持经济条件才是真实动机为理论前提的。这是马克思历史规律理论与各种各样的历史唯心主义的本质区别。

进而言之，社会心理之所以能构成联结中介，原因在于它含有意识形态的因素。有必要先来厘清意识形态的特征。意识形态与经济基础的关系，决定了它的本质特征。第一，不管意识形态是真实的抑或虚幻的反映，它都是从人们现实生活和物质交往的历史过程中产生的。马克思反对把意识形态独立化的错误倾向，提出在考察历史运动时，不能忽视思想的生产者及其所处的历史环境。第二，意识形态是内容与形式的矛盾统一，即在内容上反映阶级的特殊利益，但在形式上又不得不表征为具有普遍意义的共同利益。如果说，内容上对特殊利益的反映是意识形态具有"阶级性"的根据，那么，"普遍性的形式"则使得它在一定历史阶段表现出"虚幻性"。进一步讲，这种内容的特殊性和形式的普遍性的统一，则解释了意识形态对于经济基础的相对独立性何以可能的问题。从这一理解出发，如何看待社会心理与意识形态的关系？

马克思在《路易·波拿巴的雾月十八日》中提到："在不同的财产形式上，在社会生存条件上，耸立着由各种不同的、表现独特的情感、幻想、思想方式和人生观构成的整个上层建筑。"[①] 这表明，我们不能把作为人们日常生活意识的那部分"情感、幻想、思想方式和人生观"完全剔除在意识形态之外。准确的理解是：意识形态在本质上是价值观的理论体系，它存在于各种社会

---

① 《马克思恩格斯文集》第2卷，人民出版社2009年版，第498页。

意识（包括社会心理和社会意识形式）之中。意识形态是一个总体性的范畴，凡是社会意识中所包含的反映特殊利益与共同利益之间矛盾的内容，都可归入其范围。意识形态虽然可以以单一的形式表现出来，但更多时候它是各种社会意识的综合表现。[①] 所以，社会心理对经济基础和政治上层建筑的影响，往往依赖或借助于社会意识形式，其本质在于意识形态功能的有效发挥。我们知道，通过讨论意识形态国家机器及其实践问题，阿尔都塞确认了意识形态的物质性和对抗性特征，但却未能明确认识到社会心理的意识形态功能及其中介作用，如果套用他自己的话来说，这种观点仍然是抽象的。

（四）社会基本矛盾运动的整体性逻辑

从侧重点来看，前两部分内容分别阐释了生产力和生产关系的矛盾、经济基础和上层建筑的矛盾这"两大矛盾"如何发挥作用的问题。实际上，仅仅做到这些是不够的，从总体有机的视角对整个社会基本矛盾运动加以逻辑审视，对于反对历史规律问题上的机械论倾向，同样具有不可或缺的意义。

不能孤立地看待社会基本矛盾的构成要素，只有这样，其运动机制才有可能得到完整的揭示。把它机械地割裂成互不相干的两部分，与马克思所揭示的历史规律是相悖的。根据唯物史观的基本原理，"只有把生产力和生产关系的矛盾运动同经济基础和上层建筑的矛盾运动结合起来观察，把社会基本矛盾作为一个整体来观察，才能全面把握整个社会的基本面貌和发展方向"[②]。由于运动是社会基本矛盾的存在方式，所以把社会基本矛盾作为一个整体来观察，也就是要把握它在运动过程中的整体性逻辑。那么，这种整体性逻辑如何呈现以及何以可能？为什么说只有理解这一逻辑，才能全面把握整个社会的基本面貌和发展方向？

社会基本矛盾运动的整体性逻辑集中表现为，生产力与生产关系的矛盾构成根据，当上层建筑与现存的生产关系发生矛盾，那么，这仅仅是因为现存的生产关系同生产力发生了矛盾。即是说，上层建筑与生产关系的矛盾运

[①] 参见陈锡喜：《意识形态：当代中国的理论与实践》，中国人民大学出版社2018年版，第15页。

[②] 《习近平在中共中央政治局第十一次集体学习时强调　推动全党学习和掌握历史唯物主义　更好认识规律更加能动地推进工作》，载《人民日报》，2013年12月5日。

动,以这些关系与生产力的矛盾的变化为转移。由此而论,"两大矛盾"之间具有内在统一性,断定它们独立发挥作用只是人为营造的一种错觉。因而,当谈到生产力与生产关系的矛盾运动时,应进一步看到由此导致的社会关系和上层建筑的变革;同样,要以更宽的视野看待经济基础和上层建筑的矛盾的地位,不能就这对矛盾而论这对矛盾,而是要认识到它与生产力和生产关系的矛盾在运动过程中的本质联系。

究其原因,"两大矛盾"之所以相互贯通,从根本上讲是因为生产关系充当了生产力和上层建筑的联结中介。在马克思历史规律理论中,生产关系是一个极为重要的范畴,展现了真正的思想创新。它不仅是一个政治经济学的概念,更是一个历史学的范畴,其对历史唯物主义的理论建构具有关键意义。显而易见,生产关系中介的缺失,将使生产力对社会历史的决定逻辑变得不可理解,导致社会基本矛盾运动沦为空谈。特殊地讲,如果忽视其历史作用,也就不可能真正领悟资本主义灭亡的历史必然性。生产关系是划分不同社会性质的标志,马克思对资本主义的批判,实质上是对资本家私人占有形式的批判。马克思反对把资本主义生产关系当作固定和永恒的范畴,并科学说明了产生这些关系的历史运动,也恰恰是因为这样,他才能进而发现历史进步的一般规律。总之,只有彰显生产关系的中介作用和重要地位,才能从整体上对社会基本矛盾的运动规律加以把握,才能实现对人类历史的面貌和发展趋势的理性认识。

当然,从整体维度审视社会基本矛盾运动,另一个原因在于生产力在一定条件下与上层建筑有着直接的联系。这种有条件的直接作用虽然不构成社会基本矛盾,但它会对"两大矛盾"产生影响,从而对整个社会基本矛盾运动或多或少也产生影响。我们固然不应该片面强调这种直接联系,否则就犯了舍本求末、舍近求远的错误;但从另一方面看,为真实地反映社会历史的全貌,同样也不能忽视某些客观存在的相互作用。有些上层建筑受生产力的直接制约,或者由生产力和生产关系共同决定,而且上层建筑亦可能对生产力造成直接的影响。马克思指出:"思想、观念、意识的生产最初是直接与人们的物质活动,与人们的物质交往,与现实生活的语言交织在一起的。人们的想象、思维、精神交往在这里还是人们物质行动的直接产物。表现在某一民族的政治、法律、道德、宗教、形而上学等的语言中的精神生产也是这样。"①可见，观念上层建筑的生产"最初"是与物质活动和物质交往直接"交织"在一起的，是物质行动的直接产物。"交织"一词的意蕴表明，生产力、生产关系、观念上层建筑三个要素，"彼此之间可能而且一定会发生矛盾"②。同样不能无视某些政治上层建筑与生产力之间的直接作用。只是随着历史的推移，上层建筑逐渐表现出自身的独立性质；这时，由于依赖于各种物质生活关系和社会制度，上层建筑对生产力的作用往往是间接的。

综上可知，"两大矛盾"及其构成要素的地位不同，但它们之间是错综复杂、相互制约的关系。与机械论把历史规律看成是某种孤立的、静止的、死板的东西不同，从总体来看，社会基本矛盾运动是一个不断发展着的有机整体，社会基本矛盾运动规律是鲜活的历史规律。这是以唯物辩证的思维方式来解读历史规律所得出的必然结论。

那么，怎样才能更好地统筹各要素及其关系之间的有机联系？一个重要而有效的方法就是对经济基础的定义进行重新审视。根据马克思在《〈政治经济学批判〉序言》中的经典表述，我们通常把经济基础理解为生产关系的总和，这是一种狭义的解读；实际上，同样是根据那段话，亦可进一步引申出从广义上把这个范畴规定为生产力与生产关系的总体的结论。这两种界定并非冲突的。在两重涵义上看待经济基础这个概念，是把握社会基本矛盾运动整体性的内在要求，有利于更为全面地考察历史规律发挥作用的机制。

在《卡尔·马克思的历史理论——一种辩护》一书中，科恩提出，马克思是明确地将生产力排除在经济基础之外的。③如果要对该观点进行评价的话，那么可以说，这是对马克思历史理论的片面解读，而不是所谓的"辩护"。事实上，恩格斯在概括马克思的思想时就曾提到：每一历史时代的经济生产以及必然由此产生的社会结构，是该时代政治的和精神的历史的基础。这里的"基础"就是广义上的经济基础，它不仅包含由生产关系的总和构成的"社会结构"（实指社会的经济结构），同时还包括"经济生产"而直接关涉生产力

---

① 《马克思恩格斯文集》第1卷，人民出版社2009年版，第524页。
② 《马克思恩格斯文集》第1卷，人民出版社，2009年，第535页。
③ 参见［英］G.A.科恩：《卡尔·马克思的历史理论——一种辩护》，段忠桥译，高等教育出版社2008年版，第45—46页。

的边界。这一表述证实了我们的判断。

更为直接的证据体现在"经典表述"中。众所周知,马克思在阐释"生产力→生产关系→上层建筑"的序列时,进一步补充了以下两个论断:(1)"物质生活的生产方式制约着整个社会生活、政治生活和精神生活的过程";(2)"人们的社会存在决定人们的意识"。他为何要这么做呢?原因在于,马克思充分意识到依次决定的线性概括并不能完全反映社会有机体的复杂状况。根据论断(1)可知,物质生活的生产方式制约着整个现实生活过程,它是社会历史的决定性力量,决定上层建筑的性质和发展进程。由于一定社会的、具有中介性质的生产方式对应于特定的生产力和生产关系,所以在某种程度上也相当于是说,该论断意在表达的是广义的经济基础决定上层建筑的原理。其实,如果我们不在非常严格的意义上谈论这个问题的时候,同样可以用"经济的前提和条件""经济因素""物质生活条件"等词语来代替原来的主语,它们虽然不是完全一致的,但本质上都是指涉广义的经济基础。那么,上述结论与论断(2)之间究竟是什么关系?不管人们如何给社会存在下定义,都不能否认生产力和生产关系构成社会存在的根本内容。作为马克思对意识起源问题的新唯物主义阐释,社会存在决定社会意识原理的本质就是指广义的经济基础决定社会意识。我们已经知道,社会意识包括社会心理和社会意识形式,而社会心理不仅是社会意识形式的低级形式,而且对政治因素的形成有重要功能;所以,对社会意识的决定性影响,又可进而引申为对于整个上层建筑生成的制约作用。当然,论断(2)没有停留于同义反复的水平,在某种意义上,它通过引入社会意识特别是社会心理这个中介把"广义的经济基础决定上层建筑原理"发生作用的机制进一步具体化了。总体而言,以这两个论断来补充对历史规律的阐释,是马克思进一步从广义经济基础的意蕴上自觉把握社会基本矛盾运动整体性逻辑的体现。

四、历史规律的内容与两个特殊表现形式的关系

在思想认识维度消解关于历史规律的机械论倾向,准确把握马克思所揭示的历史规律,还要具体探讨和辨析"两对重要关系":一是关于社会基本矛

盾动力论与阶级斗争动力论之间的关系；二是关于马克思眼中的历史规律的内容与"五种社会形态"理论之间的关系。阶级斗争、"五种社会形态"的线性演变这两个因素，究竟构成历史规律本身，还是只是历史规律的特殊表现形式？

（一）社会基本矛盾动力论与阶级斗争动力论

历史规律是关于人类社会发展动力的规律，历史中的动力因素彼此发生作用，而规律则内蕴于这些相互作用中。要把握马克思揭示的"历史规律"，必须厘清社会基本矛盾动力论与阶级斗争动力论这两种动力论之间的关系。

马克思一方面表明社会基本矛盾是历史发展的动力，另一方面又指出，至今有文字记载的历史都是阶级斗争的历史。这是指从原始土地公有制解体以来的全部历史。据此，人们往往认为，社会基本矛盾构成一切社会发展的动力，而阶级斗争动力论仅适用于分析阶级社会。这种观点本身并没有错，而且还根据适用范围揭示了两者最直接的区别。问题在于，在原始土地公有制解体以后，社会基本矛盾运动和阶级斗争在历史进程中如何发挥作用？它们指的是同一种动力，还是两种不同的动力？对此做出回答，有助于我们理解为什么阶级斗争是社会基本矛盾运动的特殊表现形式的问题。

在历史发展的动力中，阶级斗争只有在阶级产生之后才有现实性，而阶级是物质生产和经济关系发展到一定历史阶段的产物。由此似乎就可以进一步推论：从时间序列来看，社会基本矛盾运动具有先在性。但是，"有规则的 post hoc［在此之后］决不能为 propter hoc［因此］提供根据"①。也即是说，有了先后关系并不意味着一定会有因果关系，时间先在性与逻辑先在性其实是两码事。在《共产党宣言》1883年德文版序言中，恩格斯指出："每一历史时代的经济生产以及必然由此产生的社会结构，是该时代政治的和精神的历史的基础；因此（从原始土地公有制解体以来）全部历史都是阶级斗争的历史。"② "因此"这个词表明，社会基本矛盾运动构成阶级斗争的逻辑根据。那么，社会基本矛盾动力论的逻辑在先何以可能？

众所周知，揭示阶级斗争的历史意义不是马克思的独特贡献，因为法国

---

① 《马克思恩格斯文集》第9卷，人民出版社2009年版，第483页。
② 《马克思恩格斯文集》第2卷，人民出版社2009年版，第9页。

复辟时期的历史学家早就从大革命动荡中领悟到阶级斗争对社会变迁的作用。在1852年，马克思概括了自己的"三点贡献"，即"我所加上的新内容就是证明了下列几点：（1）阶级的存在仅仅同生产发展的一定历史阶段相联系；（2）阶级斗争必然导致无产阶级专政；（3）这个专政不过是达到消灭一切阶级和进入无阶级社会的过渡……"①。这三点贡献其实可归结为一条：马克思通过发现阶级对抗的经济根源，证明了社会基本矛盾运动和阶级斗争在历史进程中的因果制约性。

根据马克思的观点，阶级关系不是从来就有的，而是生产力和分工发展的历史结果。这里所说的分工是社会性的分工，它是以家庭中的自然分工和家庭的独立化为基础的。任何新的生产力都会引起分工的进一步发展，随之而来的是劳动及其产品的不平等的分配，而这种新的生产关系为社会人群分裂为不同的阶级奠定了客观前提。随着作为分工的结果的私有制和阶级的产生，必然会导致一个阶级对其他阶级的统治的局面。由此可见，马克思历史规律理论的本质特征，就在于坚持社会基本矛盾运动这个根本动力在逻辑关系中的优先地位。就此而论，两种动力论具有内在一致性，其中的两方面因素可被视作同一个动力。

当然，对于它们之间的关系问题，还有必要做进一步的理论论证。原因在于，在一定条件下，阶级对抗也可能构成生产方式的基础。马克思在《哲学的贫困》中就表达了这重意蕴："为了正确地判断封建的生产，必须把它当做以对抗为基础的生产方式来考察。必须指出，财富怎样在这种对抗中间形成，生产力怎样和阶级对抗同时发展。"②生产方式一词，在马克思的著作中具有生产关系、经济的社会形态等多种含义，但是要作为历史唯物主义的一个独立范畴，它指的是人们从事物质生产活动的方式，即劳动方式。"作为劳动方式的生产方式既有社会性质，又有技术性质，既表现个人之间的关系，又表现人们与自然界之间的关系。"③生产方式一方面是生产力的体现，另一方面

---

① 《马克思恩格斯文集》第10卷，人民出版社2009年版，第106页。
② 《马克思恩格斯文集》第1卷，人民出版社2009年版，第613页。
③ 李延明：《社会基本矛盾究竟由哪两个方面组成》，载《马克思主义研究》，2006年第8期。

又制约着生产关系。如果生产方式以对抗为基础，那就意味着生产关系已经变为生产力的桎梏。根据马克思的观点，当生产关系是生产力发展的"有利因素"时，这种生产关系自然有其存在的合理性；但是，当它由生产力发展的"有利因素"变为成为制约的"桎梏"时，就需要发挥阶级斗争对历史的直接推动作用，那时社会革命的时代就到来了。在这里可以说，阶级斗争是发挥历史的主动性、实现上层建筑和生产关系对于经济基础和生产力的反作用的体现。

既然生产方式需要和阶级对抗相适应，那么是否表明阶级斗争比社会基本矛盾运动占据着更为重要的位置？如果以阶级斗争所表现出的自身特性为标准，把它与社会基本矛盾运动相区别开来，在此意义上把它们说成两种动力也未尝不可。但是请注意，马克思在提出"生产力怎样和阶级对抗同时发展"的问题后，紧接着就反问道："这难道不是说，生产方式，生产力在其中发展的那些关系，并不是永恒的规律，而是同人们及其生产力的一定发展相适应的东西，人们生产力的一切变化必然引起他们的生产关系的变化吗？由于最重要的是不使文明的果实——已经获得的生产力被剥夺，所以必须粉碎生产力在其中产生的那些传统形式。"[①] 这段论述鲜明表明了马克思的态度。

由此观之，阶级斗争本身并非目的，而是为了保护"已经获得的生产力"而使用的方式和手段。阶级斗争根源于不同集团经济利益的冲突，其历史作用在于解放被落后的生产关系所束缚的生产力。马克思告诉我们，决不可以把矛盾同对抗混为一谈，因为阶级对抗只是社会基本矛盾运动的一种特殊表现形式。这恰恰体现了以阶级斗争动力论来解释历史规律的限度。阶级斗争（社会革命）固然可以暂时充当"历史的火车头"角色，但并不是说有了阶级斗争，社会基本矛盾运动就失去了主导性的存在意义，二者不是零和博弈。那种认为当生产关系成为束缚时，阶级斗争于是就取而代之成为占据主导地位的历史动力的观点，实质上在价值判断上造成了两种动力论的分裂。

总而言之，如果不能把两者归结为"历史规律的内容"和"历史规律的特殊表现形式"之间的关系，一方面容易导致对历史规律的肤浅化、机械化的

[①] 《马克思恩格斯文集》第1卷，人民出版社2009年版，第613—614页。

解释,另一方面则无法真正理解马克思阶级斗争学说的重要创新意义。充分认识它们之间的内在关联,是把握马克思对历史规律理论的贡献的题中之义。

(二)"五种社会形态"理论辨析及其同历史规律的关系

围绕马克思社会形态理论的问题,一些论著包括一些马克思主义教科书,根据生产方式性质的不同,把人类社会历史划分为"五种社会形态",并把这些社会形态的机械化更替当作各国各民族普遍的"历史规律"来确立。对此,有学者则认为,把这个所谓的历史规律附加在马克思名下,并不具有充分的文本依据,而且它与马克思在1857—1858年间写作的经济学手稿中关于亚细亚的、古代的、封建的和资本主义的生产方式的论述存在着明显的矛盾,因而是不能成立的。①

那么,如何看待"五种社会形态"理论的普遍性?"五种社会形态"的线性更替究竟是马克思所揭示的"历史规律"本身,还是它的特殊表现形式?这两个问题是相互联系的,要对它们做出回答,应当回到马克思论述社会形态有关问题的两个最重要的文本——《德意志意识形态》和《〈政治经济学批判〉序言》——中进行辨析和考究。

《德意志意识形态》中所提出的"部落所有制""古典古代的公社所有制和国家所有制""封建的或等级的所有制"三种形式,表明了马克思对不同社会生产方式的划分。②若再加上资产阶级所有制和共产主义所有制,就构成了五种所有制形式。问题在于,它们与"五种社会形态"不是一一对应的。根据马克思的论述,"部落所有制"并不属于原始社会,而是指代"由原始社会向阶级社会过渡阶段"的特定生产方式。之所以没有把原始社会列入历史发展的图式,是因为在当时对于这种社会形态几乎还没有人知道。这当然包括马克思在内。由于这个原因,彼时的马克思眼中的人类历史,指的是从土地公有的原始氏族社会解体以来、伴随着文明的开始和阶级的对抗而形成的历史。

在《〈政治经济学批判〉序言》中,马克思进一步指出:"大体说来,亚细亚的、古希腊罗马的、封建的和现代资产阶级的生产方式可以看做是经济

---

① 参见段忠桥:《重释历史唯物主义》,江苏人民出版社2009年版,第233—234页。
② 参见《马克思恩格斯文集》第1卷,人民出版社2009年版,第521—522页。

的社会形态演进的几个时代。"① 这三种生产方式基本上对应于奴隶社会、封建社会、资本主义社会的三种"经济的社会形态",而后则是共产主义社会。但是,"亚细亚的生产方式"源于19世纪50年代后马克思对东方社会的研究。在研读贝尔尼埃的著作《大莫卧儿等国游记》时,马克思致信恩格斯指出:"贝尔尼埃正确地看到,东方(他指的是土耳其、波斯、印度斯坦)一切现象的基础是不存在土地私有制。这甚至是了解东方天国的一把真正的钥匙。"② 作为东方社会的所有制形式,亚细亚生产方式的基本特征是不存在土地私有制,在这种社会里,土地属于君主而不是个人所有,而村社是社会的基本单位。由此可断定,这种生产方式与无私有制、无阶级和国家的原始社会大相径庭,它只是前资本主义生产方式的一种形式。而且,更为重要的是,马克思在此使用"大体说来"的表述,意在昭示他无意把这五种"经济的社会形态"的机械化演进当作适用于一切民族、一切地域的普遍规律。

实际上,马克思在其他地方亦没有直接提出过"五种社会形态"的依次线性更替是世界历史发展的共同图式和一般历史规律。当然,不能简单地反对"五种社会形态"的提法。马克思早年未把社会的史前史列入历史发展序列,这是其思想包含历史局限性的体现。但在1877年摩尔根的《古代社会》出版后,原始社会的社会结构开始为人们所认识了。与其说这个划时代的发现证实了马克思的唯物主义历史观,不如说是原始社会结构的揭示为马克思洞察历史发展问题提供了新的材料。对摩尔根发现的高度重视和认可,表明马克思是肯定这种社会形态的存在的。所以,作为后人对马克思思想归纳的逻辑结果,"五种社会形态"的提法不是与马克思主义势不两立的。

我们反对的只是把它们的机械化更替看作一切民族历史发展的"铁的规律"的观点。通过拓展和强化机械论倾向,斯大林提出:"原始公社制度恰恰被奴隶占有制度所代替,奴隶占有制度被封建制度所代替,封建制度被资产阶级制度所代替,而不是被其他某种制度所代替。"③ 该表述通过苏联的马克思主义哲学教科书得以固定化,并确立为一种社会形态"恰恰被"另一种社会

---

① 《马克思恩格斯文集》第2卷,人民出版社2009年版,第592页。
② 《马克思恩格斯文集》第10卷,人民出版社2009年版,第112页。
③ 《斯大林文集》,人民出版社1985年版,第217页。

形态"所代替"的机械的历史规律。把"五种社会形态"的线性更替看成是马克思所揭示的"历史规律"本身的观点,实质上造成了"历史规律"的凝固化和绝对化。

其实,五种社会形态的演变,并不构成历史规律本身,而是马克思揭示的历史规律即社会基本矛盾运动规律在某些国家和民族(西欧是典型)的特殊表现形式。必须对两者进行明确的区分,正如马克思在《资本论》第三卷中所说:"如果事物的表现形式和事物的本质会直接合而为一,一切科学就都成为多余的了。"① 具体来讲,历史规律实质就是历史不断演进的规律,而这种演进的根据是社会基本矛盾运动,表现为社会形态由低级到高级的发展。各个国家和民族由于自身的特殊国情,历史规律会通过不完全相同的形式表现出来,而并非"一律地"根据预设的"五种社会形态"来发展。

事实上,马克思并不认同把他对西欧历史的特殊分析而得出的"大体"的经验概括当作普遍的世界历史图式的观点,而是主张把这种历史运动的必然性明确限于西欧各国。在1877年致《祖国纪事》杂志编辑部的信中,针对米海洛夫斯基等批评家将其关于西欧资本主义起源的历史概述解读为超历史的万能钥匙的做法,马克思持鲜明的反对态度:"他一定要把我关于西欧资本主义起源的历史概述彻底变成一般发展道路的历史哲学理论,一切民族,不管它们所处的历史环境如何,都注定要走这条道路……以便最后都达到在保证社会劳动生产力极高度发展的同时又保证每个生产者个人最全面的发展的这样一种经济形态。但是我要请他原谅。(他这样做,会给我过多的荣誉,同时也会给我过多的侮辱。)"②

可见,基于五种社会形态理论的机械论和教条主义表达,是对马克思思想的曲解。他一方面提出"跨越资本主义卡夫丁峡谷"的可能性,另一方面丰富了关于前资本主义生产方式的理论,并且反对把亚、非、美洲各古老民族的社会历史的演变同西欧作机械类比的做法。根据魏特夫的观点,马克思在晚年经历了由普遍史观到特殊史观的重大转向;其实不然,他在晚年追求的是一种更广阔的"历史普遍性":不同历史特殊性间的关联性统一于社会基

---

① 《马克思恩格斯文集》第7卷,人民出版社2009年版,第925页。
② 《马克思恩格斯文集》第3卷,人民出版社2009年版,第466—467页。

本矛盾运动规律中。①

恩格斯同样没有把"五种社会形态"的线性的机械更替当作历史规律的内容，因为他和马克思都"不打算把什么最终规律强加给人类"。事实是，这位"第二小提琴手"在《共产党宣言》的多篇序言以及《在马克思墓前的讲话》等处概括马克思对创立历史规律理论的贡献时，并没有提到"五种社会形态"的问题，而是强调社会基本矛盾运动和以它为逻辑根据所展现的历史发展的内部必然性。就此而论，那种在该问题上故意制造"马恩对立论"的论调显然是站不住脚的。我们不能认为恩格斯在晚年创造了不同于马克思哲学的"机械唯物主义的历史规律理论"。厘清这一问题，对深化对马克思和恩格斯这两位马克思主义经典作家关于历史规律认识的本质一致性的阐明，具有重要的学术价值和理论意义。

---

① 参见谌中和:《马克思晚年学术转向的思想史意义》，载《中国社会科学》，2016年第5期。

第三章 马克思历史规律理论若干问题再审视

撇开广泛的联系去阐释马克思历史规律理论，是机械论世界观的一个鲜明的缺陷。前一章主要探究马克思对揭示历史规律的贡献，但有待进一步展开对马克思历史规律理论的深入考察。以唯物辩证的思维消解认识这一理论的机械论倾向，不仅需要从"是什么"的维度科学厘清历史规律的内容、作用机制和特殊表现，而且还须进一步在有机联系中全面把握马克思揭示的历史规律的本质和特点。如何看待自然规律与历史规律的区别与联系？如何在历史规律与社会历史条件的关联中把握历史规律的"两副面孔"？怎样解读历史规律与人之存在的关系之谜？本章拟对这些辩证关系进行再审视。

一、自然规律与历史规律的关系

有一种观点认为，马克思先以自然物质为逻辑起点发现了自然界运动的规律，再把其推广应用和贯彻到社会历史领域，从而揭示了人类历史的发展规律。这就是关于历史规律问题的"推演论模式"[①]，是长期以来被加在马克思头上的一个误解。"推演论模式"是对机械论世界观的强化，其实质在于忽视了"两种历史""两种规律"的界限。要从学理上澄清这个误解，必须说明和揭示自然规律与历史规律的本质差异，解释为何永恒的自然规律越来越变成历史的自然规律、在何种意义上可以把人类史理解为自然历史过程等问题。

---

① 以往我们往往倾向于使用"推广论"的表述，这是不完全准确的，因为"推广"这个词既有推导、推论的意思（因果关系），还可以用来表示范围的扩大（先后关系）。如果是后一重涵义，则无法完整展现"推广＋应用"和"推广＋贯彻"的意蕴。相比较而言，"推演"一词由于带有演绎推理的特征，更能说明前提和结论之间的逻辑联系。

（一）自然规律与历史规律的本质差异

人类社会历史规律是由自然界的物质运动规律所决定的吗？答案无疑是否定的。恩格斯说，马克思对历史学做出了如同达尔文进化论对于生物学同等地位的贡献，但是并没有说，马克思根据生物的自然选择规律才发现了关于社会基本矛盾运动的历史规律。只是对于这样一个道理，许多机械论者却视而不见：既然世界是物质的，物质是运动的，而物质运动是有规律的，那么人类历史运动也是有规律的。

在《马克思告诉了我们什么》一书中，有学者明确指出："其实，马克思并没有研究过自然界本身的演化历史，更没有研究过宇宙演化的历史，他的任务，也不在于构建宇宙的规律。"① 为什么马克思没有形成自觉的自然规律观？这不仅与马克思坚持"实践的唯物主义"的理论立场和关注"现实的人"的价值立场等主观因素有关，更是由自然科学的发展状况这一客观条件所决定的，后者表现为自然观的变革尚未"随着研究工作提供相应的实证的认识材料而实现"②。既然马克思都没有研究过自然界的系统联系和形成自觉的自然规律观，那么，他如何能够以此为理论前提演绎出人类历史规律？由于这个问题的前提不存在，其结论也必定是不成立的。应当承认，得益于自然科学新的发展成就以及摩尔根对原始社会史的研究成果，恩格斯在晚年完成了马克思没有做的工作，在《反杜林论》《自然辩证法》等著作中系统阐释了自然规律，对马克思主义哲学做出了创造性的贡献。

但是，有必要肯定这样一种认识：马克思是承认自然规律的存在的。在《博士论文》中，通过系统比较德谟克利特和伊壁鸠鲁的学说，马克思认识到后者关于"原子偏离直线而倾斜"运动规律的主张使其根本不同于前者；而通过对伊壁鸠鲁朴素唯物主义思想的赞赏，马克思肯定了自然界中的辩证运动规律。另一个论据是，在《反杜林论》付印之前，马克思曾经听过全部的原稿内容。不仅如此，马克思还清晰地知道自然规律与历史规律的本质区别。受近代自然科学发展成就的影响，自然规律与历史规律的界限在哲学家那里变得模糊起来。马克思在论述英国唯物主义的历史时，就鲜明反对霍布斯关

---

① 陈锡喜：《马克思告诉了我们什么》，江苏人民出版社2015年版，第94页。
② 《马克思恩格斯文集》第3卷，人民出版社2009年版，第544页。

于"人和自然都服从于同样的规律"的机械论思想。这里的"同样的规律",不是指辩证运动的规律,而是指它的反面,即与历史主体无涉的机械运动规律。根据马克思的描述,在培根那里,"物质"带着诗意的感性光辉对人发出微笑,但是,霍布斯把培根的唯物主义机械化了,他使得"感性失去了它的鲜明色彩,变成了几何学家的抽象的感性。物理运动成为机械运动或数学运动的牺牲品;几何学被宣布为主要的科学。唯物主义变得漠视人了"①。这种思想在18世纪法国唯物主义者那里同样较为流行,其缺陷在于把精神看作敌视人的、毫无血肉的东西,从而漠视人的主体性和能动性。这至少可以表明,马克思清楚地知道人的存在所造成的历史规律较之自然规律的本质规定性。

虽然自然界和人类社会的发展都是一个辩证运动的过程,但是自然规律和历史规律存在本质上的差异。恩格斯深刻指出:"社会发展史却有一点是和自然发展史根本不相同的。在自然界中(如果我们把人对自然界的反作用撇开不谈)全是没有意识的、盲目的动力,这些动力彼此发生作用,而一般规律就表现在这些动力的相互作用中。在所发生的任何事情中,无论在外表上看得出的无数表面的偶然性中,或者在可以证实这些偶然性内部的规律性的最终结果中,都没有任何事情是作为预期的自觉的目的发生的。相反,在社会历史领域内进行活动的,是具有意识的、经过思虑或凭激情行动的、追求某种目的的人;任何事情的发生都不是没有自觉的意图,没有预期的目的的。但是,不管这个差别对历史研究,尤其是对各个时代和各个事变的历史研究如何重要,它丝毫不能改变这样一个事实:历史进程是受内在的一般规律支配的。"②可见,如果我们暂时不讨论人对自然界的改造作用(当然,这只是理论上),两者的区别主要表现在:在自然史中,自然规律是作为一种完全不自觉的、盲目的力量在起作用,也就是说,它对于历史主体所具有的客观强制性非常明显,由这一规律所导致的结果与主体性是无涉的;在人类史中,历史规律只有依靠有意识、有激情、有目的、有需要的历史主体的自觉活动才能够实现,才具有真正的现实性。简单地讲,两者的根本区别在于它们与历史主体的关系是外在的还是内在的。撇开历史主体对自然界的作用不谈,是必

---

① 《马克思恩格斯文集》第1卷,人民出版社2009年版,第331页。
② 《马克思恩格斯文集》第4卷,人民出版社2009年版,第301—302页。

要的，它有利于我们直观理解自然规律与历史规律在本质层面的不同。

但是同时还必须看到，在这个语境下，自然界只能是一个尚未发生主客体分化的自在世界。而脱离人的活动的自然界，具有抽象性。这可能导致我们陷入以李凯尔特为代表的新康德主义的理论误区。他们主张以"是否具有价值"为标准，把自然界和人类社会严格划分为两个相互对立的领域：在自然界中，我们需要做的是采取"普遍化的方法"来发现一般和规律；历史科学的目的并不是要形成普遍的范畴或规律的概念，而是要"采取个别化的方法"来叙述特殊的历史事实和历史现象。① 这种观点虽然看到了两个领域的区别，但是从主观上故意制造自然与历史的分野，实质是要否定历史规律的存在，否定马克思以历史决定论为前提的历史规律理论。

其实，马克思在1844年反驳论敌时，对于"谁生出了第一个人和整个自然界"的问题，他就指出："我只能对你作如下的回答：你的问题本身就是抽象的产物。请你问一下自己，你是怎样想到这个问题的；请你问一下自己，你的问题是不是来自一个因为荒谬而使我无法回答的观点。请你问一下自己，那个无限的过程本身对理性的思维来说是否存在。既然你提出自然界和人的创造问题，你也就把人和自然界抽象掉了。你设定它们是不存在的，你却希望我向你证明它们是存在的。那我就对你说：放弃你的抽象，你也就会放弃你的问题，或者，你想坚持自己的抽象，你就要贯彻到底，如果你设想人和自然界是不存在的，那么你就要设想你自己也是不存在的，因为你自己也是自然界和人。不要那样想，也不要那样向我提问，因为一旦你那样想，那样提问，你把自然界的和人的存在抽象掉，这就没有任何意义了。也许你是个设定一切都不存在，而自己却想存在的利己主义者吧？"② 在马克思看来，这种在人类社会产生以前就存在的自然界，并非我们所面对的现实的自然界，因而它对于人类而言只是一种抽象的存在。然而这并不意味着，马克思否定自然界的先在性，否则他就不是唯物主义者了。因为他清楚地知道：人们的物质生产活动，离不开天然存在的物质基质和自然力。

当我们面对人化的自然时，自然规律与历史规律之间究竟有什么差异？

---

① 参见[德]H.李凯尔特：《文化科学和自然科学》，商务印书馆1991年版，第48—50页。
② 《马克思恩格斯全集》第3卷，人民出版社2002年版，第310页。

尽管这两种规律都表征为各自的演化过程，但是，造成自然界演化的动力在于生存斗争下自然选择的力量，而造成人类历史进步的动力则在于社会基本矛盾运动。在阶级社会里，后者主要表现为不同阶级争夺经济政治利益的斗争。这说明自然规律与历史规律的区别仍然是根本性的，它们之间有着非常严格的界限。

（二）永恒的自然规律越来越变成历史的自然规律

人的存在对于自然界和自然规律意味着什么？人们从事物质生产的实践活动，创造了现实的、人本学的自然界。人首先是自然存在物，其需要的满足和动物一样依赖于外在的客观世界。在这种意义上，人对于自然界来说是受动的，是肉体的、对象性的存在物。这种确认是承认自然界客观实在性的前提，体现了费尔巴哈思想对马克思的影响。但人与动物的根本差异在于，后者对环境的适应是消极的（只生产自身），而人具有自然力和生命力，能够通过劳动来改造对象世界（再生产整个自然界）。人与自然环境相互作用的本质在于实践，正如马克思在《关于费尔巴哈的提纲》中所强调的：环境的改变和人的活动或自我改变的一致，只能被看做是并合理地理解为革命的实践。然而，机械论哲学解释范式往往有意或无意地忽视以下事实：马克思对费尔巴哈的自然唯物主义的超越之处，在于他从历史发展的维度考察人与自然的关系，把历史主体的实践活动作为逻辑前提包含在人与自然的统一之中。

人化自然对于人来说是不断生成的过程。恩格斯在《自然辩证法》中就表明了与马克思一致的态度："自然主义的历史观，如德雷帕和其他一些自然科学家或多或少持有的这种历史观是片面的，它认为只是自然界作用于人，只是自然条件到处决定人的历史发展，它忘记了人也反作用于自然界，改变自然界，为自己创造新的生存条件。日耳曼人移入时期的德意志的'自然界'现在剩下的已经微乎其微了。地球的表面、气候、植物界、动物界以及人本身都发生了无限的变化，并且这一切都是由于人的活动，而德意志的自然界在这一期间未经人的干预而发生的变化，简直微小得无法计算。"[①]"微乎其微"与"简直微小得无法计算"虽然不具有绝对的意义，但在深谙辩证法的恩格

---

① 《马克思恩格斯文集》第9卷，人民出版社2009年版，第483—484页。

斯眼里，实际上就意味着一种"无"。有学者通过研究发现，恩格斯因为反对传统的"自然主义的自然观"，所以从来没有主观设定一种抽象的自然对象，他研究自然规律的出发点，同样是人与自然双向建构中的经过实践历史中介过的自然，即人化自然。① 由于人的意识的自觉活动的介入，地球的表面、气候、植物界、动物界都发生了无限的变化，自然规律的自在性在一定程度上被削弱了，它不再是作为一种完全盲目的力量在起作用，"永恒的自然规律也越来越变成历史的自然规律"②。如果用恩格斯的话来做进一步的解释，也就是说："它们那些想象的固定性和绝对意义，只不过是由我们的反思带进自然界的——这种认识构成辩证自然观的核心。"③

当然，自然规律的客观性依然是存在的，人的实践活动只能把握而不能取消自然规律。当人们违背自然规律时还会受到自然界的惩罚。如果把人类中心主义理解为对自然界的蛮横态度，那么马克思和恩格斯当然不是人类中心主义者，因为在他们看来，人类社会的历史是受自然物质和自然规律制约的。根据他们的观点，只有对自然规律保持一颗敬畏之心，才能准确理解两类规律的深层次联系，才能真正把握和实现历史规律。由此可见，自然规律与历史规律不是孤立存在的，它们之间有着密切的联系，对于这种联系，至多只能在思维中而不可能在现实世界中将其割裂开来："自由不在于幻想中摆脱自然规律而独立，而在于认识这些规律，从而能够有计划地使自然规律为一定的目的服务。这无论对外部自然的规律，或对支配人本身的肉体存在和精神存在的规律来说，都是一样的。这两类规律，我们最多只能在观念中而不能在现实中把它们互相分开。"④

事实上，所有的非天然存在的物质生活资料，总是要依靠主体的物质生产活动才能被创造出来。作为人与自然关系的体现，生产力是人们在能动的生产活动中作用于自然界获取物质财富因素的能力。人们在发展生产力的过

---

① 参见张一兵：《永恒的自然规律在变成历史的自然规律》，载《南京大学学报》（哲学·人文·社会科学），1995年第3期。
② 《马克思恩格斯文集》第9卷，人民出版社2009年版，第495页。
③ 《马克思恩格斯文集》第9卷，人民出版社2009年版，第16页。
④ 《马克思恩格斯文集》第9卷，人民出版社2009年版，第120页。

程中，需要把握自然界物质运动的规律，"自由就在于根据对自然界的必然性的认识来支配我们自己和外部自然；因此它必然是历史发展的产物"①。随着物质生产的发展，人类生活才能够实现，各种生产关系和社会关系趋向多样化，人类社会历史才得以真正形成。于是，伴随着社会基本矛盾运动的发生，历史规律的实现具有了现实的可能性。

由此可进一步得知，自然规律和历史规律统一于"实践的唯物主义"理论立场之上，两者都在各自的范围内规定了主体性的界限，但对于主体的意义却有所不同：人们只有在实践活动中充分尊重自然规律，才能在同一个过程中形成和有效实现历史规律；如果说尊重自然规律是人们实践活动的必要条件，那么推动历史规律的实现则更多地体现了主体活动所追求的目的。而根据马克思的观点，实现尊重自然规律与把握历史规律的统一，只有对私有财产和资本逻辑进行积极的扬弃才有可能，而达到这种扬弃的最理想的社会形态是共产主义。人和自然之间矛盾的解决是人们尊重和利用自然规律的结果，而人和自然之间、人和人之间这两对矛盾的同时解决，则从根本上归因于主体在实践活动中对自然规律与历史规律相互关系的自觉把握。

（三）在何种意义上可以把人类史理解为自然历史过程

在马克思看来，历史领域虽然不同于自然界，但历史规律是客观存在的。要厘清自然规律与历史规律的关系，克服把"两种规律"同一化的机械论弊端，还必须回答我们在何种意义上可以把人类社会发展理解为自然历史过程的问题。

把人类社会发展理解为自然历史过程的命题，引申自《资本论》第一版序言中的一段相关的论述："我的观点是把经济的社会形态的发展理解为一种自然史的过程。不管个人在主观上怎样超脱各种关系，他在社会意义上总是这些关系的产物。"② 这个引申具有合理性。"社会经济形态"是社会形态的物质基础和本质内容，而社会形态的演变进程在某种意义上也就是整个历史发展的过程。那么，人类史究竟在什么意义上具有似自然性？

人类社会历史的进步与自然界的生命进化过程具有某种共同性，都是自

---

① 《马克思恩格斯文集》第9卷，人民出版社2009年版，第120页。
② 《马克思恩格斯文集》第5卷，人民出版社2009年版，第9—10页。

然而然地发生的。如前所述，如果说自然界的进化主要是自然选择的结果，这是自然规律的客观性的体现，那么人类历史不断进步的动力则源于社会基本矛盾运动。由于历史规律的作用，人在某种意义上和其他生物一样，是受动的、受制约的和受限制的存在物。在这个意义上，我们可以看到人类社会历史的类自然性。也就是说，在承认历史规律的客观性的意义上，我们可以把人类社会发展理解为自然而然的过程。倘若不坚持这个核心观点，历史的客观规律就无从谈起，确切地讲，历史规律就不存在了，这无疑会导致我们陷入唯意志论的泥沼。在人类历史的长河中，以西欧社会为典型的资本主义生产方式，是一种既不能跳过也不能用法令取消自然的发展阶段，用马克思在《资本论》中的话来说，这种社会形态具有"暂时必然性"。但是必须清楚地看到，资本主义社会被更高的社会形态所代替，是一种由现代社会的经济运动规律所决定的必然趋势。

肯定人类社会发展的似自然性，并非断定社会历史过程按照自然规律规定的路径来机械化运行。如果是漠视人的主体性和创造性，把历史发展理解为与主体无涉的"铁的必然性"，那么这种"自然过程"就不能成立。把历史规律解释为自然规律的推演，从而把"五种社会形态"机械的、线性的更替看成世界历史发展的普遍图式，其背后的意识形态根据与此不无关系。这恰恰是马克思所极力反对的。正如普列汉诺夫所指出，马克思主义是行动哲学，这种行动指的是人们在社会生产过程中合乎规律的活动，所以它"不仅不像论敌们归咎于它的那样，企图使人相信，起来反对经济必然性是荒谬的，反而它第一个指出怎样对付这种必然性。格奥尔格·毕希纳说过，个别人物只是波浪表面上的泡沫，人们服从只可加以认识而不能使之听命于人类意志的铁的规律。马克思回答说，不对，一旦我们认识了这个铁的规律，推翻这个规律的桎梏就取决于我们，使必然性变成理性顺从的奴仆就取决于我们"[①]。既然人的主体性可以把历史必然性变成"理性顺从的奴仆"，那么也就等于是说"铁的规律"是不存在的。而对于圣西门等空想社会主义者，他进一步批判道："历史运动的合规律性在他们那里曾具有神秘主义的形态；人类所走的道路在

---

① [苏]普列汉诺夫：《论一元论历史观的发展问题》，王荫庭译，商务印书馆2012年版，第242页。

他们看来似乎是事先已经预定了的，而且任何历史事变都不可能改变这条道路的方向。"① 这些思想是对马克思历史规律理论的科学解读，也正是在这个意义上，恩格斯才称赞这位"俄国马克思主义之父"真正读懂了马克思。

历史是否能够被人所认识和把握？我们能否从纷纭复杂的社会生活中揭示人类历史中蕴含的内在规律？既然是自为的人的实践活动创造历史，而实践又是主体能动性的体现，那么，后者就难免会被人的主观意识所认识到。"正像一切自然物必须形成一样，人也有自己的形成过程即历史，但历史对人来说是被认识到的历史，因而它作为形成过程是一种有意识地扬弃自身的形成过程。历史是人的真正的自然史。"② 马克思在此处同样把人类历史理解为自然史过程，但不难发现，他不但没有忽视人的能动性，反而把这种能动性放在优先于受动性的位置。所以，对于自然历史过程的思想，与其说它阐明了历史发展依照自然规律规定的机械化方式发生作用，不如说是规定了人对于推动历史进步的主体性界限。

作为经济范畴的人格化，历史中的人是特定的阶级关系与利益的承担者，面对资本主义社会发展的自然发展过程，人能够通过革命缩短、减轻分娩的痛苦。之所以要进行革命，原因在于，要实现生产关系和上层建筑的变革，光依靠老母鸡式的道德说教的方式是肯定行不通的。有的人一方面宣称资本主义生产方式是"铁的自然规律"，另一方面又不愿接受它所造成的不良影响，那么，他们就只能幻想着通过对资本家进行道德说教的方式来消除这种必然的后果。而这只能是徒劳的，"这种说教同站在水池边的老母鸡向它孵出的在池中欢快地游来游去的小鸭所作的说教是一样的"③。然而，人们虽然能缩短和减轻分娩的痛苦，但在社会意义上总是不能超脱各种客观的关系，人的活动不能超出历史规律所规定的条件和界限。

与马克思相一致的是，恩格斯同样没有在更多的意义上阐述"社会发展是一个自然历史过程"的命题。在《国民经济学批判大纲》中，在谈到资本

---

① ［苏］普列汉诺夫：《论一元论历史观的发展问题》，王荫庭译，商务印书馆2012年版，第266页。
② 《马克思恩格斯全集》第3卷，人民出版社2002年版，第326页。
③ 《马克思恩格斯文集》第3卷，人民出版社2009年版，第276—277页。

主义的无序生产所导致的经济危机问题时，恩格斯就指出："我们应该怎样理解这个只有通过周期性的革命才能为自己开辟道路的规律呢？这是一个以当事人的无意识活动为基础的自然规律。"[①] 这里的"当事人"指的是资本家，而不是作为推动历史进步主体力量的人民群众。在1890年致布洛赫的信中，恩格斯明确使用"自然过程"的表述，但是他只是旨在表明人类社会历史发展的内在规律性，而且他提出这个思想，实质上是要阐明由无数个体意志合成的"总的合力"的客观性和历史作用。

二、社会历史条件与历史规律的"两副面孔"

机械论解释框架的另一个显著特征，就是强调过分严格的历史规律，片面突出历史规律的抽象性、普遍性和因果性。在历史规律与社会历史条件的关联中，把握历史规律的"两副面孔"，是深化马克思历史规律理论研究的客观要求。历史规律是纯粹抽象的吗？当我们对这个问题做出肯定性的回答时，那马克思眼中的"生产力"就和机械论的"自然物质"无异了。既然历史规律不是抽象的空洞物，那它的具体性何以可能？与此相联系，如何理解历史规律的普遍性与特殊性的关系？换言之，特殊的实践条件对历史规律意味着什么？这种抽象与具体、普遍与特殊之间的矛盾，对于理解历史规律表现形态的两重性有何意义？历史规律究竟是一种因果制约律，还是一种统计学规律？当前，学术界对于这些问题的理解，尚且存在较多的争议。

（一）历史规律的抽象性与具体性

规律是本质的关系或本质之间的关系。任何规律，包括自然规律和历史规律在内，作为本质层面的概括，它们都具有抽象性。马克思所揭示的历史规律也不例外。从理论上讲，历史规律的抽象程度越高，它就越具有完备性，对社会历史发展复杂进程就越有解释力。马克思对历史规律的思想探索过程，即对"两个归结"的认识历程，首先运用了从"感性具体"到"理性抽象"的逻辑思维方法。马克思深刻认识到："最一般的抽象总只是产生在最丰富的

---

① 《马克思恩格斯文集》第1卷，人民出版社2009年版，第74页。

具体发展的场合。"① 如果不是从"社会关系"的表象具体中抽取出"物质关系",如果不是从"异化劳动的生产关系"中抽取出"一般劳动",他不可能找到历史的真正诞生地,也就不可能得到关于生产力、生产关系和上层建筑之间的本质联系的认识。正是由于否定历史现象的感性具体,"历史规律"才能达到普遍本质的抽象。

通过把多样性的表象概括为抽象的规定,马克思从历史内部的关系中得到了最一般的结果的概括,但是他并未止步于此,而是继续以"现实的人"这一历史前提为逻辑起点,开始第二个过程,也就是使抽象的规定在思维行程中得到具体的再现。由于把抽象概括放到人们的物质生活和实践活动中进行审视,马克思实现了对西方哲学史上各种历史规律论的超越。马克思眼中的"历史规律"是抽象性和具体性的统一,它与机械论倡导的自然物质自我运动的规律,有着本质的不同。后者不过是机械论者头脑中的理论抽象,其所描述的历史运动是一种纯粹抽象形态的运动。

根据马克思在《资本论》"第二版跋"中的转述,考夫曼在解读《政治经济学批判》序言中的那段"经典表述"时,指出:"在马克思看来,只有一件事情是重要的,那就是发现他所研究的那些现象的规律。而且他认为重要的,不仅是在这些现象具有完成形式和处于一定时期内可见到的联系中的时候支配着它们的那个规律。在他看来,除此而外,最重要的是这些现象变化的规律,这些现象发展的规律,即它们自一种形式过渡到另一种形式,由一种联系秩序过渡到另一种联系秩序的规律。他一发现了这个规律,就详细地来考察这个规律在社会生活中表现出来的各种后果……所以马克思竭力去做的只是一件事:通过准确的科学研究来证明社会关系的一定秩序的必然性,同时尽可能完善地指出那些作为他的出发点和根据的事实。……马克思把社会运动看做受一定规律支配的自然史过程……但是有人会说,经济生活的一般规律,不管是应用于现在或过去,都是一样的。马克思否认的正是这一点。在他看来,这样的抽象规律是不存在的……根据他的意见,恰恰相反,每个历史时期都有它自己的规律……一旦生活经过了一定的发展时期,由一定阶段

---

① 《马克思恩格斯文集》第8卷,人民出版社2009年版,第28页。

进入另一阶段时，它就开始受另外的规律支配。……生产力的发展水平不同，生产关系和支配生产关系的规律也就不同。马克思给自己提出的目的是，从这个观点出发去研究和说明资本主义经济制度，这样，他只不过是极其科学地表述了任何对经济生活进行准确的研究必须具有的目的……这种研究的科学价值在于阐明支配着一定社会有机体的产生、生存、发展和死亡以及为另一更高的有机体所代替的特殊规律。"①对于考夫曼所描述的抽象与具体之间的矛盾，马克思认为"描述得这样恰当"。这表明，在他看来，历史发展是由内在的规律支配的，但这种规律并非"不管是应用于现在或过去，都是一样的"。所谓"每个历史时期都有它自己的规律"，不是对规律在不同历史阶段所具有的价值的否定，而是要说明在历史领域并不存在纯粹抽象的机械运动规律。

根据马克思的观点，如果历史规律是不受时间和空间条件影响的"纯粹抽象"，那么，在这一成不变的、停滞不动的永恒下面就根本没有历史可言。历史规律不是超时空的"万应灵药"，不是先验的预设图式，而是历史真实状态的反映。离开现实的历史，历史规律这一抽象本身就没有任何价值可言。恩格斯曾指出："不是自然界和人类去适应原则，而是原则只有在符合自然界和历史的情况下才是正确的。"②我们当然不能把"原则"等同于"历史规律"，前者的外延显然要更大，就是说能够成为历史规律的东西一定是一种历史原则，但是并非所有的历史原则都达到历史规律的层次。因而应当明确，不是使现实世界去适应历史规律，而是历史规律需要历史的例证和不断接触现实。我们不能抽去历史运动的各种各样的真实特征，严格规定历史规律实现的次序，而把历史规律变成一个纯逻辑的机械论命题。

毛泽东曾深刻指出，没有抽象的马克思主义，只有具体的马克思主义。③在同样的意义上，我们也可以说，历史规律不仅具有抽象性的特征，它更是具体的，即是说，只有具体的历史规律才是真实存在的。不承认历史规律在现实的历史中的具体性，体现了机械论解释范式对历史规律的"无知"。这是因为，"哪怕是最抽象的范畴，虽然正是由于它们的抽象而适用于一切时代，

---

① 《马克思恩格斯文集》第5卷，人民出版社2009年版，第20—21页。
② 《马克思恩格斯文集》第9卷，人民出版社2009年版，第38页。
③ 参见《中共中央文件选集》第11册，中共中央党校出版社1991年版，第658页。

但是就这个抽象的规定性本身来说，同样是历史条件的产物，而且只有对于这些条件并在这些条件之内才具有充分的适用性"[1]。这就意味着，每一个历史时期，都有其特殊的、历史地起作用的历史规律，纯粹抽象的历史规律只存在于机械论者的头脑中。生产力的发展、生产关系的变革、上层建筑的产生都是不断变动的，而这些变动与社会历史条件和人的能动作用密不可分，因而社会基本矛盾运动是"具体"的。基于这个理由，根据社会基本矛盾运动规律而得出的共产主义社会，只能是一种现实化的运动。

片面强调历史规律之抽象性是导致它神秘化的理论根源，而其实质在于对人的地位和作用的漠视。这不就是马克思、恩格斯在《"新莱茵报。政治经济评论"第4期上发表的书评》中所批判的吗？在这篇文章中，他们用讽刺性的话语阐释道："整个历史的过程不是由活生生的人民群众（他们自然为一定的、也在历史上产生和变化着的条件所左右）本身的发展所决定，——整个的历史过程是由永恒的永远不变的自然规律所决定，它今天离开这一规律，明天又接近这一规律，一切都以是否正确地认识这一规律为转移。这种对永恒的自然规律的正确认识是永恒的真理，其他一切都是假的。根据这种观点，一切实际的阶级矛盾，尽管因时代不同而各异，都可以归结为一个巨大的永恒的矛盾，即认识了永恒的自然规律并依照它行动的人（贤人与贵人）和误解它曲解它并和它背道而驰的人（愚人与贱人）的矛盾。"[2] 如此一来，对历史发展过程的理解也就变得非常简单了。由此造成的严重后果是，历史进程中的规律性与主体的选择性的关系问题会被"悬置"起来，因为在这种视阈下，历史规律与人的活动是相互排斥的。对于主体而言，问题只在于肯定宇宙的神秘控制者，以及严格按照规定好的、机械化的永恒规律来行动。除此之外，人和社会的作用实际上都被人为地取消了。历史规律在这里以不可抗拒的权威起着作用，成为外在于人的某种神圣的东西。如果按这种机械化和教条主义的方式来理解马克思所发现的历史规律，当然是不恰当的。实际上，历史规律只有在人的活动中才有现实性，因而把历史规律搬下神坛，就意味着要打破附在这一规律之上的至高无上的权威，使其真正回归到现实的生活世界中。

---

[1] 《马克思恩格斯文集》第8卷，人民出版社2009年版，第29页。
[2] 《马克思恩格斯全集》第7卷，人民出版社1959年版，第306—307页。

（二）历史规律的普遍性与特殊性

拒斥把历史规律机械化的思想倾向，不仅须厘清历史规律的抽象性与具体性的关系，还有必要进一步阐明与此相联系的普遍性与特殊性之间的矛盾。如前所述，如果只是一味抽象地看待历史规律，自然会认为历史规律是先验的普遍真理，换句话说它可以不加区分地、机械地适用于一切时空条件，但是情况并不是这样，世界上没有放之四海而皆准的"最终规律"，没有超历史的"万能钥匙"。要把握历史规律的具体性特征，必须深刻认识到：历史规律的普遍性寓于实践条件的特殊性之中。这是马克思历史规律理论的一条要义。

所谓历史规律的普遍性，指的是社会基本矛盾运动规律的确定性，这种确定性有着特定的涵义："我们可以通过新的发现为规律提供新的证据，赋予新的更丰富的内容。但是，对于这样表述的规律本身，我们已不能再增添什么。"① 由于社会基本矛盾的运动属性，所以我们可以丰富历史规律的内容，并在实践中为它提供新的事实根据，但是并不能否定历史规律存在的意义及其表述的客观性。所谓历史规律的特殊性，主要指的是历史规律实现方式的不确定性，也就是说，历史规律的实现方式是多样的。历史规律的实现方式指的是社会基本矛盾构成历史动力借以实现的形式，如果不承认其实现方式的特殊性，那么这种机械的、空洞的规律就丧失了生命力。在这个意义上，正如马克思所言："在不同的历史条件下能够发生变化的，只是这些规律借以实现的形式。"②

我们不能把历史规律的内容和它的实现方式混为一谈，内容决定实现方式，但是同一内容在不同条件下表现为有差异的实现方式。进而言之，历史规律的普遍性包含于其特殊性之中，而且只能通过它的特殊实现方式才能获得表征和证实。

这种普遍性与特殊性的关系，与整体和部分的关系是迥异的。然而，在机械论思维方式下，历史规律是一个整体，它可以分割成不同的部分，从而在各个部分中得到实现。这样，整体与部分之间是包含与被包含的关系，而与普遍性与特殊性的辩证关系恰恰相反。比方说，水果的共性包含于苹果、

---

① 《马克思恩格斯文集》第9卷，人民出版社2009年版，第489页。
② 《马克思恩格斯文集》第10卷，人民出版社2009年版，第289页。

桃子、梨等具体形态的个性之中，但是不能说水果是整体，而具体形态只是其中的部分。

以资本主义社会为例子，能够更好地说明这个问题。众所周知，马克思不仅发现了人类历史发展的一般规律，而且还揭示了资本主义社会的特殊运动规律。那么，这两大规律之间是何种关系？这是"普遍"（共性）和"特殊"（个性）的关系，后者是前者在现代工业社会的特殊实现方式。我们不能以机械论的思维把社会基本矛盾运动规律看成是一个整体，而把资本主义社会的特殊运动规律当作其中的一个部分。准确的理解应该是：历史的一般规律存在于它的特殊实现方式之中，在资本主义社会中要把握住历史规律，实质就是要领悟这一社会所特有的基本矛盾运动以及由此生成的历史必然性。

工人运动的兴起和资产阶级所暴露的无情统治，使得人类社会向何处去的时代课题成为他的理论研究须解答的急迫任务。通过对市民社会的"解剖"，马克思深刻认识到资产阶级社会日益严峻的阶级对抗事实，并逐步在劳动发展史中发现了历史之谜的答案。《资本论》中的深度研究，促使他彻底、完全认清了资本主义生产方式的对抗属性，并深入理解了这一社会特殊的基本矛盾运动。在资本主义社会，生产力与生产关系之间的矛盾，以社会化生产和资本主义私人占有的不相容性的形式鲜明呈现出来。"这就是产生现代社会的一切矛盾的基本矛盾，现代社会就在这一切矛盾中运动，而大工业把它们明显地暴露出来了。"① 由于资产阶级的政治制度和意识形态只有在经济结构中才能得到说明，所以上层建筑与社会化大生产也是不相适应的。凭借榨取剩余价值的手段，资本家不断剥削工人阶级，结果是，一方面资本家在推进资本增殖运动中不断扩大自身的财富，另一方面被剥削阶级的悲惨状况进一步恶化；而随着阶级分化和斗争的加剧，无产阶级不得不组织起来通过革命推翻旧的生产关系和上层建筑。马克思剩余价值理论的创立，使得资本主义的生产方式和特殊运动规律变得豁然开朗。从总体上看，以上过程清晰地展示了社会基本矛盾运动规律在资本主义条件下的特殊实现过程。

既然历史规律的普遍性存在于这一规律实现方式的特殊性中，而后者又

---

① 《马克思恩格斯文集》第3卷，人民出版社2009年版，第565页。

是由实践条件的特殊性决定的,那么可进一步得出结论:历史规律的普遍性存在于实践条件的特殊性之中。对于这个判断,有必要再结合马克思晚年对俄国社会的分析做进一步的阐述。

在给《祖国纪事》杂志编辑部的信中,为反对米海洛夫斯基等批评家把他对资本主义的"历史概述"机械地应用到俄国的倾向,马克思深刻阐述道:"极为相似的事变发生在不同的历史环境中就引起了完全不同的结果。如果把这些演变中的每一个都分别加以研究,然后再把它们加以比较,我们就会很容易地找到理解这种现象的钥匙;但是,使用一般历史哲学理论这一把万能钥匙,那是永远达不到这种目的的,这种历史哲学理论的最大长处就在于它是超历史的。"①正是在这个意义上,我们提出不能把预设的、线性更替的社会形态发展图式,当作一切民族历史发展的机械运动规律。不同的历史文化传统和现实生活条件,决定了各个国家实现历史规律的方式和路径不可能"千篇一律",也不可能"归于一尊"。人们的活动之所以会违背历史规律,会造成不符合预期的悲剧性的后果,与陷入机械论的认识误区而不顾实践条件的特殊性不无关系。只有根据自身的社会历史条件,在历史规律规定的界限内选择合适的发展道路和发展模式,才是与马克思历史规律理论相契合的。

在《给维·伊·查苏利奇的复信》及其四个草稿中,马克思不同程度地说明了他对俄国农村公社可能的命运以及关于世界各国由于历史的必然性都应经过资本主义生产各阶段的理论的看法。②在第一、第三草稿中,马克思提到"俄国可以不通过资本主义制度的卡夫丁峡谷,而把资本主义制度所创造的一切积极的成果用到公社中来"③。但在其他草稿和正式复信中他却没有直接提及这个观点。而且,在正式复信中,他表现出一种更为谨慎的态度:"在《资本论》中所作的分析,既没有提供肯定俄国农村公社有生命力的论据,也没有提供否定农村公社有生命力的论据,但是,我根据自己找到的原始材料对此进行的专门研究使我深信:这种农村公社是俄国社会新生的支点;可是

---

① 《马克思恩格斯文集》第3卷,人民出版社2009年版,第466—467页。

② 关于《给维·伊·查苏利奇的复信》及其四个草稿的内容,可查看《马克思恩格斯全集》第25卷,人民出版社2001年版,第455—483页。

③ 《马克思恩格斯全集》第25卷,人民出版社2001年版,第461—462页。

要使它能发挥这种作用,首先必须排除从各方面向它袭来的破坏性影响,然后保证它具备自然发展的正常条件。"①

这种严谨的态度不仅没有否定,反而鲜明体现了马克思对实践条件之于历史规律实现方式的重要性的重视。俄国的农村公社具有独一无二的历史环境,主要表现为:一是它不是以西方的原始形式保存下来,而是作为人民生活的统治形式在全国范围内发展起来;二是它和资本主义生产同时存在,能够利用机器工业和现代交通等物质条件。俄国之所以不像西欧各国那样经历"把一种私有制形式变为另一种私有制形式"的历史运动,得益于它自身的这种独特的条件。而可以十分肯定地讲,作为俄国社会新生的支点,农村公社在发展的过程中,集体因素能否战胜私有制因素,从根本上取决于其自身所处的具体的历史环境和现实条件。

(三)历史规律的因果制约性与可统计性

由于过分强调历史规律的抽象性和普遍性,在机械论者眼中,似乎历史只剩下由历史规律所规定的因果制约性。这表面上看是在捍卫严格的历史规律,实际上却导致了对历史规律的机械化和教条主义理解。当然,有一些学者以"历史规律是统计学规律"的论点对此加以驳斥。但是在这两种思维方式下,历史规律要么是因果规律,要么是统计规律,二者是完全不相容的。这种二元化的思维定式,不利于我们准确理解马克思所揭示的历史规律的特点。

黑格尔在《逻辑学》中提出,规律是作为矛盾着的现象之内在联系的巩固物而呈现的,规律王国是现象的世界静止的反映。②对于这个观点,列宁给予了高度的评价,一方面认为黑格尔对规律的矛盾特征的阐释是"反对把规律的概念绝对化、简单化、偶像化",另一方面还强调从"静止的"一词来看这是非常唯物主义的。根据列宁的描述,"规律把握住静止的东西——因此,规律、任何规律都是狭隘的、不完全的、近似的"③。这里的"任何规律",不仅包括自然界的规律,更包括社会历史领域的规律,当然也包括较高级的"历

---

① 《马克思恩格斯全集》第25卷,人民出版社2001年版,第483页。
② 参见[德]黑格尔:《逻辑学》(下),杨一之译,商务印书馆2009年版,第143—145页。
③ 《列宁全集》第55卷,人民出版社1990年版,第126—127页。

史规律"。随着现象的消解运动的进行，这时候规律就成了"现象的本质的总体"，进入"本质的对比"。所谓"对比"对应着德语的 verhältnis（比例关系），主要体现为一一对应的因果关联性。这些论述可简要概括为：当强调规律把握住静止的东西时，它表现为"狭隘的、不完全的、近似的"统计学规律；当现象的消解运动进入"本质的对比"时，规律则主要表现为因果规律（也有人称之为动力学规律）。这一根据黑格尔思想得出的观点虽有瑕疵，但却能给我们考察历史规律问题提供深刻的启发。

根据马克思的观点，历史规律是抽象与具体的统一，实践条件决定了它的实现方式的特殊性，这使得"历史规律在实现机制上并不遵循严格意义上的因果制约律，而是服从概率论意义上的统计律"①。历史规律实现机制的统计性特征，是历史发展真实状态的反映，它并不排斥因果关系，而是体现为"一种必然性和多种随机现象之间的规律性联系"②。固然，我们不能把偶然性忽略不计，但同时也不宜过分强调随机现象而看不到隐藏在深处的必然性。究其原因，正如恩格斯所说："历史常常是跳跃式地和曲折地前进的，如果必须处处跟随着它，那就势必不仅会注意许多无关紧要的材料，而且也会常常打断思想进程。"③

从历史发展的总体来看，历史规律还表现出普遍性的一面，它以一种确定的联系构成了因果链条。换言之，历史规律的内部必然性决定了它在本质上的因果制约性。在1853年初阅读凯特勒的著作《人和人的能力》时，马克思根据作者的研究得出结论：大量的犯罪行为从其数量和种类就会揭示出像自然现象那样的规律性，而作为这一规律表征的、通过统计得出的平均数，是由社会所特有的基本条件所决定的。④对历史规律而言同样如此，由于反映其本质的普遍性只存在于人的实践活动所处条件的特殊性中，现实生活世界根本不存在纯粹的必然性，我们只能通过对大量偶然现象的统计才能把握历史发展的内在规律。这与对于历史的内部必然性的分析是一致的——内部必

---

① 叶泽雄：《论马克思人学视野中的"历史规律"》，载《哲学研究》，2014年第12期。
② 杨耕：《历史规律研究中的三个重大问题》，载《江苏社会科学》，2014年第5期。
③ 《马克思恩格斯文集》第2卷，人民出版社2009年版，第603页。
④ 参见《马克思恩格斯全集》第8卷，人民出版社1961年版，第580页。

然性是一种不外在于人的必然性，它以偶然性为补充和表现形式。

由此可见，历史规律与其特殊实现方式的关系决定了它的表现形式的两重性。历史规律在本质上是因果制约规律，在实现机制上则主要表现为统计学规律，而这两种表现形态是相互依存、相互补充的。由于历史规律一方面包含决定论的因子，另一方面又拒斥严格的决定论，所以它只能处于一种近似的、平均的倾向和趋势之中。当我们把目光转向历史发展的客观趋势时，"这已经不是单纯的历史现象，而是近乎历史规律的范畴了"①，或者更确切地说，它已经成为历史规律的表征了。正如马克思在《资本论》第三卷中所言："一般规律作为一种占统治地位的趋势，始终只是以一种极其错综复杂和近似的方式，作为从不断波动中得出的、但永远不能确定的平均数来发生作用。"②

历史规律和历史趋势当然不能等同，但是由历史规律所导致的确定的历史趋势，与前者有着必然的、本质的联系。合乎历史规律的主导性趋势是唯一的，以平均数的形式所呈现出的历史趋势的确定性，是因果关系更为真实的体现。批判理性主义代表人物波普尔正确地看到历史趋势的假定"通常是一种很有用的统计方法"，但是，他却认为历史趋势和历史规律是"根本不同的两回事"。③ 这种人为的割裂是对两者内在联系的漠视，实质在于没能把握社会基本矛盾运动的复杂性。把历史规律理解为一种主导性的趋势，既肯定社会基本矛盾的决定性的历史动力作用，又不否认其在实现过程中面临的随机性和概率性。这不是对历史决定论的拒斥，而是以辩证思维否定了机械的、乏味的历史决定论。如果明白这个道理，自然就驳斥了波普尔批评历史决定论、抨击马克思历史规律理论的重要立论基础。

恩格斯同样赞同这种观点，他在1894年致博尔吉乌斯的信中深刻阐释道："我们所研究的领域越是远离经济，越是接近于纯粹抽象的意识形态，我们就越是发现它在自己的发展中表现为偶然现象，它的曲线就越是曲折。如果您画出曲线的中轴线，您就会发现，所考察的时期越长，所考察的范围越

---

① 《马克思恩格斯全集》第12卷，人民出版社1962年版，第432页。
② 《马克思恩格斯文集》第7卷，人民出版社2009年版，第181页。
③ ［英］卡尔·波普尔：《历史决定论的贫困》，杜汝楫、邱仁宗译，上海人民出版社2009年版，第91页。

广,这个轴线就越是接近经济发展的轴线,就越是同后者平行而进。"① 可见,如果从经济必然性的角度来观察的话,那么历史规律就表现为隐藏在历史运动曲线背后的"中轴线"。当然,这是就"归根到底"意义上来说的,自然不能忽视政治、精神等因素的历史作用以及历史主体的能动性。历史规律实现机制的复杂性向我们表明,历史运动轨迹呈曲线波动是不可避免的,若想从历史本身找出占统治地位的趋势,就是要"画出曲线的中轴线"。

那么,如何才能恰当地画出历史发展的中轴线呢?或者确切地讲,作为历史主体的人怎样才能从大量概率性事件中把握历史的内部必然性?用恩格斯的话来说,只要"所考察的时期越长,所考察的范围越广",我们画出的轴线就更接近于中轴线。由于规律只是纷纭复杂的现象中的本质环节,因而从丰富性上看,历史现象当然要远胜于历史规律。而且,历史规律通常与以表面现象为根据的经验是矛盾的,庸俗的历史哲学往往抓住历史现象的外表来反对现象的规律。抓住表象来反对本质层面的规律,当然是不可取的。在《关于自由贸易问题的演说》中,马克思就强调:"在政治经济学中,原则上决不能仅仅根据一年的统计材料就得出一般规律。常常需要引证六七年来的平均数字,也就是说,需要引证在现代工业经过各个阶段(繁荣、生产过剩、停滞、危机)而完成它必然的周期这一段时期内的一些平均数字。"② 在经济生活领域是如此,对于历史规律而言又何尝不是这样呢?较之而言,后者由于抽象程度更高、适用范围更广泛,它对于时间的表征条件的要求反而会更高。在《卡尔·马克思〈政治经济学批判。第一分册〉》中,恩格斯指出:"即使只是在一个单独的历史事例上发展唯物主义的观点,也是一项要求多年冷静钻研的科学工作,因为很明显,在这里只说空话是无济于事的,只有靠大量的、批判地审查过的、充分地掌握了的历史资料,才能解决这样的任务。"③ 总之,只有以一种批判性的态度剔除"许多无关紧要的材料",并对"大的"时空条件下的历史事件进行深度的统计分析,透过现象深入到历史的本质关系中,才能抓住历史本身的规律性。

---

① 《马克思恩格斯文集》第10卷,人民出版社2009年版,第669页。
② 《马克思恩格斯文集》第1卷,人民出版社2009年版,第751页。
③ 《马克思恩格斯文集》第2卷,人民出版社2009年版,第598页。

三、历史规律与人之存在的关系之谜

在解释历史规律问题时，排斥人的存在、漠视主体的能动作用，是机械论哲学的一个必然的缺陷。人之存在对历史和历史规律究竟意味着什么？这个问题，引起了诸多哲学家的关注，对其进行诠释而形成的答案也多种多样。研究马克思历史规律理论，同样无法避开关于历史规律问题的"斯芬克斯之谜"。事实上，马克思对人类社会历史的把握，无非是对作为历史主体的人之存在的展现方式的把握。这是他的哲学得以消解思辨哲学与旧唯物主义冲突的秘诀所在。不能深刻理解这一点，是机械论者和教条主义者始终无法真正读懂马克思历史规律理论的深层次理论根源。本节试从马克思的核心观点出发，结合学界的一些讨论，重点探究合规律性与合目的性、历史规律的制约性与自由选择的可能性空间、历史规律的客观性与主体选择的合力等几个问题。

（一）合规律性与合目的性的关系问题

众所周知，"实现历史发展的合规律性与合目的性的统一"已经成为一个耳熟能详的命题，那么，它是否是一个科学的提法？在机械论解释范式下，历史不仅有着严格的规律，更是有着自身的特殊的目的。拒斥这种思想倾向，厘清历史规律与人之存在的关系之谜，首先有必要对"合规律性与合目的性"这对范畴进行辨析。

根据马克思的观点，历史发展表现出自身的合规律性。任何个别的历史事件，不管它如何特殊，不管其中蕴含的偶然性成分有多大，其总是要服从于历史的客观规律，受社会基本矛盾运动的制约。用恩格斯的话来讲，它丝毫不能改变"历史进程是受内在的一般规律支配的"的事实。遗憾的是，新康德主义者文德尔班否认"在个别事件中有某种同规律的一致与相符"，并进一步指出："同样，我们也不能把历史进程中的孤立事件总合起来，并赋予这种一致性以因果性。在世界发展进程中，任何事件都具有不可重复的、个别的结构，这使'世界受制于规律'这种观点对于所有这些孤立事件来说毫无意义。"① 这一类见解是站不住脚的。当然，历史事件的发生受到偶然性因素

---

① ［德］文德尔班：《文德尔班哲学导论》，施璇译，北京联合出版公司2016年版，第99页。

的影响，但这些偶然性中蕴含某种必然性，否则历史的相似性、重复性和历史规律的存在都将变得无法让人理解。事实上，"一个个孤立的历史事实不可能理解，它只有在相似性中才能理解；而相似性和差异性的原因，则从规律中才能得到合理的解释"①。由此而论，所谓的"历史规律只是一种用语上的矛盾""历史发展完全是杂乱无章、不可捉摸的"等观点，恐怕也只能是反历史决定论者的主观臆想了。

倘若承认历史发展有规律可循，那么它是否是有目的的？我们在什么意义上才能合理地谈论历史的合规律性与合目的性的关系问题？这进一步涉及马克思主义对待历史目的论的态度问题，也即接下来打算重点说明的问题。

历史目的论是一种根据目的因（极因）来解释历史实现过程的理论。何为目的因（极因）？根据亚里士多德在《形而上学》中的描述："极因就是一个'终点'，这个终点并不是为了其他事物而存在，但是其他事物却把它作为目的；有了这个目的，过程就不会无休无止地进行；如果没有这个终点，那极因也就不存在了，不过这样的话，那些推崇无尽论的人就在不知不觉中把'善'性抹除了……有理性的人总是先有一个目的，然后再去做事情的。"② 如果说亚里士多德的目的论主要体现为一种自然目的论，那么，随着中世纪经院哲学的出现，"希腊哲学的自然目的论就进入了历史意识之中，构成了一种历史目的论"③。在这种历史哲学的视阈下，人类生存的全部意义都是上帝所赋予的，人的世俗历史的发展也是由上帝预先设计好的。

如果说黑格尔思想与此有什么联系的话，那就是它以"绝对精神"取代"上帝"来规定历史进步的目的因。"理性的机巧"是黑格尔用来论证历史目的论的一个重要概念，用他自己的话来说就是："理性是有机巧的，同时也是有威力的。理性的机巧，一般讲来，表现在一种利用工具的活动里。这种理性的活动一方面让事物按照它们自己的本性，彼此互相影响，互相削弱，而它自己并不直接干预其过程，但同时却正好实现了它自己的目的。在这种意

---

① 陈先达：《历史唯物主义的史学功能——论历史事实·历史现象·历史规律》，载《中国社会科学》，2011年第2期。
② [古希腊]亚里士多德：《形而上学》，黄颖译，时事出版社2014年版，第40页。
③ 王南湜：《历史唯物主义阐释中的历史目的论批判》，载《社会科学》，2008年第12期。

义下，天意对于世界和世界过程可以说是具有绝对的机巧。"① 根据这个逻辑可知，理性会利用工具和手段来实现自身的目的，而绝对精神作为普遍理性，其实现是历史必然性的体现。这难道不是给历史安排了另一个类似于上帝的神圣目的吗？

对于从外部强加给历史的目的，不管它是上帝、绝对精神，还是其他主观臆想的东西，都是荒谬的。对此，马克思曾批判道："事情被思辨地扭曲成这样：好像后期历史是前期历史的目的，例如，好像美洲的发现的根本目的就是要促使法国大革命的爆发。于是历史便具有了自己特殊的目的并成为某个与'其他人物'（像'自我意识'、'批判'、'唯一者'等等）'并列的人物'。其实，前期历史的'使命'、'目的'、'萌芽'、'观念'等词所表示的东西，终究不过是从后期历史中得出的抽象，不过是从前期历史对后期历史发生的积极影响中得出的抽象。"② 历史并非按照某种预设的目的来运行的，所谓前期历史的目的不过是对后期历史的一种抽象，这种抽象只能来源于对现实矛盾及其运动的研判。就此而论，中世纪基督教神学和黑格尔主义所主张的那种历史目的论是站不住脚的，退一步讲，哪怕是以"是否存在一个至善的目的"为判别标准，它同样是与马克思历史理论不相容的。

那么，有人不禁要问，共产主义难道不是人类历史发展的终极目的吗？比如《马克思主义赞成与反对》一书的作者海尔布隆纳就认为，马克思主义的缺陷是它那不言而喻的目的论，它那秘而不宣的太平盛世的假想。③ 这个错误思想产生的理论根源，在于对共产主义学说的不恰当解读。其实，"共产主义对我们来说不是应当确立的状况，不是现实应当与之相适应的理想。我们所称为共产主义的是那种消灭现存状况的现实的运动。这个运动的条件是由现有的前提产生的"④。共产主义的实现不是对历史的终结，它不过是标志史前史的结束和预示真正的人类历史的开端。在同法国《费加罗报》记者谈话时，

---

① ［德］黑格尔：《小逻辑》，贺麟译，商务印书馆2009年版，第396页。
② 《马克思恩格斯文集》第1卷，人民出版社2009年版，第540页。
③ 参见［美］R.L.海尔布隆纳：《马克思主义赞成与反对》，易史信、杜章智译，中国社会科学院情报研究所1982年版，第57页。
④ 《马克思恩格斯文集》第1卷，人民出版社2009年版，第539页。

恩格斯就明确指出："我们（指他和马克思，引者注）没有最终目标。我们是不断发展论者，我们不打算把什么最终规律强加给人类。关于未来社会组织方面的详细情况的预定看法吗？您在我们这里连它们的影子也找不到。"① 由此可见，如果把共产主义当作西方哲学史意义上的"目的因"，显然是对马克思历史规律理论的误读和曲解。

机械论世界观并不清楚以下道理：如果是在预定论的意义上看待历史的发展进程，那么，"历史发展合目的的说法理论上难以成立"②。根据马克思的观点，历史本身并没有自身的特殊目的，历史什么都没有创造，人才是有意识的、自为的历史主体。在历史活动中重要的是行动着的群众，历史不外是追求着自身目的的人的实践活动而已。应当明确的是，我们并不是绝对不能谈论历史发展的合目的性，只是这个目的是"人的活动的目的"。原因在于，历史的主体可以把自身的目的内化为"历史的目的"。所谓"内化"，指的是整个过程都是在真实的而不是虚构的历史内部完成的。

值得一提的是，不少论者在解读这个问题时，通常喜欢引用《神圣家族》中的一个论断，即"历史不过是追求着自己目的的人的活动而已"。这句话往往被直接当作马克思和恩格斯的观点。其实，作者提出这个论断之后，紧接着就把其归结为费尔巴哈的"天才的阐述"："历史什么事情也没有做，它'不拥有任何惊人的丰富性'，它'没有进行任何战斗'！其实，正是人，现实的、活生生的人在创造这一切，拥有这一切并且进行战斗。并不是'历史'把人当做手段来达到自己——仿佛历史是一个独具魅力的人——的目的。历史不过是追求着自己目的的人的活动而已。在费尔巴哈作了种种天才的阐述以后，绝对的批判竟还敢用新的形式来为我们重新制造一大堆陈腐的废物，而且正是在它突然把这些陈腐的废物当做'群众的'废物来痛骂的时候。可是它根本没有权利这样做，因为它并没有为哲学的解体动过一个指头。"③ 问题在于，这究竟是费尔巴哈的思想，还是马克思的独特创造？厘清此问题，对于我们

---

① 《马克思恩格斯文集》第4卷，人民出版社2009年版，第561—562页。
② 陈先达：《一个值得商榷的哲学命题——关于"合规律与合目的"问题质疑》，载《学术研究》，2009年第8期。
③ 《马克思恩格斯文集》第1卷，人民出版社2009年版，第295页。

驳斥那种认为《神圣家族》的思想主要还停留在费尔巴哈的水平上的论调，是很有裨益的。费尔巴哈把上帝归结为以自然属性为基础的人，从而实现了对宗教的批判的完成。所以，如果把"人的活动"看作其自然本质的体现，那么上述论断的确是费尔巴哈的观点。但是，如果把它理解为处于一定历史条件下现实的、活生生的人的实践活动，那就展现了马克思的理论贡献。马克思在1867年致信恩格斯时，之所以说自己对于这部著作是"问心无愧"的，恰恰是因为他在其中已经把从事实践活动的人看作历史的真正主体。遗憾的是，由于把"物质运动"当作马克思的核心话语，而忽视"人的实践活动"，机械论哲学实际上把马克思哲学倒退到了费尔巴哈的水平上。

要厘清从事实践活动的人的目的与历史的关系，有必要区分"作为个体的人的目的"（个体目的）和"作为整体的人的目的"（社会公共目的）两个概念。由于每个人的生活条件和主观因素的差异，个人活动的目的难免会呈多元化的态势。面对多样的个体目的共存的事实，人的目的内化为历史的目的何以可能？意大利思想家维柯在其代表作《新科学》早就表达出以下思想："人类世界确实是由人类自己创造出来的。……不过这个世界所自出的那种心智往往是不一致的，有时是彼此相反的，而且经常超出人们自己所追求的那些个别特殊的目的；用这些狭小的目的来为较广泛的目的服务，人类心智经常用这种办法来把人类保存在这个地球上。"[①] 可见，个体的特殊目的是狭隘的，它存在的价值就是为较广泛的目的服务，而人类恰恰是因为这个原因才得以在地球上繁衍生息。根据马克思的思想，人是生活在一定社会中、具有社会性的个体。通过社会化的过程，个体不断学习社会中的行为方式和价值规范，适应和积极作用于社会。不管是把这个结果视作一种妥协也好，契约也好，一个无可辩驳的事实是他们活动的目的会逐渐让步于公共目的，这是由人类的本质和本性所决定的。这难道不就是说，历史本身没有先天的目的，但是人会给它赋予意义，并在现实生活世界中把自身的目的内化为历史的目的吗？

只有理解以下道理——人的目的在一定条件下会以社会公共目的的形式

---

① [意]维柯：《新科学》（下），朱光潜译，安徽教育出版社2006年版，第293页。

表现出来,我们才可以开始合理地谈论合规律性与合目的性的关系问题。这不只是一个理论问题,更是一个实践问题。人不仅在实践中使历史发生改变,更在这个过程中实现自己的目的,而根据马克思在《资本论》中所论述的:"这个目的是他所知道的,是作为规律决定着他的活动的方式和方法的,他必须使他的意志服从这个目的。但是这种服从不是孤立的行为。"① 这里谈到的"不是孤立的行为",表明"这个目的"是社会公共目的,那么值得进一步思考的问题是,为什么"这个目的"能够"作为规律"决定人们行动的方式和方法?

究其原因,在于合目的性与合规律性之间是辩证统一的关系。一方面,人的头脑可以自觉认识和把握历史规律,人们历史行动的合目的性,不过是对历史规律的自觉反映。既然人的目的内化的过程是在真实的历史内部完成的,那么,它和历史的内部必然性就是相称的,确切地讲,社会公共目的趋向于符合历史发展的客观规律。关于这个判断的根据,恩格斯曾有过精辟的论述:有了人,我们就开始有了历史,而"人离开狭义的动物越远,就越是有意识地自己创造自己的历史,未能预见的作用、未能控制的力量对这一历史的影响就越小,历史的结果和预定的目的就越加符合"②。另一方面,历史规律的实现,受到社会公共目的的制约。人们不仅可以制定目的,更能够在现实生活中不断修正和完善社会公共目的。一个合乎历史规律的目的,并不是永恒不变的,恰恰相反,它在对社会现实矛盾的反映中得到修正,在现实生活各种力量的较量中获得实现。跟随历史而开始的思想认识过程,不过是对人类社会发展进程的理论反映:"历史从哪里开始,思想进程也应当从哪里开始,而思想进程的进一步发展不过是历史过程在抽象的、理论上前后一贯的形式上的反映;这种反映是经过修正的,然而是按照现实的历史过程本身的规律修正的,这时,每一个要素可以在它完全成熟而具有典型性的发展点上加以考察。"③ 总之,人们对社会公共目的的修正和校对,是为了使其更加合乎现实的历史过程本身的规律,是为了实现自己社会行动的合规律性与合目的性的统一。

---

① 《马克思恩格斯文集》第5卷,人民出版社2009年版,第208页。
② 《马克思恩格斯文集》第9卷,人民出版社2009年版,第421—422页。
③ 《马克思恩格斯文集》第2卷,人民出版社2009年版,第603页。

既然社会公共目的趋向于符合历史发展的客观规律，那么，主体为什么有时候依然会做出违背历史规律的行动？原因自然是多方面的，主要表现为：一是由于社会基本矛盾运动自身具有复杂性和变动性，并容易受到偶然性因素的影响，所以历史规律并不是那么容易把握的；二是"我们只能在我们时代的条件下去认识，而且这些条件达到什么程度，我们就认识到什么程度"[①]，由于人的认识水平是有限的和受制约的，我们对历史规律的理解难免会带上一定的随机性。基于这两个方面的缘故，从合目的性与合规律性的角度来看，人的自觉性与历史规律的一致，只能是无限逼近的过程。由于社会公共目的的存在及其不断得到修正，两者在大多数情况下处于一种平衡的作用之中。二者始终力图互相适应，但是正因为这样，它们之间从来没有达到完全一致的状态，而且有时双方甚至出现脱节的情况。

（二）历史规律的制约性与自由选择的可能性空间

由于绝对拒斥非因果性，机械论并不承认可能性，更不承认可能性空间。其实，"可能性空间"说是阐释历史规律和人之存在的关系问题的一种有效理论。这一理论大约在20世纪80年代开始见于国内马克思主义哲学界，虽遭到一些质疑，但至今仍不失为一种合理的解释框架。当然，如果以今天的眼光来重新审视"可能性空间"说，还是存在着一些问题有待进一步思考。

何为可能性空间？这首先关涉对可能性与现实性的理解：可能性是对事物发生概率的描述，而现实性则是一种既成事实的表征。应当把可能性分为"理论的可能性"和"现实的可能性"，而不是一些论者所提到的"抽象的可能性"和"现实的可能性"，原因在于，理论的可能性仍然有转化为现实的可能，但是抽象的可能性实质指称一种不可能性。对于历史过程而言，可能性与现实性之间是多对一的关系。由于偶然性的作用，历史会朝着何种方向发展，什么历史事实会最终发生，存在着许多种可能性。历史内部的必然性和偶然性相互依存的过程，与各种可能性生成的过程是同一的。而在这其中，哪一种可能性会成为现实的可能性，取决于主、客体因素及其相互作用的实现程度。

[①] 《马克思恩格斯文集》第9卷，人民出版社2009年版，第494页。

可能性空间是有限的可能性的集合体。有学者早就指出:"从单纯的可能性到广阔的可能性空间,人类认识真正从线性领域走进了多维世界。在人类认识和实践的历程中,当人们紧跟在历史坦克之后冲向未来时,所看到的都是贯穿着必然性的现实性。这种'跟踪'方式,使我们对现实性及其经纬——必然性,有一种特别的偏重。然而,当人们置身于历史的车头,将目光探向广阔的前途时,迎面而来的便是充满偶然性的可能性空间。"① 即是说,当我们置身于历史之中"跟踪"其发展过程时,必定会特别倚重历史发展的规律性;但是,当我们再把眼光转向历史发展的前方时,迎面而来的就是充满偶然性的可能性空间,而在这一空间中,人们的认识场域实现了从单纯的线性领域到多维世界的转换。由此观之,要克服对历史规律的线性和独断化理解,必须充分认识到历史规律与可能性空间之间的关系。

在归根到底的意义上,历史规律直接规定的是历史发展的"中轴线"而不是"可能性空间"。这是就理想状态下而言的。而从实现机制上看,历史规律与社会历史条件的结合,产生了可能性空间,这一空间的临界值规定了历史规律发挥作用的制约性的界限。这就说明了历史规律的客观性和人的主体选择性的关系问题。由于可能性空间的约束,人们不能随心所欲地创造历史;也恰恰是因为这一空间的规范作用,主体才能在描绘历史图景中更好地发挥能动性、创造性。可能性空间为主体选择提供自由度,人的主体性主要表现为在可能性空间中进行选择的自觉。历史规律总是通过人的选择来实现的。历史规律的实现过程,表征为人们在行动中选择一种合乎规律的可能性,推动历史沿着占主导地位的趋势前进。

对于"可能性空间"说,近年来有论者质疑道:"在理论上,它把主体选择性预设在历史必然性圈定的范围里面,难免有历史宿命论的嫌疑;而在实际中,因为它把历史规律置于主体选择性之外,就等于在这个'可能性空间'之内,主体选择性可以恣意妄为。"② 这实质是一种二元对立的思维,在这种思维模式下,历史规律的客观性与人的主体选择性非但不具有相容性,反而处

---

① 王天恩:《"可能性空间"及其认识和实践意义》,载《江西社会科学》,1989年第4期。
② 龚培河、万丽华:《马克思主义历史决定论的两个解释范式》,载《探索》,2010年第4期。

于一种势不两立的状态之中。

其一,之所以提出"有历史宿命论的嫌疑"的诘难,根源在于其把历史规律与中世纪经院哲学眼中的"上帝"混为一谈。的确,为了解决上帝主导的宿命论与世俗的自由意志之间的矛盾问题,一些经院哲学家解释道,上帝"事先为人类决策者可能做出的选择设置一个范围"。但是这个范围与我们所说的可能性空间有天壤之别。上帝和历史规律能相提并论吗?上帝是虚构的、不存在的,而马克思眼中的历史规律来源于对现实矛盾的总结和升华,具有真实的客观性。所以,关于"在历史决定论里面,'上帝'被'历史规律'所替代"的观点显然是有问题的。当然,机械论者为了显得自己要比神学家高明一些,他们不谈论上帝,而是取而代之以一种同样神秘的"外力"。这也是滑稽可笑的,历史发展的进程其实并不受制于和取决于支配自然界物质运动的规律。

实际上,"可能性空间"恰恰是以历史规律规范主体自由的体现,如果不承认这个理论前提,历史的客观性就要大打折扣了。难道主体选择性不应该受到任何限制吗?而且,可能性空间并不是先验预设的,它的结构随着构成可能性的因素以及主客观条件的变化而处于变动的过程中。在不同的历史阶段上,原来程度高的可能性会变为程度低的可能性,反之亦然。实际上,可能性意味着历史发生的概率性,可能性空间理论恰恰是对包括神学历史观和机械论历史观等在内的各种历史宿命论的强有力的驳斥。

其二,不管是在理论还是实际中,可能性空间的阐释都没有"把历史规律置于主体选择性之外",恰恰相反,外在于人的历史规律只能是纯粹抽象的,这种抽象性突出地表现为它不具有现实性。如果人们在可能性空间之外行动,就意味着违背历史的客观规律,那么就会酿成历史悲剧甚至造成历史倒退的后果。既然历史规律规定了主体的行动范围,那历史的悲剧为何还能够产生?从世界各国发展的历史教训来看,其意识形态根源主要在于要么走向了机械的线性规律论的泥潭,要么走向了唯意志论的极端,要么同时犯了这两方面的错误。机械论者眼中的线性规律论尽管排斥人的主体性,但一旦和英雄人物的唯心主义历史观相结合,将会导致更为严重的后果。

另一方面,在可能性空间里,有激情的个体可能"随心而为",但却不一定能创造自己所期待的历史。只有极少数的英雄人物是个例外，然而哪怕是这些人对历史的创造也不能离开他们所处的时代条件。如果要合乎规律地创造历史，当然不能漠视广大民众的需要和利益诉求，不能偏离社会公共目的。历史规律实现机制的统计性特征，告诉我们可能性空间中不可能没有偶然因素的存在，这一空间本身是允许和容纳例外情况的。但不等于"在这个'可能性空间'之内，主体选择性可以恣意妄为"，否则就是对人的理性的绝对否定。而且，从历史发展的总体趋势来看，例外情况又只是暂时的现象，因而对于描述宏观的历史进程而言，往往是一些"无关紧要的材料"。

根据马克思历史规律理论，社会基本矛盾运动是历史进步的逻辑根据，它只有和社会历史条件相结合才具有可能性，才构成影响历史发展的原因。对于历史而言，因为不同可能性所依托的根据是统一的，所以每一种可能性都对应于不完全相同的社会历史环境。即是说，一种可能性要成为原因，取决于它所处的社会历史环境。在《德法年鉴》时期谈到德国和法国的前途问题时，马克思就曾指出：由于这两个国家社会历史条件的差异，对于前者而言，首先实现"部分解放"是必要条件，但对于后者而言，"普遍解放"才是基础和前提。[①] 我们知道，对于这两个国家来说，历史的总趋势是一致的，即把无产阶级的原则上升为全社会的原则，但是在实现方式上存在着不同的可能性。而不管是先实现"部分解放"，还是先实现"普遍解放"，都没有超过可能性空间所规定的阈值。恩格斯更是明确阐释道："自从资本主义生产方式在历史上出现以来，由社会占有全部生产资料，常常作为未来的理想隐隐约约地浮现在个别人物和整个整个派别的头脑中。但是，这种占有只有在实现它的实际条件已经具备的时候，才能成为可能，才能成为历史的必然性。"[②]

任何既定的历史事实，都是一定原因的产物。当历史规律与实践条件相结合时，就产生了影响历史发展的可能性，因而已经潜在地，在可能性上包含了历史的结果。但是原因只提供理论的可能性，而不提供直接的现实性。这种可能性要发展成为现实，依赖于主体能动作用的发挥。正如有学者所言："历史提供的永远是可能性，必然性的实现总是要通过由可能性变为现实的过

---

① 参见《马克思恩格斯全集》第3卷，人民出版社2002年版，第212页。
② 《马克思恩格斯文集》第3卷，人民出版社2009年版，第562页。

程。可能性是历史条件决定的,而可能性的实现和以何种方式向现实转化,决定于人的能动性的发挥和正确的抉择。"① 人的自由选择属于一种价值选择,自然会受到主体的主观因素的影响。不同可能性对历史主体的影响不同,社会集团之间的利益博弈可能加快或者延缓历史进程。可能性的现实化过程离不开人的能动作用,因为主体不仅能根据已有主客观条件在可能性空间中进行自觉选择,还能通过改变或创造条件促进有利的可能性或抑制不利的可能性的实现。

（三）历史规律的客观性存在于主体选择的合力之中

历史规律总是通过主体在可能性空间中的选择而实现的,这个"选择"当然是作为合力的主体选择。再来研究历史规律与主体选择的合力之间的深层次联系。要完成这项工作,首先应当说明"生产力决定论"与"历史合力论"的关系。这里,历史合力论中的"合力",不是指其他东西,而是指作为主体的人在进行历史选择活动过程中形成的合力,简言之就是"主体选择的合力"。

在当前学术界,以物质生产来解释历史进步的根源的观点较为普遍,认为人的主体选择的合力决定历史的走向的看法也很常见,问题是,这两种思想是不是一致的？它们之间如何实现统一？消解理解历史规律的机械论思想倾向,必须准确回答这个问题。对此进行探讨和回答,首先涉及对马克思和恩格斯在历史规律问题上的思想联系的理解。有人说,从马克思到恩格斯,历史规律理论经历了从"生产力决定论"到"历史合力论"之转变的过程。这当然是站不住脚的。生产力决定论鲜明展示了历史规律的客观性,马克思和恩格斯对此都有许多深刻的阐述。根据这个理论,历史发展的决定性因素归根到底是物质生活中的生产与再生产,物质生活制约着整个现实生活过程,社会基本矛盾构成历史进步的根本动力。我们提出,历史规律是不外在于人的内部必然性,那么,如何实现社会基本矛盾运动规律与主体因素的统一？

有学者曾概括了历史唯物主义的两个核心观点——"生产力水平决定社

---

① 陈先达:《历史唯物主义的史学功能——论历史事实·历史现象·历史规律》,载《中国社会科学》,2011年第2期。

会发展程度"和"不能离开社会存在抽象分析人性"。① 在此基础上我们还可以再加上一个"核心观点":不能离开人的主体选择性抽象地看待历史和历史规律。如果说,第一个观点指的是生产力决定论,第二个观点解释了何为现实的人,那么,第三个观点则旨在进一步说明现实的人的历史作用及其对于历史规律的意蕴。这三者之间有着不可分割的密切联系。第三个观点当然是机械论者所否定的,所以对此加以强调是驳斥其错误思想倾向的必要条件。

苏联学者鲁宾斯坦的阐述很有启发意义:"人们的有意识的活动,既依赖于他们的生活的客观情况,同时又改变着这些情况。……只有把客观条件和人们的活动在其相互依赖性中来加以考察,人们的存在、他们的生活才能在它们的规律性中表现出来。这就意味着,决定性也能推广到主体及其活动,而同时主体以自己的活动参加着事件的决定作用,如果从规律性的链条中排除了主体、人们、人们的活动,那末这链条是不能接合起来的。人们所参加的事件的合乎规律的进程,不是与人们的意志无关,而是通过人们的意志;不是与他们的有意识的行动无关,而是通过这种行动而实现的。"② 为什么可以说"决定性也能推广到主体及其活动",而后者的缺失将导致历史中的规律性的链条"不能接合起来"?

机械论者永远无法知道,人的主体性为揭示历史规律的秘密提供了一把钥匙。人的主体性最鲜活的内容和最集中的表现,就是主体选择性,它是在人的实践活动中最能体现主体本质力量的规定。主体选择的合力之所以能够形成,与人的本质的现实性有关。纵观西方哲学史的发展,人的本质问题是一个既古老又常新的问题。从苏格拉底开始,哲学家就开始对人和人之存在进行终极追问,"但是只有伴随着文艺复兴起始的人文主义运动,人的本质才真正作为一个重大的哲学问题而被提出来"③。对于这个问题,不同流派给出了各种各样的答案。在扬弃这些答案的基础上,马克思不仅把人的本质归结为自由自觉的活动,更是强调这一本质在其现实性上表现为社会关系的总和。

---

① 孙力:《历史是被制度决定的吗》,载《社会科学报》,2017年3月9日。

② [苏]谢·列·鲁宾斯坦:《存在和意识》,赵璧如译,生活·读书·新知三联书店1980年版,第350页。

③ 张奎良:《马克思人的本质思想的全景展示》,载《天津社会科学》,2014年第1期。

1847年在布鲁塞尔德意志工人协会发表演说时，马克思就指出："黑人就是黑人。只有在一定的关系下，他才成为奴隶。纺纱机是纺棉花的机器。只有在一定的关系下，它才成为资本。脱离了这种关系，它也就不是资本了，就像黄金本身并不是货币，砂糖并不是砂糖的价格一样。……为了进行生产，人们相互之间便发生一定的联系和关系；只有在这些社会联系和社会关系的范围内，才会有他们对自然界的影响，才会有生产。"① 由这段话可以看出，人的本质的现实性，构成联结历史合力论与生产力决定论的纽带：如果不是人的本质在现实性上体现为社会关系的总和，人们就不可能进行社会性的行动，主体选择的合力的生成自然无从谈起；而从另一个维度来看，只有在社会关系的范围内，"才会有生产"，才能合理地谈论生产力决定论。

由此可见，历史合力论不是对生产力首要地位的否定，恰恰相反，正是由于看到主体选择的合力决定历史的走向，由生产力及其矛盾运动所决定的历史丰富性才具有充分的现实性。如果说，生产力决定论是从客体维度对历史规律的描述，那么历史合力论则是从主体方面去认识历史规律的结果。历史规律既是客体运动的规律，又是主体活动的规律，但归根到底是主体活动的规律，因为客体的运动依赖于主体的活动。在带有机械论思想倾向的解释框架下，社会基本矛盾运动的表述没有直接涉及人，所以它是与人无关的规律。其实不然，这一表述看似不包含主体因素，实际上却鲜明体现了人的感性活动的本质。生产力是人的生产力，同样，生产关系和上层建筑也是如此，而且促进这些因素相互作用的主体力量亦只能是活生生的人。一言以蔽之，历史规律就是人的实践活动的规律，用恩格斯的话来说，就是"人们自己的社会行动的规律"②。相对于"社会基本矛盾运动规律"，这是从主体方面对历史规律的另一个表述。

作为人们自己的社会行动的规律，历史规律的客观性存在于主体选择的合力之中。这究竟何以可能？通过对"历史规律的制约性和自由选择的可能性空间"问题的讨论，我们已经知道，历史规律总是通过人的选择来实现的。具体来讲，历史规律的实现过程，表征为人们在实践活动中选择一种最佳的

---

① 《马克思恩格斯文集》第1卷，人民出版社2009年版，第723—724页。
② 《马克思恩格斯文集》第3卷，人民出版社2009年版，第564页。

可能性，推动历史朝着占统治地位的趋势前进。这意味着，历史规律实现于主体选择的合力之中。这个结论在近年来获得了越来越多的认可。但是，要考察历史规律的客观性与主体选择的合力之间的关系，还必须回答另一个关键性的问题：历史规律究竟是不能被创造的，还是由作为主体选择合力的社会行动所创造的？

根据马克思的观点，人是历史的"剧作者"，整个人类社会的历史不外是人通过人的劳动而诞生的过程。对此，毛泽东更是强调："人民，只有人民，才是创造世界历史的动力。"[①] 但是，不能简单套用"既然，那么"的推理逻辑得出以下结论：既然历史都是由人的实践活动创造的，那么历史规律也是由人的实践活动创造的。根据逻辑学中的"三段论"，如果把前者当作"大前提"，把后者看成"结论"，那么还需要一个"小前提"，即"历史规律是历史"（被包含与包含的关系）。显然，这个小前提是不存在的，所以上述推理是不能成立的。当然，同样不能通过加进"历史规律不是历史"的小前提，而简单地得出"历史规律不是由人的实践活动创造的"的结论，否则就犯了"大项不当扩大"的逻辑错误——大项"由人的实践活动创造的"在大前提中不周延、在结论中却周延了。

对于"历史规律是不是由人的实践活动创造的"的问题，应做深入的理论解读。历史规律的生成是有前提条件的，即生产力、生产关系和上层建筑的客观存在，而这些条件是由人们的历史行动创造出来的。人不仅是生产力、生产关系发展的主宰，同时也是推动上层建筑变革的决定性力量。人们创造历史，也就意味着创造历史规律生成的前提条件，在此意义上可以说，历史规律归根到底是由作为主体的人的合力创造的。但是，这种创造是间接实现的，即是说，主体的实践活动与历史规律之间并非直接的"创造"与"被创造"的关系。相比较而言，历史规律生成的前提条件，当然是由人作为主体的选择合力直接创造出来的。如果不能意识到这个区别，就容易把历史规律生成的前提与历史规律本身混为一谈。

综合前面的分析可知，无论是就历史规律的实现而言，还是从历史规律

[①]《毛泽东选集》第3卷，人民出版社1991年版，第1031页。

生成的前提条件来看，历史规律的客观性都存在于主体选择的合力之中。换言之，历史规律的客观性正是奠基在主体选择的合力的客观性之上。那么，主体选择的合力的客观性从何而来？下面我们将可以看到，从主体选择的合力的生成过程来看，它虽然在本质上是由实践条件的客观性所决定的，但是也与机械论者所漠视的人们的"整体动机"与"意志合力"有着紧密的联系。

人们进行历史选择活动，首先要有"动机"。主体选择活动的发生与其动机有着直接的关联。这些动机是以需要为基础的。当然，需要本身并不是动机，只有当它把主体活动引向某一目的、具有指向性时，才构成动机。需要具有一定的心理因素和精神性特征，只是在马克思的视阈下，无论是需要的生成，还是需要的实现，都发生在具有物质性的实践活动中。当历史主体在实践中意识到自己具有一定的生存和生活需要，就会形成满足这些需要的认知，从而有意识地确定目的和选择行动方式，最后借助物质手段来进行实践活动。这就是人们如何受"动机"的影响进行历史选择活动的过程。

个体的动机具有随意性，它与主体选择的合力的客观性自然没直接联系。但是，对于与作为一种合力的主体选择相对应的动机——作为整体的人的动机而言，情况就不一样了。恩格斯曾指出："构成历史的真正的最后动力的动力……与其说是个别人物，即使是非常杰出的人物的动机，不如说是使广大群众、使整个整个的民族，并且在每一民族中间又是使整个整个阶级行动起来的动机；而且也不是短暂的爆发和转瞬即逝的火光，而是持久的、引起重大历史变迁的行动。"① 由于作为整体的人的动机是"构成历史的真正的最后动力的动力"，所以不难发现，它是具有客观性的，这种客观性为主体选择的合力的客观性的形成提供了重要的基础。

为全面考察主体选择的合力的客观性来源问题，这里不得不再引入对"自由意志"的讨论。主体选择活动是人们有意识的自觉活动，而自由意志是人的意识能动性的集中体现。从主体选择活动的过程来看，无论是动机的产生，还是动机的实现，都与人的自由意志密切相关。对于自由意志的历史作用，恩格斯曾深刻阐释道："历史是这样创造的：最终的结果总是从许多单个

---

① 《马克思恩格斯文集》第4卷，人民出版社2009年版，第304页。

的意志的相互冲突中产生出来的,而其中每一个意志,又是由于许多特殊的生活条件,才成为它所成为的那样。这样就有无数互相交错的力量,有无数个力的平行四边形,由此就产生出一个合力,即历史结果,而这个结果又可以看做一个作为整体的、不自觉地和不自主地起着作用的力量的产物。因为任何一个人的愿望都会受到任何另一个人的妨碍,而最后出现的结果就是谁都没有希望过的事物。所以到目前为止的历史总是像一种自然过程一样地进行,而且实质上也是服从于同一运动规律的。但是,各个人的意志——其中的每一个都希望得到他的体质和外部的、归根到底是经济的情况(或是他个人的,或是一般社会性的)使他向往的东西——虽然都达不到自己的愿望,而是融合为一个总的平均数,一个总的合力,然而从这一事实中决不应作出结论说,这些意志等于零。相反,每个意志都对合力有所贡献,因而是包括在这个合力里面的。"①

这段论述表明,虽然人类历史的发展不以"各个人的意志"为转移,但是,"意志合力"却构成人们创造客观的历史结果的重要前提条件。后者固然是观念性的因素,只是作为从许多单个意志的冲突中形成的合力,它扬弃了个体意志的主观性和随意性。因此,不能笼统地制造自由意志与客观性的对立,作为合力的意志实际上具有客观性。当然,强调"意志合力"的客观性对"主体选择的合力"的客观性生成的作用,不是要以自由意志取消历史活动的客观性,沦为唯意志论。自由意志的历史作用,是通过主体选择活动过程来实现的,意志的合力对历史结果的创造,实质在于主体选择的合力对历史结果的创造。与此相对应,需要进一步在"实践的唯物主义"理论立场上追认自由意志的物质性根源。根据马克思的观点,不仅人的动机形成和实现于实践活动,人的自由意志亦是如此。

人不仅是历史的"剧作者",更是历史的"剧中人"。主体选择的合力的客观性,在本质上是由实践条件的客观性所决定的。在人们进行主体选择活动的过程中,无论是作为整体的人的动机,还是作为合力的意志,抑或是为实现目的而进行的社会行动,都必然会受到社会历史条件的制约。

---

① 《马克思恩格斯文集》第10卷,人民出版社2009年版,第592—593页。

存在主义者萨特认为，自由是行动的首要条件，"除了自由本身以外，人们不可能在我的自由中找到别的限制""自由之为自由却仅仅是因为选择永远是无条件的"。① 对此，马克思在《路易·波拿巴的雾月十八日》中则持有截然不同的看法："人们自己创造自己的历史，但是他们并不是随心所欲地创造，并不是在他们自己选定的条件下创造，而是在直接碰到的、既定的、从过去承继下来的条件下创造。一切已死的先辈们的传统，像梦魇一样纠缠着活人的头脑。"② 根据马克思的观点，人们对历史的创造，不是随心所欲地选择他们活动的条件，以往活动的产物固然带有某种确定性，但对于后来的人来说又往往是一种相对偶然的东西。人们在从过去承继下来的条件面前，首先表现出受动的一面。人们历史选择活动的合力，受到已有物质条件的"纠缠"。我们可以根据自身的需要、目的、意志等内在尺度进行选择，但是并不能恣意妄为地创造历史。如果每个人的自由都是不受限制的，那么就相当于没有自由可言了。最终的历史结果，只能是受实践条件制约的主体选择的合力的产物，而这样一种客观的历史结果，不仅符合社会公共目的，而且为历史规律的客观性奠定了基础。在意志合力的牵引下，人们以满足"整体需要"为动机，通过认识和把握历史规律，明确行动的客观依据，在多种可能性中进行正确的选择，从而做到合乎规律地创造历史。

---

① ［法］萨特：《存在与虚无》，陈宣良等译，生活·读书·新知三联书店2007年版，第535、582页。

② 《马克思恩格斯文集》第2卷，人民出版社2009年版，第70—71页。

第四章 马克思历史规律理论的地位及其创新发展

关于认识和对待马克思历史规律理论的一个明显的缺陷，就是容易把它当作僵化的教条，从而在运用这一理论时出现机械论倾向。对这种不良的认识和运用倾向的消解，不仅需要科学厘清马克思历史规律理论的地位，而且还须进一步从发展21世纪马克思主义的向度，深刻阐明推动这一理论创新发展的重要性及其实现路径等问题。那么，应当如何正确看待马克思历史规律理论的地位和价值？如何深刻理解"21世纪马克思主义"？马克思历史规律理论对发展21世纪马克思主义究竟意味着什么？如何理解坚持问题导向这一马克思主义的鲜明特点以及它同推进马克思历史规律理论创新发展的关系？这是本章打算重点加以探讨和研究的一些问题。

一、关于马克思历史规律理论地位的三维审视

关于马克思历史规律理论的地位的研究依然存在进一步探讨的空间。对于这一理论的重要地位，至少可以从三重维度上进行解析：一是以马克思对历史规律理论的革命性变革为维度审视其思想史意义；二是以历史规律理论在马克思"两个发现"中的地位为维度审视其理论地位；三是以马克思历史规律理论在20世纪社会主义国家的实现程度为维度审视其实践价值。对马克思历史规律理论的地位进行三维审视，是谈论它的创新发展问题的前提性工作，有利于我们拒斥机械论的思想倾向。

（一）在人类思想史上的革命性意义

马克思历史规律理论产生于19世纪，首先有必要把这一理论放到人类思

想史的发展历程与逻辑中进行审视，准确揭示出其理论地位。人类对于历史规律问题的探索经历了一个漫长的过程。由于与马克思历史规律理论的创立有紧密联系的是西方哲学传统，所以此处不打算涉及中国哲学对这个问题的看法，而是主要从马克思以前西方哲学史的发展脉络中探讨这位思想家对历史规律理论的革命性变革。可以说，如果没有划时代的革命意义，马克思历史规律理论的科学性就难以保证。而对马克思历史规律理论的机械论解读倾向的产生，与不能正确领悟马克思在人类思想史上的哲学革命的表现及其原因有着很大的关系。如果我们清楚马克思所实现的革命性变革之所在，那么，自然不会再以机械论的视角来解释马克思历史规律理论。这种理论上的"倒退"何其荒谬！

早在古希腊罗马时期，一部分哲学家热衷于探讨宇宙万物的本原问题，对世界做出了朴素的唯物主义的解释；而另一些历史学家则对人类自身的活动表现出兴趣，他们不仅以独特的方法记载大量的具体历史事件，更注重从其发展历程中揭示这些事件发生的前因后果。这两方面的研究成果对于历史哲学而言具有开辟性的思想史意义，但其缺陷也很明显，即带有一定的宿命论色彩，表现为往往以某种超历史的意志或力量来解释社会历史的发展。

中世纪的神学历史观把这个文化传统发展到了极端。以奥古斯丁为主要代表的教父哲学虽然形成于古罗马帝国时期，但就其思想意识形态而言则应归于中世纪，它通过以新柏拉图主义论证基督教教义而为上帝创世论奠定了理论基础。奥古斯丁认为，"上帝之城"与"世俗之城"两大阵营的斗争构成了人类历史，而这一历史的发展完全是由上帝的意志来决定的。以托马斯·阿奎那为代表的经院哲学，借助于亚里士多德哲学的理性形式，建立起了系统的神学历史观。这种历史观提出，上帝是安排宇宙秩序的"第一推动者"和"必然的实体"，决定着人类历史的运动变化及其因果关系。

文艺复兴吹响了人文主义的号角，预示着近代历史哲学的创立。维柯的《新科学》开创了从人类自身出发审视社会历史及其共同规律的传统。他不仅强调，人类世界是由人类自己而不是由上帝创造出来的，而且说明了以人类的共同本性为基础的历史必然性。当然，维柯只是采取与人的发育相类比的方法来阐述人类历史发展的三个阶段，并未能科学阐释历史发展的内在规律。①

18世纪法国启蒙思想家从人与环境的关系出发探讨历史的发展问题。"人是环境的产物"命题是唯物主义反映论的观点。孟德斯鸠提出"地理环境决定论",认为土壤、气候、地域等自然条件对民族性格、宗教性质、政治生活和商业发展具有重大的制约作用。这种自然主义的历史观忽视人对环境的改造作用,并不能解释复杂的社会生活。为反对君主专制和宗教神学,爱尔维修等人将目光转向社会环境。他们提出,社会环境决定风俗和道德,支配着人的意志,只有通过变革政治法律环境才能实现对人的改造。而要改变"人们的偏见统治世界"的社会状况,必须依靠天才人物的理性、知识来领导立法和教育才能实现,从而陷入"意见支配世界"的唯心史观。这样,就产生了关于"人是环境的产物"与"意见支配世界"的"二律背反"。

值得强调的是,卢梭认为,人在自然状态下是平等的,但在社会状态中人们由于交往和互相评价而产生的"意见",构成了不平等的最初起源;而随着冶金术和农业技术的发明,建立在劳动基础上的私有制开始出现,于是承认不平等的观念和法律被固定化,少数人追求利益的行动驱使整个人类忍受奴役和贫困。显而易见,如果撇开其中的"意见支配世界"痕迹,卢梭的思想与马克思的历史观具有某种相似之处。而沿着卢梭开辟的进路,19世纪空想社会主义者和法国复辟时期的历史学家深信:只有用财产关系才能合理说明政治法律制度,而由财产关系所造成的经济利益的斗争,是推动历史发展的重要动因。遗憾的是,他们和卢梭一样,最终都未能真正突破以"人的智慧"或"人的天性"来解释历史进程的范式。

由此,寻找历史发展的根源,需要在人性之外找到既能制约"环境"又能制约"意见"的因素。黑格尔通过以一种宏大的历史感作基础的思维方式,论证了这一因素就是"绝对精神"。在黑格尔的眼中,人类历史是按照客观规律来运行的,所谓世界历史不外是绝对精神自身的辩证运动罢了,而历史必然性表现为其始终受到绝对精神的支配。如此一来,历史规律就被赋予了神秘化的色彩。对于这个思想,恩格斯评价道:"黑格尔的思维方式不同于所有

---

① 参见陈先达:《走向历史的深处》,中国人民大学出版社2016年版,第4—5页。

其他哲学家的地方，就是他的思维方式有巨大的历史感做基础。形式尽管是那么抽象和唯心，他的思想发展却总是与世界历史的发展平行着，而后者按他的本意只是前者的验证。真正的关系因此颠倒了，头脚倒置了，可是实在的内容却到处渗透到哲学中……他是第一个想证明历史中有一种发展、有一种内在联系的人，尽管他的历史哲学中的许多东西现在在我们看来十分古怪，如果把他的前辈，甚至把那些在他以后敢于对历史作总的思考的人同他相比，他的基本观点的宏伟，就是在今天也还值得钦佩。……这个划时代的历史观是新的唯物主义世界观的直接的理论前提。"①

在黑格尔之后，历史学的一大任务，是在"绝对精神"之外找到历史的真正根源，真实揭示反映历史的本质内容和特性的内在规律。比如，费尔巴哈做过这样的努力，但却以失败告终。这个任务的真正解决，是由马克思来实现的。通过对西欧资本主义社会的现状、历史和未来的研究，马克思解决了前人没有解决的问题。他不仅超越了古希腊和中世纪思想家对历史规律问题的认识，还以一种全新的历史观创造性地扬弃了文艺复兴以来的近代西方历史哲学，在西方哲学史上第一次揭示出历史本身所蕴含的社会基本矛盾运动规律。

马克思历史规律理论的创立，真正实现了人类思想史上的哲学革命。这一革命性意义至少表现在以下两大相互联系的方面：一是从现实生活世界的物质生产中找到了历史的真正发源地，超越了古希腊以来用理念、实体、上帝、绝对精神、自然物质等为原初范畴所构建的历史学解释范式；二是对生产力与生产关系、经济基础与上层建筑的矛盾运动的阐明，对历史规律与人的主体性的关系的厘清，不仅彻底扬弃了对历史的宿命论或机械论解读，而且完全克服了以抽象人性来说明历史和历史规律的观点的局限性。可以说，马克思在探索历史规律问题过程中的哲学革命，为人类把握历史的根源及其发展动力等问题提供了科学的思想基础。这难道不就是在表明，马克思从根本上超越了包括机械论历史观在内的一切错误历史观吗？

那么，马克思为何能够实现对历史规律理论的革命性变革？这不仅与他所创立的"实践的唯物主义"理论立场紧密相关，同时也离不开对科学方法

---

① 《马克思恩格斯文集》第2卷，人民出版社2009年版，第602页。

论原则的坚持。如果说前者明确了马克思不同于其他哲学家的理论出发点，那么，后者则为其发现社会基本矛盾运动规律、创立科学的历史规律理论提供了方法论依据。立足于"实践的唯物主义"的理论立场，他化解了旧唯物主义与唯心主义的冲突，解决了"人是环境的产物"与"意见支配世界"的"二律背反"。在此基础上，由于坚持理论斗争和实践批判相统一、从批判旧世界中发现新世界、唯物的历史辩证法等方法论原则，马克思进一步敏锐地发现了历史的真实规律，从而划时代地实现了关于历史规律的哲学革命。

（二）在马克思"两个发现"中的地位

要避免陷入机械论的话语泥潭，不仅需要准确说明马克思历史规律理论在人类思想史上的革命性价值，同时还要深入研究这一理论在马克思思想乃至整个马克思主义理论体系中的地位。如果没有弄清楚后一个问题，我们如何能站在发展21世纪马克思主义的高度合理地谈论"以创新性思维消解关于马克思历史规律理论的机械论倾向"问题？由于马克思思想显然是构成马克思主义基本原理的主体内容，所以如果能够准确揭示出这一理论与马克思思想之间的关系，厘清前者在后者中的理论地位和价值，那么，它在马克思主义理论体系中所处的地位也就不言而喻了。

马克思的思想涉及方方面面的内容。恩格斯曾指出："马克思在他所研究的每一个领域，甚至在数学领域，都有独到的发现，这样的领域是很多的，而且其中任何一个领域他都不是浅尝辄止。"[①]马克思的研究兴趣非常广泛，涉及历史学、法哲学、政治经济学、思想史、社会学、数学等众多的领域，而且难能可贵的是，对于这些领域的考察，他通常都并不是浅尝辄止、蜻蜓点水，而是大多产生了自己的深刻见解。通过对各个领域的深入研究，马克思形成了博大精深的思想，这些思想的总体被后人概括为"一个庞大的理论体系"。那么，在马克思的全部思想中，历史规律理论究竟处于什么样的地位？只有结合马克思一生中最重要的理论贡献——"两个发现"，才能深刻理解这个问题。

何为"两个发现"？恩格斯在《在马克思墓前的讲话》一文中概括道：

---

① 《马克思恩格斯文集》第3卷，人民出版社2009年版，第601—602页。

马克思不仅"发现了人类历史的发展规律"(第一个发现),而且"发现了现代资本主义生产方式和它所产生的资产阶级社会的特殊的运动规律"(第二个发现),而"一生中能有这样两个发现,该是很够了"。① 学术界则通常把"两个发现"的内容归结为"唯物主义历史观"和"剩余价值理论"。这种理解也有相应的文本依据,那就是恩格斯的《社会主义从空想到科学的发展》(最早出自《反杜林论》,作者将其中的若干章改编时并未对此处文本进行改动)的一段表述:"这两个伟大的发现——唯物主义历史观和通过剩余价值揭开资本主义生产的秘密,都应当归功于马克思。由于这两个发现,社会主义变成了科学。"②

比较恩格斯的两处文本,对于"第一个发现"而言,具有狭义和广义的两种理解:"人类历史的发展规律"与"唯物主义历史观"。两者并不是冲突的,而是具有本质一致性。这种一致性表现在,马克思发现人类历史规律的过程,也就是创立唯物主义历史观的过程。恰恰是因为这个原因,有学者在概括马克思的"第一个发现"时,就把两者结合起来进行论述:"揭示了人类历史的发展规律,发现了唯物史观。"③ 当然,"唯物主义历史观"的外延显然要更大,它除了包含"人类历史的发展规律"以外,还包括其他内容。这从论述的先后顺序也可以看出。再来看对"第二个发现"的表述。两处文本其实并没有什么实质性的差异,所谓"通过剩余价值揭开资本主义生产的秘密",就是发现"资产阶级社会的特殊的运动规律"。所以对于这个发现,我们姑且可以统一理解为"资产阶级社会的特殊的运动规律"。

从"两个发现"出发审视历史规律理论在马克思思想中的地位,要根据对"第一个发现"的不同理解分别进行阐述。当我们把它解释为"人类历史的发展规律"时,历史规律理论就相当于"第一个发现",此时,它与"第二个发现"是什么关系?所谓"资产阶级社会的特殊的运动规律",指的是这一社会的基本矛盾运动规律,也就是历史规律在资本主义条件下的实现方式。

---

① 《马克思恩格斯文集》第3卷,人民出版社2009年版,第601页。
② 《马克思恩格斯文集》第3卷,人民出版社2009年版,第545—546页。
③ 王伟光:《学习和掌握马克思两个伟大发现的重要意义》,载《马克思主义研究》,2016年第8期。

正如我们多次谈到的，马克思在1844—1846年通过提炼这一特殊规律才发现历史的一般规律，但是在发现历史规律以后就继续用来指导他的研究工作，通过在《资本论》中创立剩余价值理论，全面深化对资本主义社会基本矛盾运动规律的认识。由于"第一个发现"与"第二个发现"之间是一般与特殊的关系，所以在某种意义上，后者也是历史规律理论的一个组成部分。哪怕是退一步讲，历史规律理论只相当于"第一个发现"，但是由于它与后者的本质联系，由此可以肯定的是，历史规律理论是"两个发现"中的最重要的内容。

那么，当我们把"第一个发现"理解为"唯物主义历史观"时，历史规律理论在其中处于何种地位？这首先涉及对唯物主义历史观的核心观点的理解。有学者把它概括为"三大基本观点"——生产的观点、阶级的观点、群众的观点，并强调如果不承认马克思的"阶级的观点""就等于阉割了唯物史观"[①]。我们认为，唯物主义历史观包括三个部分的核心观点：一是关于广义的经济基础（生产力与生产关系的总体）决定社会历史的"历史基础论"；二是关于社会基本矛盾运动构成历史发展根本动力的"历史规律论"；三是关于人民群众是创造历史的主体的"历史主体论"。这与上述的"三大基本观点"说的区别在于，我们把"生产的观点"一分为二为"历史基础论"和"历史规律论"，而把"阶级的观点"归入"历史规律论"。主要原因包括：其一，"历史基础论"与"历史规律论"虽有本质关联，但是也要加以区分，否则很有可能会导致把历史的前提条件和历史发展的动力混为一谈；其二，我们在谈论唯物主义历史观时，当然不能忽视马克思的阶级斗争学说，只是由于阶级斗争学说本身以社会基本矛盾理论为根据，后者相对而言具有逻辑先在性，所以在此把它看成"历史规律论"核心观点的延伸似乎更为妥当。

在这种意义上，历史规律理论构成唯物主义历史观的核心观点之一，那么，它与"历史基础论"和"历史主体论"分别是何种关系？在历史规律理论中，生产力与生产关系的矛盾具有根本性，而这个矛盾的两个方面总和恰恰构成历史的基础。没有客观的历史基础，就不会有历史规律；而没有历史规律，历史基础就成了静止的、抽象的"空洞物"。也就是说，"历史基础论"

[①] 王伟光：《学习和掌握马克思两个伟大发现的重要意义》，载《马克思主义研究》，2016年第8期。

构成"历史规律论"的前提条件,反过来后者又是前者具有现实性、彰显价值的体现,这揭示了它们之间的本质关系。再来看"历史规律论"与"历史主体论"的关系。对历史规律与人的主体性关系的详细论证,事实上已经说明了这个问题。历史规律不是外在于人的,其客观性奠基于主体选择的合力的客观性之上;而另一方面,也不能忽视历史规律对主体活动的作用,人们并不能随心所欲地创造历史,如果历史完全由偶然性控制,那么,人的活动就表现为纯粹的盲目性。"历史规律论"的缺失,将导致"历史主体论"变得不可理解,反过来也是一样。由此可见,关于历史主体的思想与历史规律理论是相辅相成、不可分割的关系。

归结起来,在唯物主义历史观的三个部分核心观点中,在"第一个发现"中,历史规律理论处于不可替代的地位。"历史规律论"使"历史基础论"和"历史主体论"变得更加真实,从而使得唯物主义的历史观变得更加真实。至少可以肯定的是,没有历史规律理论,"第一个发现"就不复存在。结合前面所论证的,历史规律理论与"第二个发现"是一般与特殊的关系,由此可见,它构成"两个发现"的核心内容。

总而言之,无论是对"第一个发现"作何种理解,都可以看出一个事实:如果没有历史规律理论的创立,马克思一生中最重要的理论贡献——"两个发现",就无从谈起。在第一种情况下,历史规律理论是"两个发现"中的最重要的内容,它对于马克思主义的极端重要性可想而知;在第二种情况下,这一理论是"两个发现"的核心内容,因而也构成整个马克思主义的理论核心。

(三)在20世纪社会主义国家的实现程度

关于马克思历史规律理论的机械论倾向,不仅体现在思维认识方面,更体现在实践运用方面。马克思曾说:"理论在一个国家实现的程度,总是取决于理论满足这个国家的需要的程度。"[①]对此,我们可以适当做一些拓展。同样的道理,马克思历史规律理论在社会主义运动中实现的程度,总是取决于这一理论满足运动的需要的程度。立足于实践运用的维度,考察马克思历史规律理论在发展的过程中满足世界社会主义运动的需要的程度,能够帮助我们

---

① 《马克思恩格斯全集》第3卷,人民出版社2002年版,第209页。

更加清晰地从正反两个方面理解机械论倾向的误区。要彰显马克思历史规律理论的价值性，应当借助于实践论证来从"事实"角度看"价值"。关于历史规律理论在马克思之后的社会主义实践中究竟是被"证实"（能够满足实践需要）还是被"证伪"（不能满足实践需要）的问题，在理论界尚且存在较大的认识争论。对于这个问题的回答，不仅关系到如何看待马克思历史规律理论的实践价值，更关乎为中国社会主义道路的合理性作辩护的问题。

从19世纪来看，马克思创立历史唯物主义的历史规律理论，是解决欧洲社会时代课题的客观需要。资本主义社会为何存在异化劳动现象和爆发周期性的经济危机？资本主义向何处去？欧洲工人运动的出现以及它们频频遭遇失败的原因何在？无产阶级向何处去？这些都是马克思迫切需要回答的时代课题。而只有发现社会基本矛盾运动的历史作用，马克思才有可能正确回答其所处时代的这些理论和现实问题，才能为无产阶级运动提供科学的思想指导。正是由于揭示了历史演进的内在规律，马克思得以创立科学社会主义理论，实现社会主义从空想到科学的发展。关于这个判断的依据，恩格斯在《社会主义从空想到科学的发展》一文中已经说得很清楚。所以，马克思历史规律理论对于19世纪无产阶级运动，有着不可替代的历史地位，这是毋庸置疑的。

关键的问题在于，这一理论在20世纪的世界社会主义运动中，特别是在俄国和中国的社会主义实践中，究竟产生了什么样的作用和影响？换言之，以俄国和中国为代表的20世纪社会主义实践，究竟是"证实"还是"证伪"了马克思历史规律理论？有论者指出，俄国和中国在没有实现发达的资本主义文明的条件下进行社会主义革命，走上社会主义道路，表明马克思历史规律理论是错误的。事实恰好相反，如果我们把马克思所揭示的历史规律理解为"五种社会形态"线性更替的机械铁律，那么，这两个国家所走的社会主义革命道路在马克思的思想里是找不到恰当的支撑根据的。但是，如果我们能够正确认识到历史规律就是社会基本矛盾运动规律，那么，上述论据不仅没有违背马克思历史规律理论，反而从实践上说明了这一理论的实现程度，证明了它的真理性和科学性。下面再来详细展开对该结论的论证。

马克思曾指出，随着地域的个人逐步为世界历史性的个人所取代，共产主义革命的发生"只有作为占统治地位的各民族'一下子'同时发生的行动，在经验上才是可能的，而这是以生产力的普遍发展和与此相联系的世界交往为前提的"①。这就是我们通常所说的关于社会主义革命的"多国同时发生论"（资本主义文明国家）。所谓"以生产力的普遍发展和与此相联系的世界交往为前提"，表明"多国同时发生论"的判断根据是社会基本矛盾运动规律。恩格斯在《共产主义原理》第十九条中说得更清楚：无产阶级革命不能单独在一个国家发生，"共产主义革命将不是仅仅一个国家的革命，而是将在一切文明国家里，至少在英国、美国、法国、德国同时发生的革命"②。恩格斯得出这一结论所依托的主要依据有两点：一是大工业建立的世界市场，使得各文明国家的人民依存程度空前加深；二是在这些发展程度类似的国家里，无产阶级和资产阶级的斗争都成了社会的主要斗争形式。很明显，这两点依据都与大工业所带来的生产力和生产关系的变化有着直接的关系。

在晚年，马克思虽然提出经济文化相对落后的俄国可能跨越资本主义"卡夫丁峡谷"，但是其前提条件是西欧无产阶级革命已经同时取得了胜利。而列宁根据资本主义从自由竞争发展到垄断的新特点，创造性地发展了马克思的观点，提出著名的"一国胜利论"（经济文化相对落后国家）。在《论欧洲联邦口号》中，列宁深刻论述道："经济和政治发展的不平衡是资本主义的绝对规律。由此就应得出结论：社会主义可能首先在少数或者甚至在单独一个资本主义国家内获得胜利。"③这个观点与马克思的思想的相同点在于，二者的逻辑根据都是关于社会基本矛盾运动的历史规律，而造成两种不同的结论的根源，则在于社会历史条件的深刻变化。所以说，两种观点都具有历史合理性。这也是我们一直强调要结合具体的社会历史条件来审视历史规律的原因所在。

在列宁"一国胜利论"的直接指导下，俄国不仅发生了十月革命，而且在革命基础上建立了苏维埃政权。对此，有学者深刻指出："十月革命从实践上突破了西欧'五种社会形态依次更替'的特殊规律，却进一步证明了马克思所揭示的人类历史发展规律，即他和恩格斯反复强调的社会基本矛盾运动

---

① 《马克思恩格斯文集》第1卷，人民出版社2009年版，第539页。
② 《马克思恩格斯文集》第1卷，人民出版社2009年版，第687页。
③ 《列宁专题文集 论社会主义》，人民出版社2009年版，第4页。

规律。"①20世纪初，由于新科技革命和生产力的飞速发展，以生产和资本的集中为基础的垄断资本主义生产关系得以形成，而这又进一步激发了资本主义社会的基本矛盾。由此，资本主义发展到了帝国主义阶段。与这一阶段相对应的严重后果是，各国经济和政治发展的不平衡，必然导致帝国主义之间矛盾的加剧，引发争夺殖民地的战争。这时，革命就有可能在俄国这样的帝国主义链条上的薄弱环节取得突破。当时的俄国，由于资产阶级临时政府的无能统治，各种社会矛盾变得极其尖锐，工人阶级表现出强大的革命性。这说明了十月革命的爆发具有客观性，这种客观性奠基于作为历史主体的无产阶级的合力的客观性之上。

十月革命使社会主义从理论变为现实，产生了深远的世界影响。与俄国相类似，中国在不经过资本主义充分发展的前提下走上社会主义道路，是由历史规律的理论逻辑和中国的现实逻辑共同决定的。在这个意义上可以说，中国基本继承了十月革命的成功经验。早在明朝中后期，我国就已出现资本主义的萌芽，但是在封建制度下其发展速度极其缓慢。鸦片战争的爆发是中华民族由盛转衰的转折点。它开启了中华民族被奴役的百年屈辱史，导致中国陷入一个内忧外患的黑暗历史时代。帝国主义国家为缓和国内的社会基本矛盾，加快对华侵略和攫取政治经济利益，造成中华大地山河破碎，使中国人民遭受了人类历史上的罕见苦难。中国向何处去？中国人民如何才能取得反抗封建统治和外来欺凌的彻底胜利？由于中国的生产力遭到了极大的破坏，因而，从根本上改变生产关系和上层建筑成为时代的迫切要求。但是，诸多仁人志士和先进分子并无力改变这种状况。事实证明，资本主义的救国方案并不适合中国的国情。在十月革命的直接影响下，中国共产党得以成立，并逐步领导人民进行民主革命和社会主义革命，走上了社会主义道路。人民民主专政的国家政权和社会主义制度的确立，不仅改变了上层建筑，同时也使国家经济生活的基础发生了彻底的改变。

当然，中国的社会主义并非马克思所设想的共产主义的第一阶段，即建立在发达资本主义文明基础上的社会主义（关于这一点，我们以后在说明"社

---

① 陈锡喜：《十月革命所体现的历史偶然性和必然性的统一及其启示》，载《决策与信息》，2017年第10期。

会主义初级阶段"问题时再展开论证）。这是一种全新的社会主义，是一种符合社会基本矛盾运动规律与中国的社会历史条件的社会主义。为了补资本主义文明的课，我国以大规模的社会主义建设推动经济发展，有力提升了生产力。而生产力的发展，又对我国的生产关系和上层建筑提出了新的要求。改革就是要完善社会主义的经济、政治等各方面的制度，协调社会基本矛盾各个构成要素之间的关系。

而反观"苏联模式"的社会主义，导致这一模式失败的原因有很多，但是一个十分重要的原因在于它违背了马克思历史规律理论，确切地讲，是对马克思历史规律理论作了机械化的运用。我们必须充分肯定"苏联模式"的社会主义历史地位：它是人类史上全面建立社会主义制度的首次尝试，标志着社会主义由理论、运动发展为一种具体的制度，在社会主义运动史上留下了光辉的一笔；在较短的时间内，推动了国家的工业化和农业集体化的进程；对反法西斯战争发挥了重要作用；在二战后有效促进了苏联经济的恢复；等等。但是更不能忽视，随着生产力的发展，这个模式下高度集中的政治经济体制和意识形态，逐渐背离了生产力的发展要求。然而，斯大林没有正视矛盾的发生，他以一种机械论的思维理解历史规律，强调生产关系同生产力、上层建筑同经济基础已经完全适应。这种意识形态，排斥对社会主义建设的不同探索，从而导致从特殊历史条件形成的"苏联模式"的凝固化。社会主义社会基本矛盾的解决只能依靠改革。令人遗憾的是，在斯大林之后的苏联领导人，要么就是不能进行有效的改革，要么就是通过所谓的"彻底的改革"抛弃了社会主义的基本原则和意识形态，这是苏联解体的深层次根源。就此而论，苏联的解体不但没有证伪马克思的历史规律理论，反而从反面证明了这一理论的科学性。

中国的情况则完全不同。党的十一届三中全会开启了我国的社会主义改革历程，开辟了中国特色社会主义道路。中国的改革最早始于农村，其标志是家庭联产承包责任制的确立。作为社会主义集体经济的生产责任制，这一制度的基础是土地公有制，其主要形式为包产到户、包干到户。通过改变以生产队为单位的生产模式，我国农村的生产关系得到调整完善，这进一步解放和发展了农村的生产力。通过改变现有的经济体制使农村的经济基础适应于农业生产力的发展，是农村改革之所以取得成功的根本原因，而这为推进以城市为重点的整个经济体制改革提供了有益的经验。

1956年以后，我国已经消灭了剥削制度，社会主义建设也取得了大量的成绩，但是不能否认的是，在一个比较长的时期内，"社会主义更有利于发展生产力"的优越性并没有得到充分的体现。之所以会这样，"一个重要的原因，就是在经济体制上形成了一种同社会生产力发展要求不相适应的僵化的模式"[1]。我们自然不能否定计划经济体制的历史合理性，但是也应看到，随着我国生产力的发展，这种体制的弊病也日渐显露，这主要表现在：在这一体制下，国家对经济生活的干预过多过死，自上而下的"条块分割"现象比较严重，行政机关的管理职能与企业的经营职能没有实现有效分开，忽视商品经济的功能和市场的调节作用，分配上坚持平均主义等。

为解决这些弊端和问题，党的十二届三中全会通过《中共中央关于经济体制改革的决定》。这不仅标志着改革重心实现由农村向城市的转移，更是明确了我国社会主义改革的主攻方向和目标，具体来讲，那就是：把增强企业活力作为中心环节，发展公有制基础上的有计划的商品经济，推进政企职责分开、积极发展多种经济形式。在此基础上，党的十四大进一步指明了建立社会主义市场经济体制的方向，而到20世纪末我国得以完成经济体制从计划到市场的转轨。在推进经济体制改革的过程中，我国社会主义经济发展的活力日益涌现，这同时带动了政治、文化等方面的改革。一言以蔽之，改革是适应我国社会基本矛盾运动的需要。"我们改革经济体制，是在坚持社会主义制度的前提下，改革生产关系和上层建筑中不适应生产力发展的一系列相互联系的环节和方面。"[2]进而言之，我们当前所推进的"全面深化改革"，是为了解决生产力和生产关系、经济基础和上层建筑之间新的矛盾的积累而实行的。比如，市场与政府、民主与法治、利益分化和公平正义、经济发展和生态保护之间等一系列矛盾，都是社会基本矛盾的具体表现，因而必须通过改

---

[1] 《十二大以来重要文献选编》（中），中央文献出版社2011年版，第50页。
[2] 《十二大以来重要文献选编》（中），中央文献出版社2011年版，第51页。

革来化解这些矛盾。①由此可断定，中国的社会主义改革从正向维度有力彰显了马克思历史规律理论在社会主义运动史上的实践指导意义。

二、马克思历史规律理论对发展 21 世纪马克思主义的意蕴

附在马克思历史规律理论之上的机械论和教条主义话语的产生，与未能把握历史规律即社会基本矛盾运动规律的现实价值有着内在的联系。要剔除这些话语，推动马克思历史规律理论在新的时代条件下的创新发展，还必须准确揭示它对于发展 21 世纪马克思主义的意蕴。如何深刻认识"21 世纪马克思主义"这个新的研究范畴？它与"当代中国马克思主义"有何区别和联系？如何站在发展 21 世纪马克思主义的理论高度分析马克思历史规律理论的价值？这是需要进一步深入思考的问题。

（一）"21 世纪马克思主义"释义

早在 20 世纪末 21 世纪初，就有学者开始探讨马克思主义在 21 世纪的前途命运、历史使命和实践走向等问题。然而，在这些成果中，"21 世纪马克思主义"并没有被看成一个具有独立形态的研究范畴。随着人类社会在 21 世纪的推进，在近 10 多年来，这似乎又成了一个鲜有人问津的课题。如今，这一状况正在发生改变。自 2016 年以来，陈锡喜、梁树发、秦宣、张国祚、任平、钟明华等学者纷纷以"21 世纪马克思主义"为独立研究对象，发表了一些颇具见解的学术成果。从发展 21 世纪马克思主义的视阈审视马克思历史规律理论的发展，首先有必要对"21 世纪马克思主义"进行释义。而只有从"21 世纪马克思主义"与"当代中国马克思主义"的比较中，把握"21 世纪马克思主义"的外延、内涵与发展主体，才能深刻理解"21 世纪马克思主义"。

在 2016 年 5 月 17 日，习近平提出我国哲学社会科学的一项重要任务就是"继续发展 21 世纪马克思主义、当代中国马克思主义"②。在庆祝建党 95 周年大会上，他更是提出"不断开辟 21 世纪马克思主义发展新境界，让当代中国马

---

① 参见陈锡喜：《意识形态：当代中国的理论和实践》，中国人民大学出版社 2018 年版，第 97 页。

② 习近平：《在哲学社会科学工作座谈会上的讲话》，人民出版社 2016 年版，第 10 页。

克思主义放射出更加灿烂的真理光芒"①。在主持中共中央政治局第四十三次集体学习时，习近平再次强调"发展21世纪马克思主义、当代中国马克思主义"②的命题。我们不禁要问，把"21世纪马克思主义"与"当代中国马克思主义"并列使用的用意何在？如何看待这两个范畴的联系和区别？有学者认为："21世纪的马克思主义也就是当代中国的马克思主义。"③这种观点有其合理性。作为马克思主义在21世纪最鲜明的表现形态，当代中国马克思主义与21世纪马克思主义具有本质一致性。在坚持马克思主义基本原理和推进这些原理的时代化方面，两者是趋向相同的，它们"总体上是从两个相互关联的维度达到一个共同的目的，即不断'使马克思主义放射出更加灿烂的真理光芒'，为马克思主义真理宝库努力增添新的财富"④。但是与此同时，我们不仅要把握这种深层次联系，同时也要看到这两个范畴的区别，否则，"并列使用"就变为没有必要的"同义反复"了。

就外延来讲，"21世纪马克思主义"与"当代中国马克思主义"在对应的时空范围方面存在着明显的差异。从时间维度来看，前者与19世纪马克思和恩格斯的学说、20世纪在多国传播和发展的马克思主义相对应，指的是人类社会进入"21世纪"以后发展着的马克思主义。而当代中国马克思主义，指的是改革开放新时期形成的中国特色社会主义理论体系，这一体系发展的新形态是21世纪中国的马克思主义。相比较而言，21世纪马克思主义不仅是马克思主义在21世纪的时间延伸，更意味着这一理论从"中国"到"世界"的空间拓展。即是说，从空间维度来看，21世纪马克思主义既不局限于东方、也不局限于西方，而是属于"世界的"，是全人类共同价值的理论体现。总之，"21世纪的"和"世界的"共同从时空范围规定了"21世纪马克思主义"这一范畴的外延。

21世纪马克思主义的外延，决定了它的研究对象和研究内容的新特点。

---

① 《习近平谈治国理政》第二卷，外文出版社2017年版，第34页。
② 《习近平谈治国理政》第二卷，外文出版社2017年版，第65页。
③ 韩震：《如何理解21世纪马克思主义的价值》，载《光明日报》，2016年8月14日。
④ 胡涵锦：《创新发展21世纪马克思主义、当代中国马克思主义》，载《中国社会科学报》，2018年4月26日。

发展21世纪马克思主义，在研究对象和内容上，不仅需要研究中国的问题，还需要进一步研究全球范围内的世界性问题；不仅需要研究社会主义社会的问题，还有必要深入研究资本主义社会以及两种社会形态之间的关系问题。同样重要的是，作为走向"21世纪"的马克思主义，应当直面"21世纪的问题"。每一个时代都有属于自己的问题，21世纪有21世纪的问题。在不同的时代，问题可能具有延续性，但是也可能发生一定的或者是显著的变化。那些由于时代变化所带来的新情况、新问题，不仅不能作为否定马克思主义科学性的缘由，反倒为这一思想的创新发展提供了实践依据。马克思主义理论研究，如果不能有效抓住21世纪的现实问题，当然会停滞不前、无所建树。发展21世纪马克思主义，必须树立强烈的问题意识，正视、找准和化解存在于21世纪的迫切问题。① 我们需要认真研究：哪些问题是从20世纪延续下来的，这些得以延续的问题是否因为时代条件的变迁而具有不同的表现形式？哪些问题是新出现的问题，这些问题在21世纪呈现出什么样的体现时代要求的特征？对这些问题的深入研究，有利于解释发展21世纪马克思主义的必要性和可能性。

时空条件的变化导致了外延的改变，因此，我们有必要重新审视"21世纪马克思主义"的基本内涵。"发展21世纪马克思主义，是要把对中国社会主义发展规律的认识升华为对人类社会发展规律的认识。"② 如果说"当代中国马克思主义"在内涵上是关于当代中国社会发展规律的思想结晶，那么当我们谈论"21世纪马克思主义"的内涵时，它不仅包括前面一层涵义，更是意味着对人类社会发展规律认识的深化。在某种意义上，发展21世纪马克思主义，是要凸显中国的发展规律的马克思主义理论逻辑：以前我们更为强调中国发展道路的特殊性，而进一步彰显中国发展规律对世界的贡献，则有利于突出中国社会主义道路所蕴涵的普遍性基础，有利于明确中国特色社会主义的马克思主义属性。

---

① 参见梁树发、李德阳：《发展21世纪马克思主义路径的思考》，载《思想理论教育导刊》，2017年第3期。

② 陈锡喜：《关于发展21世纪马克思主义的若干思考——学习习近平总书记在哲学社会科学工作座谈会上的讲话》，载《思想理论教育》，2016年第8期。

马克思从对19世纪西欧资本主义社会的基本矛盾的批判中，提炼出人类社会历史的普遍规律。这种产生于欧洲的历史规律学说何以能适用于其他的民族和国家？在马克思的视阈下，欧洲资本主义社会化大生产和资本的扩张，把各民族由"地域历史"推向了"世界历史"，从而使得对资本主义社会基本矛盾的解决关乎整个人类的前途命运。如此一来，产生于特殊社会历史条件下的历史规律理论，就具有了普遍的科学意义。但是，历史规律的普遍性存在于实践条件的特殊性之中。社会基本矛盾运动只有和具体的历史条件相结合，才能构成历史运动的真实动因，也就是说历史规律的实现取决于它所处的历史环境。其实，在20世纪，无论是在俄国还是在中国，马克思历史规律理论之所以得以彰显价值，都归功于这一特殊理论的民族化和文化适应过程。

发展21世纪马克思主义，最根本的是要聚焦于认识和把握人类社会历史发展规律的主题，"深化对人类社会发展规律的探索"[①]。这就需要深入揭示历史规律在21世纪的实现方式，把对中国特色社会主义社会的基本矛盾的认识，扩展到对包括资本主义社会在内的整个人类社会发展到21世纪的特殊规律的认识。发展21世纪马克思主义的一项重要使命，就是"深刻阐明中国化马克思主义当代在场对于21世纪马克思主义的重大而独特的价值"[②]。经过长期的实践与检验，当代中国马克思主义从根本上回答了经典作家由于时代局限而未能回答的问题——关于"经济文化落后的国家如何建设社会主义"的问题。作为当今世界最大的以马克思主义为指导思想的国家，中国无疑是孕育和发展21世纪马克思主义的最佳场所。我们有必要从中国特色社会主义的实践出发，从中及时提炼、总结规律性的成果，通过把实践经验升华为理论而深化对21世纪人类社会发展规律的认识。那么，把对中国发展规律的认识升华为对人类社会发展规律的认识，何以具有可能性？

对此，主要可以从以下三个方面进行把握：其一，经济全球化、政治多极化、文化多样化、社会信息化的纵深发展，使得21世纪中国的问题越来越带上"世界性"的意义；其二，当代资本主义社会尽管在经济结构、阶级关系、

[①] 秦宣：《21世纪马克思主义的历史使命》，载《理论视野》，2016年第6期。
[②] 任平：《论"21世纪马克思主义"的出场路径与当代使命》，载《吉林大学社会科学学报》，2017年第6期。

分配关系等方面较之19世纪和20世纪发生显著的变化，但其内部生产社会化和资本私有占有之间的基本矛盾依然没有得到很好的解决，当代资本主义还面临着"向何处去"的时代课题；其三，当代中国的实践成绩斐然，中国特色社会主义道路为世界提供了一个"资本主义的替代方案"，为超越资本主义文明创造了可能性。总之，当今世界呼吁马克思主义的回归，21世纪的人类需要被实践证明了的关于发展中国特色社会主义的规律性认识。

最后来看发展主体。纵观马克思主义在20世纪的发展史，马克思主义政党（共产党）起了关键性的作用。政党是一定阶级或集团为维护其共同利益而组成的政治组织，它通常以特定的意识形态为指导理论。是否以马克思主义为指导意识形态，是否作为无产阶级或劳动人民利益的集中代表者，是区分马克思主义政党与其他政党的根本标志。在20世纪，无论是在俄国，还是在中国，马克思主义政党（共产党）都是本国马克思主义的创立主体和实践主体。今天发展21世纪马克思主义，也必须充分发挥世界各国马克思主义政党（共产党）的主体作用。

应当首先明确，对于发展21世纪马克思主义，中国共产党作为世界上最大的政党和最成功的马克思主义政党，具有主导性、决定性的影响。直接的原因在于，中国共产党是21世纪中国的马克思主义的发展主体，后者构成21世纪马克思主义最重要的表现形态。而从根本上讲，这是由中国共产党治国理政的实践活力所决定的。与世界上其他国家的政党相比较，中国共产党可以说是最有理由自信的。为什么说这一马克思主义政党"最有理由自信"？原因有很多，但最关键的一条，在于中国特色社会主义的实践有力彰显了马克思主义的当代价值，正在证明和预示马克思主义在21世纪的强大生命力。毋庸置疑，把对中国发展规律的理论思考提升为对人类社会发展规律的认识，最为根本的力量当然是中国共产党。承担主导21世纪马克思主义发展的主体责任，是中国共产党的当代使命。

当然，也不能不重视其他国家的马克思主义政党的贡献。既然存在中国化的马克思主义，那么也可能存在其他民族形式的马克思主义。在21世纪，我们应当有足够的气度去接纳可能产生的其他国家和民族的马克思主义。从数量上看，当今世界的马克思主义政党只有少数在社会主义国家，而绝大部分都在资本主义国家。有学者统计得出结论:"在当今资本主义世界192个国家中大约一半没有共产党,只有近100个国家共有130多个共产党,其中欧洲约60个,美洲32个,亚洲29个,非洲8个,大洋洲3个。"①这130多个共产党,理应在未来发展21世纪马克思主义的进程中占有一席之地。在此,有必要指出两点:一是资本主义各国共产党的力量发展很不平衡,其中在国内政治生活中影响较大的有印度共产党(马克思主义)、日本共产党、法国共产党、尼泊尔共产党(联合马列)等;二是有些共产党经过改名和所谓的"转型",强调民主社会主义或多元化的意识形态,或多或少背离了马克思主义的基本原理。发展21世纪马克思主义,需要真正坚持马克思主义为指导的政党贡献自身的力量和智慧。

另外,由于马克思主义本身兼具意识形态性和学术性,因此其创新发展不仅依赖于马克思主义政党的作用,同时离不开政党与理论界的良性互动。对于马克思主义的学术研究和理论阐释,能够为"作为一种政治意识形态的马克思主义"提供学理支撑。我们知道,马克思、恩格斯、列宁、毛泽东等马克思主义经典作家都具有非常深厚的理论素养。争夺马克思主义在21世纪的话语权,提升马克思主义话语体系在当今世界的影响力和感染力,迫切要求充分彰显各个国家的马克思主义理论工作者的作用。对于中国社会主义社会基本矛盾的阐发,中国马克思主义理论界的地位不可或缺;对于资本主义社会基本矛盾的解释,需要更加凸显资本主义世界中马克思主义研究者的理论贡献。当然,一个重要的前提是,我们应该学会准确区分谁是真正的马克思主义者、谁是打着马克思旗号的非马克思主义者甚至是反马克思主义者。比如,近年来一些学者主张的"有机马克思主义",由于是以怀特海的过程哲学为理论基础的后现代哲学,它与马克思的历史唯物主义之间的冲突是根本性的。具体而言,这种冲突之所以不可调和,在于过程哲学与马克思主义的本质差异:一是马克思主义与过程哲学都强调超越物质与精神的对立,但前者诉诸"实践",而后者却借助于"现实实有";二是马克思主义是彻底的唯物主义无神论,而过程哲学经常无所顾忌地谈论上帝(尽管是拒斥不变的、

---

① 高放:《当前要加强国际共运史研究》,载《当代世界与社会主义》,2015年第6期。

冷漠的、绝对的上帝），主张"怀特海式的自然主义有神论"；三是马克思认为社会基本矛盾的辩证运动构成人类社会发展规律，但过程哲学强调历史是不可捉摸的、无限开放的。总之，深入研究和揭示21世纪人类社会发展的特殊规律，离不开全球范围内的真正的马克思主义者的齐心协力。

（二）发展21世纪马克思主义须以高度的自信创新历史规律理论

"21世纪马克思主义"是事实性和价值性的统一。从人类社会迈进21世纪起，马克思主义就迎来了它的新的表现形态——21世纪马克思主义；但是，由于21世纪是一个长期的过程，所以发展21世纪马克思主义同时展现出理想性的一面，构成马克思主义者的一个美好的愿景。由于这种双重属性的存在，发展21世纪马克思主义，必须把坚定理论自信放在第一位。有学者在谈到"创新21世纪马克思主义必须着力研究的四个问题"时，第一条就是"必须对马克思主义的科学真理性真信和坚信"。① 与事实性的范畴相对应，要保持对于这一理论本身价值的自信；与价值性的范畴相对应，要坚定对这一理论发展的生命力的自信。只有在这两个方面同时拥有坚定的信念，才能提高发展21世纪马克思主义的理论自觉。如果不坚定对理论的价值及其生命力的自信，那么很显然，就没有发展21世纪马克思主义的必要了。

当然，把坚定理论自信作为发展21世纪马克思主义的第一要务，其必要性还来源于马克思主义在21世纪的现实境遇。在21世纪的中国，即使马克思主义中国化的进程成效显著，但是许多人在马克思主义是否已经过时、当代中国的理论和实践是否偏离了马克思主义、马克思主义是否是一种纯粹的意识形态说教等问题上依然存在着较多的理解偏差。与这种状况相比，在世界范围内，问题显然要严重得多。哪怕是在21世纪的西方社会，包括学者、政治家和普通民众在内的许多人，还是喜欢把马克思主义与所谓的"苏联共产主义"画等号，倾向于将其看成是与西式民主社会格格不入的"异端邪说"。马克思主义被冷遇的状况，在21世纪的国际金融危机爆发以后有了一些改善，但是实质性的改变依然没有发生。

总之，无论是21世纪马克思主义的基本属性，还是马克思主义在21世纪

---

① 张国祚：《创新21世纪马克思主义必须着力研究的四个问题》，载《马克思主义研究》，2017年第3期。

的实际境遇，都共同指向了一个迫切的要求：发展21世纪马克思主义，必须首先坚定理论自信。如果说，这两个方面的因素主要表明的是必要性，那么，历史规律理论的彻底性，则为坚定21世纪马克思主义自信提供了可能性。马克思历史规律理论对于发展21世纪马克思主义的意蕴，首先存在于其对于坚定后者的理论自信的价值之中。接下来再结合对马克思历史规律理论地位的分析，对此展开学理论证。

对21世纪马克思主义的价值及生命力的自信，最根本在于对马克思主义的"硬核"的自信。那么，什么是马克思主义的"硬核"，它与马克思历史规律理论有何关系？"硬核"一词，从波普尔的学生、"精致的证伪主义"代表人物拉卡托斯那里借鉴而来。根据拉卡托斯在《科学研究纲领方法论》中的描述，"科学研究纲领"才是科学的基本单元，"一切科学研究纲领都在其'硬核'上有明显区别"，而"硬核"是"不可反驳"的。[1] 撇开拉卡托斯的理论立场不谈，我们可以把"两个发现"归结为马克思主义的"硬核"。这是因为，如果把马克思主义看成一个研究单元，那么不难发现，"两个发现"是其区别于其他理论的本质内容，它实质上是"不可反驳"的。没有"两个发现"，马克思主义的其他内容就不复存在，甚至整个马克思主义理论大厦都会被推翻。除此之外，这里并没有在其他更多的意义上谈论马克思主义的"硬核"。

事实上，拉卡托斯的观点包含着内在的矛盾，表现为其既强调"硬核"不可反驳，又提出它在一定条件下必须被放弃。这与他把自然科学原理作为研究对象有关。然而，和拉卡托斯不同，我们并不允许马克思主义的"硬核"由于逻辑的或经验的原因而存在"崩溃的可能"。既然不管对"两个发现"作何种理解，历史规律理论都是其核心部分，那么也就意味着，马克思历史规律理论本身就构成马克思主义的理论硬核。只有赞同这个结论，才可以继续讨论坚定马克思历史规律理论自信对于坚定21世纪马克思主义自信的价值问题。

我们为何能够坚定对马克思历史规律理论的自信？究其原因，这是由这一理论的彻底性所决定的。何为理论的彻底性？马克思曾深刻指出："所谓彻

---

[1] ［英］伊姆雷·拉卡托斯：《科学研究纲领方法论》，兰征译，上海译文出版社2005年版，第56—57页。

底，就是抓住事物的根本。"①根据这个观点可知，理论具有彻底性与否，取决于它有没有抓住事物的根本，即真实反映了事物的本质内容和特性。历史的根本就是历史本身，要抓住历史的根本，必须清楚地认识到：历史不是上帝的历史，不是自然物质或者某个精神实体的历史，而是活生生的、有血有肉的人的历史。马克思不是把历史规律从外部强加于历史，而仅仅是从历史发展的内部必然性出发，阐明了历史本身所具有的客观规律。这一规律不仅不排斥和外在于人，而且其客观性存在于主体的选择合力之中，从主体方面来观照，它是人们自己的社会行动的规律。正是由于这个原因，马克思所揭示的历史规律才是真实的，他所创立的历史规律理论才是彻底的。

如果没有历史规律理论的彻底性，那么，马克思在人类思想史上的革命性变革，历史规律理论对于20世纪社会主义运动的实践意义，都将无从谈起。与此相对应，坚定对于马克思历史规律理论的自信，也只能沦为一句空话。马克思强调："理论只要说服人［ad hominem］，就能掌握群众；而理论只要彻底，就能说服人［adhominem］。"②"增强理论自信"与"使理论掌握群众"，具有同样的涵义。一种理论是否具有彻底性，是判断其能否"掌握群众"的先决条件。而理论要"掌握群众"，必须具有充分的说服力、感染力，能够"说服人"。根据马克思的思想逻辑，只要理论是彻底的，就能说服人，进而就能掌握群众，即坚定群众的理论自信。就马克思历史规律理论而言，由于它具有彻底性，所以才能够充分说服人和正确掌握群众。

结合前面的分析，最后可得出结论：马克思历史规律理论的彻底性，对于坚定这一理论的自信意义重大，而由于它本身还构成马克思主义的理论硬核，因此，其对于坚定21世纪马克思主义自信有着十分重要的价值。

从发展21世纪马克思主义视角解读马克思历史规律理论的当代意蕴，还要进一步回答历史规律理论创新与发展21世纪马克思主义的关系问题。"实现历史规律理论创新是发展21世纪马克思主义的题中之义"，是另一个重要意蕴的鲜明体现。这当然与"理论自信"的意蕴是不可分割的。既然历史规律理论构成马克思主义的理论硬核，那为何还要对其进行"创新"？这里有必

---

① 《马克思恩格斯全集》第3卷，人民出版社2002年版，第207页。
② 《马克思恩格斯全集》第3卷，人民出版社2002年版，第207页。

要区分马克思历史规律理论与马克思主义历史规律理论。马克思创立了关于社会基本矛盾运动的理论,在马克思以后,历史规律理论获得了发展,形成了马克思主义历史规律理论。从"马克思历史规律理论"到"马克思主义历史规律理论",本身就是理论创新的结果。

如果把"马克思主义历史规律理论"看作一个研究单元,那么在这个单元中,"马克思历史规律理论"是其"硬核",而其他部分则构成"保护带"。如同我们借鉴拉卡托斯的"硬核"范畴一样,在这里也可以在同样的理论前提下借鉴其"保护带"的概念。拉卡托斯的"保护带",指的是围绕着"硬核"所形成的辅助性假说,而为了保护"硬核"免遭证伪,它是可以被不断调整和完善的。① 这对于我们理解马克思主义历史规律理论也有重要的启发,对于这个理论而言,其"硬核"是不能被驳倒的,但是,在"硬核"的基础上通过理论创新而得到的思想,则可能会在新的历史条件下面临被进一步创新的可能。

为什么说作为"硬核"的马克思历史规律理论是不可被驳倒的?这难道不是要把这一理论机械化甚至是神圣化吗?如果做这种理解,那么则是对历史规律的"两副面孔"缺乏认识。事实上,关于社会基本矛盾运动的历史规律理论,由于坚决反对把历史规律看成抽象的空洞物,坚持"历史规律的普遍性存在于实践条件的特殊性之中"的理论前提,其本身就包含具体性、特殊性的内蕴,因而在基本原理和方法论原则方面具有无可比拟的科学性。它并非机械论眼中的与人类社会的真实历史无关的先验教条。这一理论本身就是自洽的。当然,我们决不能要求"马克思为解决他去世之后上百年、几百年所产生的问题提供现成答案"②。这实际上为发展马克思历史规律理论提供了必要性。

发展21世纪马克思主义是一项系统工程,可从多个方面共同发力,其中一个重要的方面,就是要结合21世纪的时代条件深化对历史规律理论的研究。如果不创新历史规律理论,就不可能真正发展21世纪马克思主义。这不仅是

---

① 参见[英]伊姆雷·拉卡托斯:《科学研究纲领方法论》,兰征译,上海译文出版社2005年版,第56、59页。

② 《邓小平文选》第3卷,人民出版社1993年版,第291页。

由历史规律理论在整个马克思主义理论体系中的地位所决定的，更与21世纪马克思主义的基本内涵紧密相关。要深化对21世纪的人类社会发展规律的认识，一是要深刻认识"什么是人类社会发展规律"问题，二是要正确把握"怎样实现人类社会发展规律"问题。要科学把握这两个相互联系的方面，必须坚持马克思历史规律理论的指导，并在新的时代条件下推动其创新发展。结合21世纪的实际对历史规律理论进行阐发，既有助于更加科学地坚持这一理论硬核，同时也有利于使21世纪马克思主义焕发出更大的生机和活力。这同样可从马克思主义发展史中看得出来。

诚然，随着马克思主义在俄国、中国等国家的民族化过程的推进，这一理论体系变得越来越丰富。斯大林虽然为马克思历史规律理论蒙上了一层机械论的面纱，但是从整个马克思主义发展史来看，可以肯定的是，无论是列宁主义，还是中国化马克思主义，都没有抛开关于社会基本矛盾运动的历史规律理论而另起炉灶。在这些理论场域下，社会基本矛盾运动思想，不仅没有被忽视，反而获得了长足的发展。在某种意义上可以说，马克思主义的每一个思想创新，都与对历史规律理论的创造性阐释和应用，有着直接或间接的关系。比如，关于社会主义市场经济体制的思想，是重视发展生产力的结果；关于科学技术是第一生产力的论断，是对生产力的构成和作用认识的深化；关于坚持物质文明和精神文明"两手抓"的观点，是把握经济基础和思想上层建筑对立统一关系的体现；关于社会主义改革的认识，是协调社会基本矛盾内部各要素之间的有机联系的产物；等等。由此而论，发展作为事实性与价值性之统一的21世纪马克思主义的一条题中之义，就是要以高度的理论自信不断推进马克思历史规律理论的创造性发展。

三、坚持问题导向与马克思历史规律理论的创新发展

忽视历史发展过程的内在矛盾，把历史看成是外力的机械运动的结果，是机械论世界观的主要特点之一。所以，奠基于这种世界观之上的历史规律理论，是与坚持问题导向不相容的。事实上，坚持问题导向是马克思主义的鲜明特点，而马克思历史规律理论创新的路径，蕴含于"发现问题→筛选问

题→研究问题→解决问题"的过程之中。发展21世纪马克思主义,决不能拒绝研究21世纪的问题,以问题导向推进马克思历史规律理论的创新发展,必须抓住剔除马克思主义发展史上的机械论痕迹、提升对21世纪实践的解释力、加强与各种当代思潮对话的能力等几个着力点。

（一）坚持问题导向是马克思主义的鲜明特点

何谓坚持问题导向？顾名思义,这就是要使事物向"问题"所引导的方向发展。因而要把握坚持问题导向的涵义,首先应当厘清"问题"的内涵和基本特征。所谓问题,就是矛盾的表现形式。正如毛泽东所言："什么叫问题？问题就是事物的矛盾。哪里有没有解决的矛盾,哪里就有问题。"①而矛盾是一个关系范畴,反映的是事物内部或者事物之间相互作用的一种状态。

与此相对应,矛盾的属性规定了问题的基本特征：一是问题是普遍存在的,具有不以个体的主观意志为转移的客观性；二是问题以对立的形式而存在,直接表现为对立面之间的相互斗争,但与此同时,亦不能否定其在特定的条件下所具有的相对同一的性质和趋势。如果说,只有承认问题的普遍性、客观性等属性,才能形成问题意识,那么以这种意识来进一步指导人们的认识和实践活动,则是坚持问题导向的体现。问题意识的生成是坚持问题导向的基础。坚持问题导向,就是要善于把认识和化解矛盾作为打开工作局面的突破口。

那么,坚持问题导向与马克思主义有何关系？习近平提出了一个关于坚持和发展马克思主义的新论断,即"坚持问题导向是马克思主义的鲜明特点"②。如何准确理解这个创新性论断的内容和意义？怎样深刻认识这个鲜明特点与马克思主义世界观方法论之间的深层次关联？这是值得我们深入思考的一些理论问题,对其进行说明有利于把握新时代中国共产党人的马克思主义观。

其实,早在《集权问题》一文中,马克思就指出,"一个时代的迫切问题,有着和任何在内容上有根据的因而也是合理的问题共同的命运：主要的困难不是答案,而是问题。因此,真正的批判要分析的不是答案,而是问题。正如一道代数方程式只要题目出得非常精确周密就能解出来一样,每个问题只

---

① 《毛泽东选集》第3卷,人民出版社1991年版,第839页。
② 习近平：《在哲学社会科学工作座谈会上的讲话》,人民出版社2016年版,第14页。

要已成为现实的问题,就能得到答案。世界史本身,除了用新问题来回答和解决老问题之外,没有别的方法。因此,每个时代的谜语是容易找到的。这些谜语都是该时代的迫切问题……问题就是公开的、无畏的、左右一切个人的时代声音。"[①]这段论述是非常深刻的。

以"问题"为导向,首先是坚持马克思主义实践观点的内在需要。马克思主义并非机械的教条,它始终与时代同行,并总是能随着实践的发展而增添新的内容。在《关于费尔巴哈的提纲》中,马克思曾提到:"哲学家们只是用不同的方式解释世界,问题在于改变世界。"[②]坚持以"改变世界"为旨趣,与解决现实问题具有本质同一性。为何说"问题"比"答案"更为重要?原因在于,与答案相比较,问题具有逻辑先在性,有了问题才会有解答问题的需要,才有可能形成相应的答案。问题的逻辑在先是由它与实践的关系决定的。问题是时代的口号和实际呼声,归根到底来源于人们的实践活动,只有从现实生活中遭遇到了矛盾,人们才会进而在思想认识上生成对于矛盾的看法,问题意识由此才得以产生。

进而言之,由"生成问题意识"过渡到"坚持问题导向",还需要有科学的方法论作支撑。坚持问题导向本质上是矛盾分析法的要求,二者是同一个问题的两个方面。如果说发现问题是找到矛盾,那么抓住"一个时代的迫切问题"就是抓主要矛盾和矛盾的主要方面,而解决问题就是利用矛盾对立统一的属性促进其向积极的方面转化。如果不坚持矛盾分析法,就不可能真正坚持问题导向。反过来也一样,如果不坚持问题导向,就是不坚持马克思的矛盾分析方法,那自然有悖于马克思主义的科学态度。

从以上两大方面的论证可知,"坚持问题导向"构成马克思主义的一个鲜明的特点。那么,这个鲜明特点与我们通常所说的马克思主义的其他特点有什么关系?在某种意义上可以说,坚持问题导向把实践性、批判性、科学性三个特征统一起来了:"实践性"表明理论能够跟上时代、直面时代的迫切问题;"批判性"则意味着理论对社会矛盾和问题的批判;坚持问题导向,理论才能保持与时俱进的品质,才能具有"科学性"。所以,相对于这三个特点而

[①] 《马克思恩格斯全集》第1卷,人民出版社2002年版,第203页。
[②] 《马克思恩格斯文集》第1卷,人民出版社2009年版,第502页。

言,"坚持问题导向"更加具有鲜明性,而且地位显然要更加重要一些。

(二)"问题"如何规定马克思历史规律理论创新的路径

坚持问题导向是深化马克思历史规律理论研究的客观要求。不容否认,尽管国内学界对于马克思历史规律理论的研究由来已久,但总体而言已有学术成果处于一种参差不齐的状况,具有高水平和重要影响力的成果依然欠缺。这是由多个方面的原因综合决定的,其中一个关键的因素在于,学者们在研究过程中缺乏问题意识,不能真正做到以问题为研究导向。理论界长期以来存在着对马克思历史规律理论研究中的"真问题"不够重视的倾向。这主要表现在,要么不敢直面矛盾、不敢抓问题,要么把"假问题""伪问题"当作"真问题"来对待。一些研究者喜欢重复别人反复说过的话,没有创意地"开展"对马克思历史规律理论的研究,把研究精力放在不该放的地方。

实际上,"问题"贯穿于理论创新的全过程,它作为一个核心范畴规定了马克思历史规律理论创新的路径。这一判断的得出有何依据?习近平强调:"从某种意义上说,理论创新的过程就是发现问题、筛选问题、研究问题、解决问题的过程。"[①] 需要加以厘清的是,他在这里所提到的"某种意义"指的是什么?从习近平论述的语境来看,在这个论断的前面还有两句话,一是"理论创新只能从问题开始",二是"理论思维的起点决定着理论创新的结果"。实际上,这两句话统一于"实践的唯物主义"的立场之上。问题来源于对"矛盾"的确定,怎么发现矛盾,从中筛选出何种矛盾,怎样研究矛盾,如何解决矛盾,最能体现出马克思主义的理论立场。

人们只有在社会实践活动中,才能确定主客体的关系,并从中找到矛盾、发现问题。源于实践的问题构成理论创新的起点,正是因为新的问题的显现,才促使作为历史主体的人产生这样一种需要——对认识对象或实践对象做出新的解释。如果没有面对新的矛盾和问题,没有升华实践经验的新需要,就不会有理论的创新。"所谓理论研究所要发现的问题,实质是揭示研究对象所存在的矛盾。"[②] 基于这个观点和维度来做进一步的分析,显然,对于马克思历

[①] 习近平:《在哲学社会科学工作座谈会上的讲话》,人民出版社2016年版,第20页。

[②] 陈锡喜:《"发现问题":马克思主义理论创新的起点》,载《上海交通大学学报》(哲学社会科学版),2017年第5期。

史规律理论这个研究对象而言，其所面临的"问题"，可能生成于不断发展着的理论内部的矛盾，可能源于理论与实践之间的矛盾，也可能来自这一理论与其他理论之间的矛盾。在某种意义上，这些矛盾是马克思历史规律理论蕴含的"内在紧张"运动关系的展现，而这恰恰表明其"面临着理论创新的压力和机遇"[①]。对这些矛盾的确定，在推进马克思历史规律理论创新的进程中处于优先的和决定性的地位。而这只能在人们改造世界的实践过程中才能完成。所谓"理论创新只能从问题开始"，表达的就是这重含义。

只有抓住矛盾，才有可能通过筛选的环节把握其中的主要矛盾或矛盾的主要方面，实现"去伪存真"；找到马克思历史规律理论需要迫切研究的"真问题"以后，要对其进行深入的研究和理论思考；研究问题的结论，是为解决问题服务的，只有在理论上形成对解决问题的认识，才能不断在实践的检验中实现历史规律理论的创新发展。这是由实践和认识的辩证关系所决定的。由此可见，紧扣"问题"的主题词，马克思历史规律理论创新发展的基本路径，存在于"发现问题→筛选问题→研究问题→解决问题"的进路之中。从这一路径来看，"问题"是贯穿于四个紧密相联的环节的主线，即是说，理论创新的过程都是围绕问题而展开的。而且，作为构成事物内部发展动力的矛盾，"问题"无疑还构成了历史规律理论创新的动力之源。倘若没有"问题"所提供的源源不断的动力，理论创新将会变得举步维艰。

应当指出，这一理论创新的过程，还体现了理论思维在经验领域中的实际运用。在一定意义上，对马克思历史规律理论进行创新，就是要实现这一理论对现实的积极干预。由于理论思维的作用，"问题"得以成为联结理论创新和实践创新的纽带。人们在实践活动中形成对世界的认知和评价，在矛盾中揭示问题，甄别问题的真伪，研究和解决问题，都需要以一定的理论思维为支撑。理论创新对现实的积极干预，推进实践创新的发展，而在实践的基础上，新的问题又会进一步出现，这时人们不得不通过对理论思维的运用，开始一个新的理论创新过程。所以，从历史规律理论创新的实现路径来看，还必须彰显理论思维的重要性。这并不是对"实践的唯物主义"理论立场的

---

① 侯惠勤:《试论马克思主义理论的"内在紧张"》，载《中国社会科学》，2007年第3期。

偏离。在《反杜林论》旧序中,恩格斯就指出:"每一个时代的理论思维,包括我们这个时代的理论思维,都是一种历史的产物,它在不同的时代具有完全不同的形式,同时具有完全不同的内容……这一点对于思维在经验领域中的实际运用也是重要的。"① 由于历史是由人们的实践活动创造的,所谓"理论思维是历史的产物",换一种说法也就是"理论思维是人们的实践活动的产物"。

至此,我们可以清楚地知道理论思维的起点究竟如何决定着理论创新的结果。只有认识到理论思维的起点是源于人们实践活动中的"问题",并且在理论思维与实践过程的良性互动中理解"问题"的动力源作用,这个起点对于理论创新结果的决定性影响才得以真实地呈现出来。这一结论对于马克思历史规律理论的创新过程而言当然是适用的。

(三)以问题为导向创新马克思历史规律理论的几个着力点

既然问题规定理论创新的路径,那么,应当如何以问题为创新导向推进马克思历史规律理论的发展?如前所述,马克思历史规律理论所面临的"问题",可能生成于不断发展着的理论内部的矛盾,可能源于理论与实践之间的矛盾,也可能来自这一理论与其他理论之间的矛盾。因而,抓住坚持问题导向的着力点,也就是要从这三大方面去确定可能支撑这一理论创新的诸多矛盾和问题。

第一,剔除马克思主义发展史上的机械论痕迹。在理论内部寻找矛盾,拒斥关于认识和运用马克思历史规律理论的机械论倾向,是以问题为导向推动马克思历史规律理论创新的首要要求。随着马克思历史规律理论在不同历史条件下的发展,其内部必定会包含完备性与协调性之间的矛盾。在对待马克思历史规律理论时,如果要追求这一理论对世界的解释的完备性,其内部的各种观点之间产生不协调性的可能性就更大。机械论倾向的一大缺陷,就是无视理论的完备性与协调性之间矛盾的存在,把马克思历史规律理论看成包罗万象的"整体",单方面地强调这一理论的普遍性,而忽视了其形成的特殊性本质。斯大林机械论话语形成的理论根源正在于此。由于过分强调这一理论对于解释整个世界的完备性,斯大林才会形成以下思想倾向:一是误以

---

① 《马克思恩格斯文集》第9卷,人民出版社2009年版,第435页。

为马克思穷尽了宇宙万物发展的普遍规律;二是提出"推演论模式",断定马克思是从自然界的物质运动规律中演绎出历史规律的;三是坚持把"五种社会形态"的依次线性更替等同于马克思所发现的历史规律的独断论表达。只有消解机械论痕迹,恢复马克思历史规律理论的本真面貌,这一理论的创新发展才真正具有可能性。而要拒斥机械论的倾向,有必要在马克思主义发展史中厘清这种倾向产生的哲学基础和理论源头。

马克思最鲜明的理论贡献,不是阐明宇宙万事万物运行的一般规律,而是发现了人类历史发展的内在规律,这一规律就是社会基本矛盾运动规律。恩格斯虽然在晚年系统阐释了自然规律,但是,他其实与马克思一样都对揭示整个宇宙的普遍真理不感兴趣。从《反杜林论》的写作目的来看,恩格斯并非是要创造一个与杜林相对立的新的体系,而只是为了批判杜林的自然哲学,他在理论自然科学这个不熟悉的领域里,"不得不跟着杜林先生走"[1]。而且,在研究进路上,他并非把历史规律理论"搬到"自然界,而是清楚地知道两者的根本性差异。客观的原因在于,在促使自然观变革的条件成熟以前,"一些在历史观上引起决定性转变的历史事实却老早就发生了"[2]。所以,不管是马克思还是恩格斯,都不可能是先发现自然规律,再把它应用到社会历史领域而得到关于历史规律的认识。

由狄慈根提出的辩证唯物主义一词,在普列汉诺夫那里成了马克思世界观的代名词。在他看来,它同时适用于自然界和历史,是唯一可以准确说明马克思哲学特点的术语。根据该观点,只有自然界才构成辩证法的基础,而辩证唯物主义是唯物史观的最高发展。这为以物质为逻辑起点的理解和"推演论模式"的形成奠定了最初的哲学根基。米丁、拉祖莫夫斯基在1932年出版的《辩证唯物主义与历史唯物主义》一书中,以物质为逻辑起点分别论述唯物论、认识论、辩证法、历史观,"建构起一个特色鲜明的马克思主义哲学体系"[3]。

---

[1] 《马克思恩格斯文集》第9卷,人民出版社2009年版,第9页。
[2] 《马克思恩格斯文集》第3卷,人民出版社2009年版,第544页。
[3] 杨耕:《当前马克思主义研究中的五个重大问题》,载《南京大学学报》(哲学·人文科学·社会科学),2014年第4期。

对"辩证唯物主义"这一马克思主义概念的使用,决不能把它限定在自然哲学范围内。马克思所揭示的历史规律,恰恰表明历史运动也是一个辩证发展的过程。所以,辩证唯物主义在社会历史领域同样是适用的。只有看到这一点,这个概念才能算是被赋予了科学的意义。然而,斯大林不仅对"辩证唯物主义"(自然界)和"历史唯物主义"(人类社会)作机械的二元划分,更提出把自然规律推广应用到社会历史领域具有"多么巨大的意义"。由于以物质为初始范畴把"推演论"固定化和模式化,他才会"断章取义地"阐发了列宁在《论国家》中关于社会形态演变的观点,从而形成了关于历史规律的机械论表达。这么做主要是旨在为"苏联模式"的社会主义的合理性辩护提供意识形态根据。[①] 其背后反映的逻辑是:如果在社会主义社会里不存在社会基本矛盾运动,那么"苏联模式"就是最完善的社会主义模式,它不需要进行任何内部的变革;如果历史发展的线性规律是由自然哲学原理"预设"的,那么人的能动性就仅表现为对固定历史图式的实现程度,而"苏联模式"的社会主义就是人类历史发展的必然。

第二,提升对21世纪实践的解释力。以问题导向推进马克思历史规律理论的创新性发展和创造性运用,应当从理论与实践之间的矛盾中探寻孕育创新因素的问题。理论是对认识和实践经验进行升华而形成的知识。简言之,理论带有观念性、实践具有物质性。既然理论来源于人们的实践活动,而实践条件和实践内容又不是一成不变的,那么,理论与实践之间必定会存在着张力,它既可能与实践相适应,又可能无法对实践做出合理的解释。这一张力是如何产生的?究其原因,这是由理论的绝对性与相对性之间的矛盾所决定的。如果理论能够反映客观事物的本质及其发展规律,那它就具有科学性,在这个意义上讲,理论体现出绝对性的一面;但是,哪怕是再科学的理论,也包含着相对主义,只是这种相对性不是对其科学性的否定,"而是在我们的知识向客观真理接近的界限受历史条件制约的意义上,承认我们一切知识的相对性"[②]。马克思历史规律理论的具体性本质,在更深层的意义上解释了这一

---

① 参见陈锡喜:《斯大林模式形成的意识形态根据及其核心话语》,载《探索与争鸣》,2010年第9期。

② 《列宁专题文集 论辩证唯物主义和历史唯物主义》,人民出版社2009年版,第43页。

理论的绝对性与相对性之间的矛盾。

应当从21世纪的特殊实践境遇中,深刻把握马克思历史规律理论的绝对性与相对性的统一。当今时代的实践条件和实践内容,是否使得这一理论所要回答的根本性问题发生了改变?在19世纪40年代,马克思创立历史规律理论的实践基础,是解决"两个向何处去"——"资本主义向何处去、无产阶级向何处去"——的时代问题的需要。这构成这一理论所要回答的根本性课题。在20世纪,无论是列宁主义,还是中国化马克思主义,其对历史规律问题的解释都是紧紧围绕这一课题而展开的。比如,列宁对帝国主义国家经济政治发展不平衡规律的阐述,毛泽东的新民主主义革命理论,邓小平的社会主义改革思想,在某种意义上,都形成于探索"两个向何处去"的问题之中。发展21世纪的马克思主义,应当在深入推进对这一问题的研究过程中,实现对历史规律理论的创新性阐释。

与马克思的设想不同,当代资本主义仍旧没有呈现即将灭亡的迹象,而社会主义制度反倒在资本主义没有得到充分发展的一些国家得以建立。社会主义运动虽然历经沧桑和曲折,但是它的崇高使命并没有完成;当代资本主义虽然通过调整生产关系在一定程度上缓和了社会矛盾,但是这一社会的基本矛盾并没有发生本质的改变。在这个意义上,我们仍然处于马克思所指明的历史时代。怎样看待资本主义存在的历史合理性及其发展前途,当前社会主义如何赢得相对于资本主义的制度优越性,怎样在"向资本主义学习"与"批判资本主义"之间保持必要的张力,是推进马克思历史规律理论的创新发展需要回答的时代课题。

同时也应当看到,21世纪人类的实践境遇确实发生了非常深刻的变化。这对马克思历史规律理论的创新发展既是严峻的挑战,又是一种崭新的机遇。对马克思历史规律理论的创新,应当着眼于当代中国和世界的迫切问题。从社会主义中国来看,公平正义和阶层矛盾问题、社会信息化对生产关系的重构问题、生态生产力的发展问题、隐性的资本逻辑与环境污染问题、意识形态工作的新特点和新定位问题、政治生活领域的改革探索问题等,为推动马克思历史规律理论的创造性发展提供了空间。而从当今世界来看,国际经济危机呈现新的表现形式问题、全球经济发展不平衡与资本主义世界的贫富分化扩大问题、人工智能的发展对全球生产部门和阶级结构的冲击问题、全球化与逆全球化的矛盾问题、世界依存程度空前加深与构建人类命运共同体问题等,都是关乎21世纪整个人类生存与发展的大问题,它们对创新马克思历史规律理论同样提出了迫切的要求。

第三,加强与各种当代思潮对话的能力。坚持问题导向,还要在理论与理论之间抓住支撑理论创新的矛盾。要实现真理性与价值性的统一,并在协调这对矛盾的过程中向前发展,马克思历史规律理论必须加强同当今各种思潮进行对话的意愿和能力。只有处于开放的而不是封闭的系统中,与各种思想学说建立良性的联系,这一理论才具有实现"创造性"发展的可能。试想,如果没有同旧唯物主义、古典政治经济学、空想社会主义、黑格尔哲学及青年黑格尔派等思想的对话,马克思如何能够创立历史唯物主义的历史规律理论?这当然是不可能的。对于历史规律问题,不同的思想家和研究者有着不同的解释。只有积极在舆论场中发出马克思主义的声音,在对话与互动中把握一些思潮的合理性、深刻揭示另一些思潮的矛盾性,马克思历史规律理论的比较优势才会更加直观地展现在世人面前。

以问题导向推进马克思历史规律理论的创新,首先需要批判性地借鉴国外学术界的有益观点,并在这一过程中探寻和研究"问题"。马克思的思想具有巨大的世界影响力,它在当今世界仍然拥有众多的关注者和研究者。"他们用不同的理论框架、观察视角去解读、诠释抑或质疑马克思的思想,由此提出诸多理论观点和思想体系,这些对我们多维度地理解马克思的思想是很有帮助和启发的。马克思主义本身是一个开放的体系,其理论创新也需要有开阔的视野,善于吸纳全人类的智慧。"[①] 譬如,科恩对社会基本矛盾所涉及的概念、命题的"分析"及"功能解释",就富有启发意义。我们可以从中汲取合理的思想或者是借鉴一些范畴和话语,来深化对社会基本矛盾运动作用机制的研究。当然也要看到,"分析的马克思主义"对马克思历史规律理论的解读,是存在内在矛盾的。而关于21世纪资本主义的自我调整及其结果是否证伪了马克思思想的问题,许多国外研究者都提出了自己的见解。大卫·哈维的"历

---

① 黄伟力:《开掘思想资源 推进马克思主义理论创新》,载《党政论坛》,2013年第5期。

史—地理唯物主义"解释框架为我们理解历史规律及资本主义的前途命运提供了一个独创性的视角。托马斯·皮凯蒂从大量的历史数据出发对21世纪资本主义的不平等现状的说明同样具有借鉴意义。理性对待这些思想，是以创新历史规律理论为着力点发展21世纪马克思主义的题中之义。

在马克思历史规律理论的创新中，还必须加强对这一理论与国内外各种错误观点之间的思想矛盾的研判。从国内学术界来看，学者们通常认可历史决定论这一马克思历史规律理论的根基，但是在解释"决定"的原因时发生了分歧。一些文化哲学或者文化史研究者，偏向于从精神文化的维度出发寻找历史变迁的根源，提出所谓的"文化决定论"。近年来，也有学者别开生面地指出："制度是社会的决定因素""制度决定无数个人的活动方式和活动方向，从而决定历史的走势走向"。[①] 制度决定论者声称其理论是对历史合力论的发展，解决了马克思主义没有解答好的合力的矢向问题。这种观点其实并不新鲜，在某种意义上，它可被视作以诺思为代表的新制度经济学说的变种，或者是看成对国内一些《资本论》研究者提出的生产关系决定论的拓展。深刻揭示非物质生产决定论与马克思历史规律理论之间的根本矛盾，是当代中国马克思主义者的职责和使命。

而在国际学术界，反历史决定论与反马克思主义往往是联系在一起的。由于历史决定论与历史规律论在马克思视阈下的本质联系，所以反对历史决定论，就相当于从源头上否定了马克思历史规律理论。作为批判理性主义的创立者，波普尔从证伪主义的原则出发，反对社会历史发展的规律性，猛烈抨击历史决定论的"贫困"。克罗齐则以"一切历史都是当代史"的命题，对历史的客观性及其内在规律予以否定。这方面的观点在21世纪的西方学术界依然拥有较为广泛的支持者。发展21世纪马克思主义，必须立足于马克思的核心观点，以发展着的历史规律理论来对之进行分析和批判，阐明它们的论点和论证过程的内在矛盾。

另一方面，还要在澄清对马克思历史规律理论误解的过程中寻找支撑理

---

① 韩东屏：《历史是被什么决定的》，载《社会科学报》，2017年2月23日。作者在《制度决定论批判的批判——驳尹伊文先生的〈制度决定论的神话〉》《制度的本质与开端》等文章中也表露出制度决定论的观点。

论创新的问题。在西方左翼研究者的阵营里,长期存在着对这一理论的误读现象。阿尔都塞拒斥一元论还原主义的解读模式,以至于他有时甚至无视生产力的唯一决定性作用,认为这种决定作用"在真实的历史中恰恰是通过经济、政治、理论等交替起第一位作用而实现的"①。这种观点在21世纪仍旧较为流行,在历史规律解读模式中占有一席之地。另一种更为常见的误读,则是把马克思所创立的历史规律理论贬低为"机械的物质生产决定论"。这种具有悠久传统的思想,在21世纪方兴未艾。在新近出现的世界思潮中,"有机马克思主义"就是一个很典型的例子。克莱顿、海因泽克在《有机马克思主义》一书中强调,由于植根于德国的体系哲学及其知识论假设传统,马克思尽管以"社会经济条件"取代了"绝对精神",但"并没有跳出黑格尔的思考框架。结果,他不加修改地接受了黑格尔的历史决定论"②。在他们看来,一方面,借助于决定论的历史观,马克思提出了不同于亚当·斯密的资本主义经济哲学;另一方面,这也恰恰使得他难以认清自身所处环境和历史时代的特殊性。与此同时,"有机马克思主义"还认为,由于受线性时间观和认为世界只会越变越好等其他现代假设的多重影响,早期马克思主义者错误地坚信,工人会自觉组织起来反对资本主义的压迫,并最终建立起一个理想的乌托邦社会。总而言之,如何看待把马克思历史规律理论归结为"多元决定论"的逻辑错误,为何不能把马克思与黑格尔的历史决定论作简单的机械类比,如何凸显马克思历史规律理论的彻底性及其比较优势,是当代马克思主义者应当继续加以思考和探究的重要问题。

---

① [法]路易·阿尔都塞:《保卫马克思》,顾良译,商务印书馆2006年版,第208—209页。
② [美]菲利普·克莱顿、贾斯廷·海因泽克:《有机马克思主义——生态灾难与资本主义的替代选择》,孟献丽等译,人民出版社2015年版,第61页。

第五章　马克思历史规律理论对认识当代中国社会主要矛盾的启示

对机械论痕迹的消解，需要突破关于历史规律的线性理解，充分认识到历史规律就是社会基本矛盾运动规律。对马克思历史规律理论的认识要避免陷入机械论话语的泥潭，在运用层面上同样须警惕这种倾向。本章之所以重点联系当代中国社会主要矛盾这个问题来说明马克思历史规律理论的当代启示，具有理论和现实的双重逻辑根据：在理论方面，当代中国社会主要矛盾学说是对马克思历史规律理论的创造性运用；从现实来看，当前中国最大的实际问题是具有全局性影响的新时代社会主要矛盾的转化问题。作为运用马克思历史规律理论的典范，当代中国社会主要矛盾学说为我们认识马克思所揭示的历史规律开拓了视野，它在人类历史发展的深层次动因与中国社会现实问题之间架起了桥梁。① 这背后蕴涵的深层次意蕴在于，只有在马克思历史规律理论与中国实际的两相对照下，才能深刻揭示和剖析当代中国的社会主要矛盾。如何看待新时代以前中国社会主要矛盾的实质？当代中国主要矛盾的转化是与纠偏相对应的根本性质变，还是阶段性的变化？这一转化何以可能，即如何理解它发生的客观根据和动力因素？怎样认识新时代社会主要矛盾的两个方面的涵义和地位，如何推进这一矛盾的科学解决？② 本章将对这些

---

① 参见孙力:《主要矛盾分析方法是中国共产党的理论创新》，载《毛泽东邓小平理论研究》，2017年第12期。

② 在本书中，"当代"指的是"改革开放以来的时代"。而"新时代"的历史起点是党的十八大，当然，这只是一个大致的判断，原因在于这不是一个历史学的范畴，而是如同"改革开放新时期"一样带有鲜明的政治性意蕴。根据这种理解，"当代中国的社会主要矛盾"指的是"改革开放以来中国的社会主要矛盾"，而"当代中国社会主要矛盾的转化"与"新时代中国社会主要矛盾的转化"是同一的。

问题展开探讨。

一、党的十八大以前的中国社会主要矛盾及其实质

社会主要矛盾学说是毛泽东对马克思主义的创造性贡献。所谓社会主要矛盾，指的是在复杂的、庞大的社会矛盾系统中具有主导地位的矛盾。正如毛泽东在《矛盾论》中所指出："在复杂的事物的发展过程中，有许多的矛盾存在，其中必有一种是主要的矛盾，由于它的存在和发展规定或影响着其它矛盾的存在和发展。"① 在一个特定的社会中，其主要矛盾并不是一成不变的机械教条，它必定会根据人们实践活动所处的历史条件的深刻变化，呈现出有差异的阶段性特点。因而，中国共产党人对这一矛盾的认识，也经历了一个历时态的过程。要理解马克思历史规律理论对认识当代中国社会主要矛盾的启示，首先应当明确不同时期的中国社会主要矛盾及其实质。

（一）改革开放以前关于社会主要矛盾的认识的曲折发展

在阶级社会的各种矛盾中，居于主导地位的是统治阶级与被统治阶级之间的矛盾。中国历史上的封建主义社会性质决定了人民大众和封建地主阶级之间的矛盾构成社会的主要矛盾。但是自1840年鸦片战争爆发以来，随着中国的社会性质的改变，其主要矛盾与非主要矛盾的关系以一种较为复杂的方式表现出来。那么，究竟何为近代中国社会的主要矛盾？毛泽东在《新民主主义论》中指出："中国社会的新旧斗争，就是人民大众（各革命阶级）的新势力和帝国主义及封建阶级的旧势力之间的斗争。"② 言下之意就是，中国社会的主要矛盾是人民大众同西方资产阶级、本国封建地主阶级之间的矛盾。

对于这个主要矛盾，要做具体的分析。其包含了三种不同的情况：一是人民大众同封建阶级的矛盾是主要矛盾。在通常的情况下，由于封建制度的存在，国家内部各阶级的一切矛盾从属于人民大众同封建阶级的矛盾，或者说前者是由后者派生的。这种情况与1840年以前中国的社会具有一致性。二是人民大众同西方资产阶级的矛盾是主要矛盾。当帝国主义国家对中国发动

---

① 《毛泽东选集》第一卷，人民出版社1991年版，第320页。
② 《毛泽东选集》第二卷，人民出版社1991年版，第696页。

侵略战争时，国内各阶级就会暂时团结起来进行反抗，譬如鸦片战争、义和团运动、抗日战争等。当"团结起来、一致对外"时，各革命阶级同帝国主义之间的矛盾就会上升为主要矛盾；三是人民大众同西方资产阶级与封建阶级同盟的矛盾是主要矛盾。当帝国主义国家不采取战争侵略的手段时，它们往往与封建地主阶级结成同盟，并以温和的形式援助国内统治阶级去压迫人民。这时候，人民大众就会以国内战争的方式去反对这一同盟，社会的主要矛盾又发生了变化。需要说明的是，在不同的发展阶段中，这三种情况分别具有暂时的独立性，也就是说，它们不是同时都构成社会的主要矛盾。社会主要矛盾的复杂情形是半殖民地半封建社会的产物。在这种社会性质下，外国侵略者和本国剥削阶级的压迫，必然会激起各个被压迫阶级的革命斗争，而在诸多的斗争中，究竟哪一种斗争形式具有主导地位，则主要取决于当时的社会历史条件。

当辛亥革命以同旧势力的妥协而告终时，革命果实落到以袁世凯为首的北洋军阀手里。第一次国内革命战争以后，在蒋介石政府的统治下，随着官僚资本主义的发展，我国社会主要矛盾又变得更加复杂化。人民大众与掌握官僚资本的统治集团之间的矛盾日益尖锐化。大地主和买办资产阶级依靠国家政权的力量建立、发展起来的官僚资本主义兼具封建主义和资本主义的特征。所以，人民大众同官僚资本主义的矛盾，其实质同样是人民大众同封建地主阶级、资产阶级之间的矛盾。这表明，即使在新民主主义革命时期，我国社会的主要矛盾依然没有被真正改变，而新民主主义革命的根本任务，就是要集中力量解决当时的主要矛盾。

对于旧中国社会主要矛盾的状况，以毛泽东为代表的中国共产党人始终保持着清醒、理性的认知。我们甚至可以说，中国共产党之所以能领导人民取得革命的胜利和建立新的国家政权，一个主要的原因在于，其能够全面把握半殖民地半封建社会的主要矛盾的复杂性，以及科学找到解决主要矛盾的正确方法。

旧中国社会的主要矛盾，由于无产阶级及其政党领导的新民主主义革命的胜利而得到了解决。1949年中华人民共和国的成立，表明我国已经成为一个独立自主的国家。这深刻改变了中国的阶级力量对比关系。对于这个形势，刘少奇在党的八大政治报告的开篇,就进行了科学的分析与研判。随着近代以来压迫中国人民的西方帝国主义势力被赶走,作为其代理工具的官僚买办资产阶级也随之不复存在。1952年土地改革完成后,封建地主阶级也基本被消灭。在这种状况下,无产阶级成为国家政权的领导阶级,而我国国内的主要矛盾开始演变为无产阶级与资产阶级之间的矛盾。"这是社会主义革命所要解决的矛盾。我们对农业、手工业和资本主义工商业的社会主义改造,就是要变革资产阶级所有制,变革产生资本主义的根源的小私有制。"①

在1956年确立社会主义制度以后,不仅封建阶级、资产阶级已经被消灭,而且可能滋生新的剥削阶级的条件亦被连根拔起。虽然反对和破坏社会主义事业的势力在长时期内依然存在,但是这种势力已经不可能像历史上的剥削阶级一样,生长成一个公开的、完整的阶级。在这个意义上,社会主义条件下存在的敌我矛盾,不再是过去那种大规模的、公开化的阶级矛盾。由于不是一个阶级反对另一个阶级的斗争,所以它根本不具备构成社会主要矛盾的条件。即是说,阶级矛盾之所以处于次要和从属的地位,在于阶级力量对比关系的深刻变化。而随着人民在国家政治生活中的地位发生根本性的变化,他们开始追求在经济生活、精神生活方面有更好的保障。但是,这种需要同我国当时"一穷二白"的现实状况形成了强烈的反差。对于新的社会主要矛盾,1956年9月召开的党的八大做了深刻阐述,即"人民对于建立先进的工业国的要求同落后的农业国的现实之间的矛盾"以及"人民对于经济文化迅速发展的需要同当前经济文化不能满足人民需要的状况之间的矛盾"。②从这个判断来看,它与我国当时的具体实际是相符的。由于新中国刚刚成立不久,我国的经济社会发展水平相对落后,"落后的农业国的现实"是导致"经济文化不能满足人民需要的状况"的客观根源,因而对于彼时的中国人民而言,"建立先进的工业国的要求"与"对于经济文化迅速发展的需要"是一致的。所以这"两对矛盾"实际上具有本质同一性。在此意义上,我们可以把党的八大所概括的"两个主要矛盾"归结为一个主要矛盾,那就是"人民对于经济文化迅速发展的需要同当前经济文化不能满足人民需要的状况之间的

---

① 《建国以来重要文献选编》第9册,中央文献出版社2011年版,第292页。
② 《建国以来重要文献选编》第9册,中央文献出版社2011年版,第293页。

矛盾"。

然而，后来由于受到"左"倾思潮的影响，这一正确研判得不到坚持和贯彻。1957年9—10月，党的八届三中全会召开，会议对国内主要矛盾问题进行了重新讨论。应当指出，在这次大会上，党内有一部分人坚持八大的结论，尽管有许多科学的思想观点在当时并未彰显其价值，但它们无疑是对党和人民的积极贡献。只是在"反右派斗争"的大背景下，包括毛泽东在内的许多党内同志纷纷提出，尽管我们在经济领域已经解决了阶级斗争问题，但这种斗争还有待在政治和意识形态领域继续推进，因而"两大敌对阶级"之间的矛盾依旧是主要矛盾。在会议将近结束之时，毛泽东在所做题为《做革命的促进派》的讲话中鲜明重申了这个观点。全会接受了这个意见，其虽然没有做出关于修改主要矛盾表述的正式结论，但事实上已经导致了这样一种状况，即中央内部开始逐步改变八大关于社会主要矛盾的概括。后来的八大二次会议就明确坚持和阐明这种错误观点。而且，毛泽东在八届十中全会上，"把社会主义社会中一定范围内存在的阶级斗争扩大化和绝对化，发展了他在1957年'反右派斗争'以后提出的无产阶级同资产阶级的矛盾仍然是我国社会的主要矛盾的观点，进一步断言在整个社会主义历史阶段资产阶级都将存在和企图复辟，并成为党内产生修正主义的根源"①。

在社会主义建设时期之所以遭受挫折，有许多客观的原因，主要是因为当时国内生产力水平落后、物质基础薄弱以及在国际上受制于西方国家的封锁，人们在物质生活和精神生活方面受到严重的束缚。但是这与对社会主要矛盾的认识偏差有着直接的关系。根据当时的思想认识，既然人民在社会关系方面已经获得了解放，那么，依靠人民推进经济建设，就能不断创造奇迹。换个角度来讲，由于在主观上过度急于解决落后的经济文化与人民的需要之间的矛盾，才会经历"大跃进"和人民公社化运动等曲折历程。这是中国共产党对治国理政和进行大规模的社会主义建设缺乏思想准备的体现。与此相联系，把主要矛盾归结为无产阶级同资产阶级的矛盾的观点，为后来以政治思想为标准划分阶级的观点提供了理论依据，这使得"反右派斗争"扩大化，

---

① 《三中全会以来重要文献选编》（下），中央文献出版社2011年版，第140页。

甚至导致"文化大革命"的发生。

(二)从社会基本矛盾出发明确新时期的社会主要矛盾

通过研究欧洲资本主义的发展进程,马克思提炼出资本主义社会的基本矛盾,揭示了社会基本矛盾运动构成历史发展的根本动力的原理。由于没有经历过社会主义社会,所以他并未能说明这种新的社会形态的基本矛盾。这项工作是由毛泽东来完成的。历史规律是抽象与具体的统一,它的普遍性存在于实践条件的特殊性之中,把历史规律当作纯粹先验的公式,而不顾社会基本矛盾运动的特殊本质,是一种机械论和教条主义的态度。由此可进而得出结论:既然资本主义社会的发展遵循着特殊的运动规律,后者是历史规律在现代工业社会的特殊实现方式,那么,社会主义社会的发展亦应该有其特殊运动规律。

与其他社会形态相比较,社会主义社会的基本矛盾在表述上具有"共性",但是又呈现出自身的鲜明"个性"。由于资本主义生产关系和上层建筑与生产力的发展是相抵触的,所以在这种社会形态中,社会基本矛盾运动具有鲜明的对抗性特征。我国社会基本矛盾的各个构成要素之所以在根本上不具有敌对性质,至少有两个方面的事实依据:一是从中华人民共和国成立以前的历史来看,如果不是因为社会主义制度的优越性,半殖民地半封建社会的生产关系和上层建筑就不会被推翻和取代;二是从1956年社会主义制度基本确立以来我国生产力的发展状况来看,如果没有社会主义的生产关系以及与之相适应的上层建筑,那么,中国取得的巨大成就——从"一穷二白"的落后国家实现到经济大国的跨越,无疑是不可想象的。当然,对于"基本适应"的非对抗性特征,要有理性的认知。"基本适应"并不等于"完全适应"。如果是后者,那么意味着生产力、生产关系和上层建筑之间没有任何"矛盾"。进而言之,既然没有"矛盾",那社会基本矛盾运动也就无从谈起了。斯大林由于断定社会基本矛盾已经"完全适应",导致了苏联在社会主义建设上出现严重失误,这一深刻教训我们不得不汲取!

毛泽东正是由于突破机械论的理解框架,才创造性地发展了马克思历史规律理论。但由于"他追求纯洁的、完美的社会主义,自以为是开辟一条防止资本主义复辟、建设社会主义的新道路,而实际上却被束缚在一些脱离实际的抽象的观念中"①。所谓"被束缚在一些脱离实际的抽象的观念中",最为明显地体现在对于社会基本矛盾运动规律的抽象化理解上:强调生产关系的"一大二公三纯"(人民公社规模大、生产资料公有化、社会主义经济成分纯)以及意识形态领域的"不断革命"。而这种抽象化理解——过于强调生产关系和上层建筑的反作用,难免会导致把对社会主要矛盾的科学判断错误地转到"以阶级斗争为纲"的方面。实事求是地讲,毛泽东对社会主义社会的基本矛盾学说和主要矛盾学说都做出了创造性的贡献,但是他在对这两种矛盾关系问题的把握上存在着一定的缺陷。②

如何对错误的观点进行"纠偏",在社会基本矛盾运动中准确把握社会主义社会的主要矛盾,是20世纪70年代末摆在中国共产党人面前的一项紧迫课题。邓小平是从社会基本矛盾出发来确定改革开放新时期的主要矛盾的,换句话说,就是能够把社会主要矛盾放到历史规律的宏大视野中进行审视。他指出:"关于基本矛盾,我想现在还是按照毛泽东同志在《关于正确处理人民内部矛盾的问题》一文中的提法比较好。……当然,指出这些基本矛盾,并不就完全解决了问题,还需要就此作深入的具体的研究。"③言下之意就是,我们要保留毛泽东关于社会主义社会基本矛盾的表述,但是也要结合新的社会历史条件,突破过于强调生产关系和上层建筑反作用的抽象化理解,重新确立判断社会基本矛盾适应与否的生产力标准。

关于何为社会主要矛盾的问题,邓小平概括道:"至于什么是目前时期的主要矛盾,也就是目前时期全党和全国人民所必须解决的主要问题或中心任务……我们的生产力发展水平很低,远远不能满足人民和国家的需要,这就是我们目前时期的主要矛盾,解决这个主要矛盾就是我们的中心任务。"④1981年党的十一届六中全会对此做了规范化表述:"在社会主义改造基本完成以后,我国所要解决的主要矛盾,是人民日益增长的物质文化需要同落后的

---

① 胡绳:《中国共产党的七十年》,中共党史出版社2009年版,第415页。
② 参见陈锡喜:《意识形态:当代中国的理论与实践》,中国人民大学出版社2018年版,第76—77页。
③《邓小平文选》第2卷,人民出版社1994年版,第181—182页。
④《邓小平文选》第2卷,人民出版社1994年版,第182页。

社会生产之间的矛盾。"①应当注意,这里的限定词是"在社会主义改造基本完成以后"。这表明这个论断是一种事后概括:"人民日益增长的物质文化需要同落后的社会生产之间的矛盾",并不仅仅适用于改革开放以后的时期,而是在1956年社会主义制度建立以后就构成我国社会的主要矛盾。那么,它与党的八大所概括的主要矛盾有何关系?与八大的表述相比,这个概括显得更加凝练,但是两者的本质是一致的:从"需要"方面来看,"人民的经济文化需要"与"人民的物质文化需要"是同一的;而从"发展"方面来看,在改革开放初期及以前,"经济文化的发展状况"以"落后的社会生产"的内容得以具体呈现。在这个意义上,无论是在社会主义建设时期,还是在改革开放新时期,我国社会的主要矛盾都是"需要"同"发展"之间的矛盾。

十一届三中全会对中国特色社会主义具有重大的开创性意义,而其历史功绩的取得,在很大程度上归因于它对社会主要矛盾的科学把握。显然,确立把工作重心从阶级斗争转移到现代化建设方面,是这一理论思维在实践上的集中展现。根据马克思历史规律理论,生产力是社会历史的决定性力量,所以要满足人民的物质文化需要,必须改变落后的社会生产状况。在邓小平看来,要实现这个目标,不仅要发展生产力,更要解放生产力。社会主义的生产关系和上层建筑虽然在根本上是与生产力相适应的,但是它们的某些方面在一定条件下也可能"束缚"生产力的发展。所谓"解放"生产力,就是要通过改革突破这一部分生产关系和上层建筑对生产力的"束缚"。中国共产党人的这些认识,不仅丰富了对社会基本矛盾运动规律绝对性的理解,而且拓展了关于社会主义社会的主要矛盾的认识。

(三)社会基本矛盾何以构成社会主要矛盾的实质

旧中国从总体上是一个剥削阶级占统治地位的阶级社会(当然,它和严格意义上的阶级社会有差别,因为后者通常表现为两大阶级之间的对抗)。尽管各种社会矛盾错综复杂、相互交织,但在通常意义上,在诸多矛盾中占据主导地位的要么是人民大众同封建地主阶级的矛盾,要么是人民大众同国内或国际的资产阶级之间的矛盾,要么是人民大众同它们结成的同盟之间的矛

---

① 《三中全会以来重要文献选编》(下),中央文献出版社2011年版,第168页。

盾。在这几种情况下，社会主要矛盾的内容都是阶级矛盾，因而在半殖民地半封建的中国，阶级对抗构成历史前进的直接动力。那么，这个内容和社会基本矛盾运动规律之间有何关系？

其实，从旧中国的状况来看，社会主要矛盾的实质是社会基本矛盾。根据马克思历史规律理论，阶级斗争只是历史规律的一种特殊表现形式。正如第二章所论证过的，社会基本矛盾动力论构成阶级斗争动力论的逻辑根据。即是说，对于由阶级矛盾构成的主要矛盾而言，社会基本矛盾具有逻辑先在性。阶级矛盾根源于不同集团经济利益的冲突，对这个矛盾的解决的根本目的在于解放被落后生产关系所束缚的生产力。由于生产方式必定会以对抗为基础，所以生产力在其中是与阶级对抗同时发展的，而为了保护和解放生产力，必须粉碎制约其发展的传统生产关系。这就促使被压迫阶级通过社会革命来推翻统治阶级的上层建筑，建立新的经济基础。由此可见，生产力与生产关系的矛盾，不仅决定旧中国的经济基础与上层建筑的矛盾，而且从根本上决定了统治阶级与被统治阶级的矛盾。总而言之，半殖民地半封建社会的主要矛盾，是由社会基本矛盾所决定的。

社会主义改造基本完成以后，我国的社会主要矛盾发生了转化。如何看待社会主义初级阶段主要矛盾的实质？① 事实上，党的八大早就做出了回答："这一矛盾的实质，在我国社会主义制度已经建立的情况下，也就是先进的社会主义制度同落后的社会生产力之间的矛盾。"② 对于这个判断，需要辩证地看待，这是超越机械论解释的题中应有之义。应当指出，党的八大对社会主要矛盾做出了科学的研判，但是并不是说这次大会关于社会主要矛盾的认识全部是正确无误的。一方面，把生产力落后的根源归结于社会主义制度不够先进，没有完全把握住两者之间"基本适应"的特点。这恰恰是毛泽东后来对这个论断表示不满的一个重要原因。客观地讲，我们国家的经济文化发展状况之所以在当时远落后于西方的发达资本主义国家，在根本上是由新中国成

---

① 这里谈论"社会主义初级阶段的主要矛盾"，首先探讨的是从1956年到进入新时代以前的社会主要矛盾（根据十一届六中全会的概括，这段时期的主要矛盾是唯一的）。从今天的语境来看，它当然也包括新时代中国的社会主要矛盾，而关于这层意蕴，我们容后再谈。

② 《建国以来重要文献选编》第九册，中央文献出版社2011年版，第293页。

立以前的历史造成的，是半殖民地半封建的社会性质所导致的必然后果。在这个意义上，不能一味地从社会主义制度方面去追溯落后的社会生产状况产生的原因。而另一方面，不应把"基本适应"理解为"完全适应"，社会主义制度中的不够完善的方面与生产力的发展之间是存在着矛盾的。在1957年，毛泽东强调："社会主义生产关系已经建立起来，它是和生产力的发展相适应的；但是，它又还很不完善，这些不完善的方面和生产力的发展又是相矛盾的。除了生产关系和生产力发展的这种又相适应又相矛盾的情况以外，还有上层建筑和经济基础的又相适应又相矛盾的情况。"① 从这个维度来审视，党的八大对社会主要矛盾实质的描述，通过把"落后的社会生产力"凸显出来，突破了关于社会主义社会只有道义的一致而无矛盾的传统认识，因而它在基本思路上是合理的，它深刻表明了社会主义制度与生产力的矛盾是客观存在的。

倘若提炼出党的八大概括的合理要义，我们可以对当时的情况做出以下判断：进入社会主义初级阶段以后，我国社会主要矛盾的实质是"社会主义制度"和"生产力发展状况"之间的矛盾。这一判断，体现了坚持"社会主义制度"与满足"人民日益增长的物质文化需要"的本质一致性。较之旧中国和西方资本主义社会的剥削制度，这一制度具有天然的优越性。当然，这并非要表明社会主义制度在任何时候都领先于我国生产力的发展要求，而主要是凸显它在价值导向上的先进性。那么，这种价值导向上的先进性何以可能？其背后的原因正如毛泽东所说："所谓社会主义生产关系比较旧时代生产关系更能够适合生产力发展的性质，就是指能够容许生产力以旧社会所没有的速度迅速发展，因而生产不断扩大，因而使人民不断增长的需要能够逐步得到满足的这样一种情况。"② 同样，邓小平也强调："社会主义的经济是以公有制为基础的，生产是为了最大限度地满足人民的物质、文化需要，而不是为了剥削。由于社会主义制度的这些特点，我国人民能有共同的政治经济社会理想，共同的道德标准。以上这些，资本主义社会永远不可能有。"③ 在"为什么人"的问题上决不能含糊，这是中国共产党在领导人民进行社会主义建

---

① 《毛泽东文集》第7卷，人民出版社1999年版，第215页。
② 《毛泽东文集》第7卷，人民出版社1999年版，第214页。
③ 《邓小平文选》第2卷，人民出版社1994年版，第167页。

设的历程中得到的一条基本经验。由于物质生活需要对人的生存起决定性作用，而人又是具有思维能力的生命体，其对于精神文化方面的需要同样迫切，因此，保障人民的物质文化需要就构成社会主义制度的首要之义和本质要求。

既然这一主要矛盾的实质是社会主义制度与生产力之间的矛盾，那么它与社会基本矛盾之间有何关系？社会主义制度涉及上层建筑和生产关系两大方面，它不仅表现为一种新的政治上层建筑和意识形态，而且是以公有制为基础的新的生产关系的集中体现。所以，社会主要矛盾实质上是社会基本矛盾在社会主义条件下的具体化。在这个意义上，社会的主要矛盾是基本矛盾的特殊表现形式。只有明确它们之间的"根源"与"特殊表现形式"的关系，才能从社会基本矛盾中深刻揭示出主要矛盾的实质。进而言之，前者之所以对后者的生成起决定性的影响，关键在于生产力充当了两者联系的中介环节。生产力不仅是社会基本矛盾的决定性力量，而且其发展状况还直接构成社会主要矛盾的主要方面，它从根本上制约着另一个方面的实现。

二、两个"变与不变"与当代中国社会主要矛盾的转化

对于如何审视当代中国社会主要矛盾的转化程度，马克思历史规律理论同样能够提供有益的启示。社会主义初级阶段关涉中国发展的"历史方位"，而中国国际地位则涉及中国发展的"世界方位"，这两个相互联系的方面之"变与不变"的辩证法，是对当代中国社会发展状况的最好诠释。根据马克思历史规律理论，历史规律就是关于人类社会发展的规律，而社会基本矛盾运动本身也具有机械论者所拒斥的"变与不变"的辩证本质和特点，这决定了运用这一理论来分析当代中国的社会主要矛盾，不得不把后者放到我国发展的"历史方位"和"世界方位"中进行探究。

（一）社会主义初级阶段的变与不变

要理解社会主义初级阶段的变与不变，首先应当理解"社会主义初级阶段"这一范畴的涵义及其实质。我国是从新民主主义过渡到社会主义的，并没有经历过资本主义社会发展阶段，那么，在1956年社会主义革命胜利后，中国究竟处于何种历史方位？这里包含着许多复杂的问题，对此，我们虽然

不能直接从马克思列宁主义的"书本"中找到现成的答案,但是可以根据经典作家所提供的原理和方法论的指导,在中国社会主义建设的全新探索中加以回答。

在《哥达纲领批判》中,马克思描绘了以西欧社会为典型形态的未来社会发展的三个阶段,即"革命转变时期→共产主义社会第一阶段→共产主义社会高级阶段"。① 由于反对把关于西欧资本主义起源的历史概述理解为超历史的"万能钥匙",不希望把线性的、机械的最终规律强加给人类,所以对于未来社会及其发展过程的具体细节,他并不愿意多谈,而只是大体比较了共产主义第一阶段和高级阶段的差异。根据对十月革命前后俄国和资本主义国家发展现状的研究,列宁进一步发展了马克思的思想。一方面,列宁强调每个国家选择社会主义道路的多样性。在1916年批判彼·基辅斯基时,他深刻阐释道:"在人类从今天的帝国主义走向明天的社会主义革命的道路上,同样表现出这种多样性。一切民族都将走向社会主义,这是不可避免的,但是一切民族的走法却不会完全一样,在民主的这种或那种形式上,在无产阶级专政的这种或那种形态上,在社会生活各方面的社会主义改造的速度上,每个民族都会有自己的特点。"② 另一方面,他把"共产主义社会第一阶段"称作"社会主义社会"。在《国家与革命》一书中,他多次对这个阶段进行说明,并使用了"共产主义社会第一阶段(通常称为社会主义)"③ 之类的表述。这背后蕴含了深刻的理论思维,"通常"一词表明,社会主义也可能存在着不同于马克思所设想的其他特殊情况。根据列宁的观点,俄国可以通过利用国家资本主义等形式过渡到社会主义,但是在这之后,还要逐步经历初级形式的社会主义阶段、正常的社会主义产品交换阶段、成熟的社会主义阶段(即共产主义社会第一阶段)。④ 对于马克思和列宁的上述深刻思想,机械论者当然是排斥的,因为这有悖于他们眼中的适用于一切民族的"五种社会形态"线

---

① 参见《马克思恩格斯文集》第3卷,人民出版社2009年版,第435—436、445页。
② 《列宁专题文集 论社会主义》,人民出版社2009年版,第398页。
③ 《列宁专题文集 论马克思主义》,人民出版社2009年版,第265页。
④ 参见左亚文:《邓小平社会主义阶段论对列宁思想的继承与发展》,载《马克思主义研究》,2002年第6期。

性更替之"铁的规律"。

列宁的思想对中国共产党人产生了直接的影响。在社会主义改造基本完成后,毛泽东认为我国的社会主义制度只是"刚刚建立",还没有"完全建成"。在纠正"大跃进"和人民公社化运动失误期间,毛泽东还提出了一些具体的富有价值的观点。譬如,在1959—1960年研读苏联《政治经济学教科书》时,他就指出:"社会主义这个阶段,又可能分为两个阶段,第一个阶段是不发达的社会主义,第二个阶段是比较发达的社会主义。后一阶段可能比前一阶段需要更长的时间。经过后一阶段,到了物质产品、精神财富都极为丰富和人们的共产主义觉悟极大提高的时候,就可以进入共产主义社会了。……在我们这样的国家,完成社会主义建设是一个艰巨任务,建成社会主义不要讲得过早了。"① 这体现了毛泽东对探索社会主义道路的独到思考,只是由于后来在实践上没能真正坚持下去才导致我们党走了弯路。十一届六中全会首次在党的文献中明确提出社会主义"处于初级的阶段"的思想,但并未对此展开过多的论述。② 之所以没有展开说明的原因在于,要对我国所处的历史方位作出准确判断,离不开科学的理论思维的支撑,即需要对"我们要建设一个什么样的社会主义"问题有清醒的认识,而改革开放伊始囿于各种历史和现实条件的影响,我们对这个问题"还没有完全搞清楚"。这需要在实践中进一步探索,在理论上进一步思考。

在1987年4月,结合八年多的新鲜实践经验,邓小平斩钉截铁地强调:"搞社会主义,一定要使生产力发达,贫穷不是社会主义。我们坚持社会主义,要建设对资本主义具有优越性的社会主义,首先必须摆脱贫穷。现在虽说我们也在搞社会主义,但事实上不够格。只有到了下世纪中叶,达到了中等发达国家的水平,才能说真的搞了社会主义,才能理直气壮地说社会主义优于资本主义。现在我们正在向这个路上走。"③ 这个认识的理论贡献在于:一是把"生产力发达"归结为社会主义的本质特征,确立了判断社会主义是否够格的生产力标准;二是为理解六中全会提出的"初级的阶段"的社会主义

---

① 《毛泽东文集》第8卷,人民出版社1999年版,第116页。
② 参见《三中全会以来重要文献选编》(下),中央文献出版社2011年版,第166—167页。
③ 《邓小平文选》第3卷,人民出版社1993年版,第225页。

提供了思想基础。所谓"社会主义初级阶段",就是不发达的社会主义阶段。仅仅简单地把它拆分为两个部分——"已经是社会主义社会"和"这个社会还处于初级阶段"——来进行理解,在形式逻辑上是成立的,但在辩证逻辑方面却难以成立,其中的"同义反复"意蕴无疑会导致理解困境的产生。其实,对这一阶段的认识,需要从现象层面上升到本质的层面。邓小平所说的"事实上不够格"揭示了这一特定阶段的实质,而这背后反映了中国的现实状况同原有理论之间的矛盾,说明我们已建立的社会主义达不到马克思所说的"共产主义社会第一阶段"的资格。① 在党的十三大召开前夕,邓小平在会见意大利共产党领导人时,说得很清楚:"我们党的十三大要阐述中国社会主义是处在一个什么阶段,就是处在初级阶段,是初级阶段的社会主义。社会主义本身是共产主义的初级阶段,而我们中国又处在社会主义的初级阶段,就是不发达的阶段。"② 对此,党的十三大报告做了进一步的阐发:"它不是泛指任何国家进入社会主义都会经历的起始阶段,而是特指我国在生产力落后、商品经济不发达条件下建设社会主义必然要经历的特定阶段。"③

社会主义初级阶段理论本身就是对马克思历史规律理论认识的深化。要把握社会主义初级阶段的变与不变,还应当结合中国的具体实际,把它放到"站起来、富起来、强起来"的历史进程中进行说明。中国共产党的历史使命,那就是领导人民抗争国内外政治势力,在谋求民族独立的过程中实现解放,在推动民族复兴的征程上过上幸福的生活。只是有了这个主心骨,中国人民才能取得反抗封建统治和外来欺凌的胜利。新中国的成立以及社会主义制度的确立,表明中国人民从此可以掌握自己的命运、真正实现从"受凌辱"到"站起来"的历史性跨越。"站起来"是"富起来"的前提和基础。社会主义改造基本完成后,党就开始领导人民探索富国富民之路。但是"富起来"真正成为现实,要始于中国特色社会主义道路开辟以后。如果说社会主义建设时期是社会主义初级阶段的"第一个阶段"或"初始期",那么,改革开放

---

① 陈锡喜:《主要矛盾的"变"与初级阶段"不变"相统一的理论辨析》,载《思想理论教育导刊》,2018年第1期。
② 《邓小平文选》第3卷,人民出版社1993年版,第252页。
③ 《十三大以来重要文献选编》(上),中央文献出版社2011年版,第11页。

新时期就是它发展的"第二个阶段"或"成长期"。为了摆脱贫困的局面、发展合格的社会主义，我国坚持以经济建设为中心、鼓励部分先富起来的政策导向，不断解放和发展社会生产力，发展搞活社会主义市场经济，努力推动社会全面进步。独特的发展道路使我国的经济实力和社会发展程度实现了质的飞跃。我国总体实现了小康，不仅稳定解决了老百姓的温饱问题，更有力提升了人民的富裕程度。经过改革开放以来的长期发展，我国进入了"新时代"，中华民族迎来从站起来、富起来到强起来的历史性飞跃。"新时代"是社会主义初级阶段发展的"第三个阶段"或"完成期"。从这个过程中，可以清晰地看到社会主义初级阶段所呈现的阶段性特征，这说明了它自身并不是一成不变的，而是具有不断变化的特点。

但是，应该始终清醒认识到，我国社会的发展并没有改变对社会主义所处历史方位的判断，用马克思的标准来衡量的话，"事实上不够格"依然是对当代中国社会主义的客观描述。我国社会主义初级阶段的特殊性，决定了它是一个长期的历史过程，在时间跨度上大约要延续到21世纪中叶，经历一百年左右的时间。与初级阶段的实质之不变相对应的是，应当把"从站起来、富起来到强起来"当作一个有机整体来把握，而不能仅仅简单地把"强起来"拿出来当作事实判断进行单独解读。不能割裂"强起来"同"站起来"和"富起来"的关系。中华民族和中国人民开启迈向"强起来"的征程，是以"站起来"和"富起来"的历史发展成就为基础的。而且，强起来是为了更好地站起来、最终实现共同富裕。十九大报告之所以把新时代定位为"逐步实现全体人民共同富裕的时代"，原因也正在于此。所以，不能笼统地认为我们今天已经走完了富起来的过程，而是要科学认识我们在什么意义上富起来了、在什么意义上还要继续富起来的问题。"当下我们正实现'强起来'的飞跃，并不能简单地理解为，这是已经完全'富起来'以后的'强起来'，而是在基本'富起来'、又在努力改变发展'不平衡不充分'的同时，逐步实现的'强起来'。"[①] 需要进一步明确，今天我们是迎来飞跃，也就是站在"强起来"的历史起点上，而不是已经实现"强起来"了。只有到21世纪中叶全面建成现

---

① 胡涵锦：《"新时代"范畴"进课堂"的教学思路探析》，载《学校党建与思想教育》，2018年第7期。

代化强国的时候,我们才有足够的底气在资本主义发达国家面前说自己已经"强起来"了。这也就等于说,只有当我国社会主义的发展程度真正在整体上超越资本主义文明,"事实上不够格"的初级阶段才会成为历史,即为更高的社会主义发展阶段所超越。

（二）中国国际地位的变与不变

马克思通过对资本主义社会基本矛盾运动的研判,得出它必然会被更发达的社会形态所代替的结论。那么,今天的中国的社会主义发展状况与世界资本主义相比究竟处于何种位置?对于这个问题,不仅要从我国发展的历史方位的维度进行说明,同时还应从国内与国际的结合上,以一种更为宽广的大视野把它放到中国与世界关系的大逻辑中进行审视。需要思考的问题是,与过去时期相比,进入新时代的中国在世界体系中处于什么样的地位?中国与世界的关系究竟发生了多大的变化?如何正确地审视当代中国国际地位的变与不变?

根据国际关系理论"依附论"的解释,世界可分为中心国家（发达国家）和外围国家（发展中国家）,它们之间是剥削与被剥削的关系,而发展中国家要走向现代化,只能摆脱对中心国家的依附,走社会主义道路。沃勒斯坦实现了从依附论向世界体系论的转型,他不仅指出,现代世界体系是一个由中心区、半边缘区、边缘区构成的整体,这三个区域分别承担着不同的经济、政治角色,且在一定的条件下可能向相邻区域转化,而且还强调"占人类四分之一的中国人民,将会在决定人类共同命运中起重大的作用"①。在《变化中的世界体系》一书中,他进一步批评了把马克思主义当作民族发展的意识形态的狭隘理解方式,并大胆预测:"在未来几十年里,可以而且很可能会有更进一步的思想和实践,使我们达到一种新的意识形态的共识,一种新的科学的认识论,一种新的历史学,它们将结合马克思的基本洞察和价值观,并以一种马克思主义的方式,超越它们,达到一种新的扬弃,从而可以建设一个

---

① ［美］伊曼纽尔·沃勒斯坦:《现代世界体系》第1卷,尤来寅等译,高等教育出版社1998年版,中文版序。

更民主、更平等的世界。"①

近代以来，中国被迫纳入由资本主义主导的世界体系，并长期处于这个体系的"边缘"位置。二战以后特别是新中国的成立，为中国提高国际地位创造了良好的契机，但是由于把时代的主题归结为"战争与革命"和处于美苏争霸的世界格局中，我国国际影响力的提升有限。直到20世纪70年代初，随着在联合国的合法席位得到恢复，以及中日、中美关系逐步走向正常化，中国在全球事务中不断发挥自身的作用，中国与世界的关系发生了重大的调整。基于这个新变化，在70年代末至80年代中期，邓小平改变了战争不可避免且迫在眉睫的提法，不仅根据国际形势的变化提出争取比较长期的和平是可能的，而且以"和平"和"发展"两大问题对时代主题做了新的科学研判："世界上真正的问题，带全球性的战略问题，一个是和平问题，一个是经济问题或者说发展问题。和平问题是东西问题，发展问题是南北问题……南北问题是核心问题。"②

作为发展中国家，中国面临的严峻挑战是如何把发展问题这一核心问题提升到全人类的高度来认识，即如何争取和平的国际环境为本国现代化建设服务。十一届三中全会把工作重心转移到现代化建设，确立了对内搞活经济、对外实行开放的战略方针。我国适时调整了对外政策，坚持走和平发展道路，推行独立自主的和平外交政策。顺应经济全球化的大趋势，积极加入世界贸易组织，摆脱贫困并跃升为世界第二大经济体，中国的国际地位显著提升。随着国际影响力和话语权的增强，中国已经从世界体系的边缘位置日益走近世界舞台中央。

伴随着国际地位的"变"，中国与世界、社会主义与资本主义的关系发生了历史性的变化。一个客观的事实是，社会主义国家的发展程度，长期落后于发达资本主义国家。过去我们主要强调中国的发展离不开世界，但是，经过长期的发展，今天不仅世界需要中国机遇、可以搭乘中国发展的"便车"，而且人类问题的解决需要中国方案、中国力量和中国经验。中国的发展充分

---

① ［美］伊曼纽尔·沃勒斯坦：《变化中的世界体系：论后美国时期的地缘政治与地缘文化》，王逢振译，中央编译出版社2016年版，第107页。

② 《邓小平文选》第3卷，人民出版社1993年版，第105页

显示社会主义制度的优越性，拓展了发展中国家走向现代化的路径，在世界社会主义发展史上具有里程碑式的意义。西方的现代化模式并不是唯一的模式，21世纪的资本主义面临许多严重的结构性矛盾，资本逻辑主导下的社会变得更加不公平；同时，一些欠发达国家对西方现代化模式的简单效仿，在现实中面临着政治动荡、经济发展后劲不足等重重困境。因而，经济文化落后的国家要改变在国际体系中的边缘境地，必须突破"西方中心论"的思维模式和现代化框架，摆脱对发达国家的"依附"。可喜的是，"中国式的现代化"为人类对现代化的追求树立了榜样，为发展中国家对美好社会制度的探索提供了全新选择。

日益走近世界舞台中央的社会主义中国，有自信、有能力为人类作出更大的贡献。党的十九大报告指出：中国共产党是为中国人民谋幸福的政党，也是为人类进步事业而奋斗的政党，它始终把为人类作出新的更大的贡献作为自己的使命。这是对中国共产党使命的明确定位。其实，早在《共产党宣言》中，马克思、恩格斯就阐明了无产阶级的解放与全人类的解放的一致性，指出共产党人的使命是要构建这样一个自由人联合体——"代替那存在着阶级和阶级对立的资产阶级旧社会的，将是这样一个联合体，在那里，每个人的自由发展是一切人的自由发展的条件"[①]。恩格斯在1880年更是指出："完成这一解放世界的事业，是现代无产阶级的历史使命。"[②]当然，对无产阶级实现解放全人类的历史使命的强调，与一些现代西方国家所推行的霸权主义和强权政治的逻辑，存在着显著的、根本性的区别。恰恰相反，共产党人最反对的就是这样一种由资本主义来主导国际秩序的价值观。

在探索如何为人类作贡献的过程中，中国共产党人形成了关于倡导构建人类命运共同体的思想。推动构建人类命运共同体的创新理念，为审视中国特色社会主义与人类文明的关系提供了新的视阈。所谓构建人类命运共同体，指的是由世界各国人民"共同掌握世界命运""共同书写国际规则""共同治理全球事务""共同分享发展成果"。在21世纪的世界，各种全球性问题的复杂性、各国之间的相互依存程度远远超出了马克思的想象，如果什么都说成

---

① 《马克思恩格斯文集》第2卷，人民出版社2009年版，第53页。
② 《马克思恩格斯文集》第3卷，人民出版社2009年版，第566页。

马克思已经说过了，那是一种机械论和教条主义的态度。现实情况是，世界上的各个国家和民族都命运相联、利益与共，它们都难以独自应对复杂的全球性挑战，因而也就不可能再退回到自我封闭、独善其身的"孤岛"。在尊重不同文明和现代化道路差异的前提下，彰显中国特色社会主义的世界意义，倡导由世界各国的人民共同推进人类命运共同体建设，是中国在新的历史条件下遵循人类社会历史发展规律的必然选择。

当然，应当辩证地看待当代中国国际地位的变化，充分认识到在变化之中蕴含着"不变"。从建国初期的"一穷二白"发展成为如今"最大的发展中国家"，这无疑是一个历史性的飞跃，而且近年来我国经济社会的发展更是不断迈上新的台阶。但是，对于当代中国而言，最大的发展中国家的国际地位并没有发生本质的改变，主要依据在于：与欧美资本主义国家的发展程度相比，我国依然处于不发达的社会发展阶段；而社会主义的本质，是要在社会发展程度上全面超越资本主义，然而这在当今时代并未得到实现。

根据马克思历史规律理论，社会发展程度从根本上取决于经济发展水平，但同时也受到政治、文化等各方面因素的制约，其最终的判断标准在于人民的需要是否能得到有效的满足。与"事实上不够格"的社会主义相对应，我国在发展质量和效益、人均国民生产总值、科技创新能力、生态环境保护和生态生产能力等诸多方面与发达国家还有着比较明显的差距；我国在国际舞台上的政治影响力还较为有限，国际规则的制定权依然主要为欧美国家所掌握；我国的文化软实力总体偏弱，不仅文化产品的国际输出远落后于发达国家，而且中华文化和马克思主义意识形态在世界上的影响力还存在很大的提升空间，我们的国际形象基本上还是依赖于"他塑"而不是"自塑"，等等。对于这些问题要有准确的认知，我国虽然已经成为世界第二大经济体，但是在本质上还是不够格的社会主义。应当理性评价我国的国际地位：新时代的社会主义中国，仍然是发展中国家，我们不是"已经登上"而是"日益走近"世界舞台的中央。

（三）新时代社会主要矛盾的转化程度辨析

社会主义初级阶段不断变化的特点以及中国国际地位的深刻变化，为当代中国社会主要矛盾的转化奠定了实践基础。立足于新的发展方位，党的十九大适时调整了对社会主义初级阶段的社会主要矛盾的看法,把新时代的主要矛盾概括为"人民日益增长的美好生活需要"与"不平衡不充分的发展"之间的矛盾。这标志着中国共产党社会主要矛盾学说的新发展。那么,应当如何辩证地看待当代中国两个社会主要矛盾的关系,确切地讲,怎样创造性地运用马克思历史规律理论来说明新时代社会主要矛盾的转化程度?

有些学者认为,后一个主要矛盾是对前一个主要矛盾的纠偏和否定。这种观点是站不住脚的。量变与质变的辩证关系原理告诉我们:量变并不一定能够引起质变,只有它发展到一定的"度",事物内部的主要矛盾运动形式发生了根本性的改变,质变才会产生。根据马克思历史规律理论,社会生产的发展或者说生产力的发展,在社会历史发展中具有基础性、决定性的地位。与改革开放新时期的社会主要矛盾一样,新时代中国的主要矛盾同样是"需要"与"发展"之间的矛盾。两者的深层次联系在于,后一个主要矛盾实际上是把前一个主要矛盾涵盖在内的。在这个意义上,新时代我国社会主要矛盾的转化,并非是与"纠偏"相联系的质变。由于主要矛盾的运动形式的本质并没有发生改变,所以不能割裂当代中国的两个主要矛盾之间的内在联系。把它们作为相互排斥的两个东西完全对立起来,那是机械论者所坚持的思维方式。

两者一脉相承的依据,存在于现实逻辑和理论逻辑之中。从现实逻辑来看,社会主义初级阶段的"不变"和中国国际地位的"不变",从客观上决定了前后两个不同时期我国社会主要矛盾的延续性。与此相对应,从理论逻辑进行观照,作为社会基本矛盾在新条件的特殊表现形式,新时代我国主要矛盾的实质同样是发展状况同社会主义制度之间的矛盾。确切地讲,它们都是社会基本矛盾在社会主义初级阶段条件下的具体化。主要矛盾是确定工作的主要任务的决定性因素,当代中国两个主要矛盾的内在关联决定我们在新时代必须"坚持基本路线不动摇",特别是要继续推进"以经济建设为中心"的发展战略。

进而言之,要真正在理论上实现自洽,应当深刻认识到"不割裂两个主要矛盾之间的关联"本身包含着两重相互联系的涵义:一是它们之间不是不相容的"取代关系";二是两者之间是一种"拓展关系"。只看到第一重意蕴而忽视后一条要义,实际上容易陷入把两个社会主要矛盾等同起来的误区。如果它们之间不存在差异,那么就没有对我国社会主要矛盾做出新的提炼和概括的必要了。

我们不能否定关于新时代主要矛盾思想的重大创新意义。从内容上看，其中的拓展主要表现在：在"需要"方面，"美好生活需要"在内涵上对应于人们现实生活中的全方位需要，自然要比"物质文化需要"的外延更大；在"发展"方面，"不平衡不充分的发展"中的"发展"，不仅仅包含社会生产或者是经济文化的发展，还涉及政治、社会、生态文明等其他领域。而从由社会基本矛盾所规定的实质来看，由于作为一种运动形态的社会基本矛盾本身具有历史性，主要矛盾的实质逐步实现了从"社会主义制度和生产力发展状况的矛盾"到"社会主义制度和不平衡不充分的发展的矛盾"的转换。

1956年我国建立的社会主义之所以在事实上达不到"共产主义社会第一阶段"的资格，主要原因在于"社会生产力不够发达"。按马克思的设想，"共产主义社会第一阶段"建立在发达资本主义物质文明的基础上。然而，"一穷二白"的中国在没有经历过资本主义充分发展的条件下，就直接进入特殊的社会主义初级阶段。落后的生产力发展状况与社会主义制度之间，不可避免地产生了矛盾。只是随着生产力的不断发展，影响社会主义制度先进性发挥的主要制约因素已经不仅局限于社会生产方面，而是拓展为"不平衡不充分的发展"。不能认为我们原来致力于改变"落后的社会生产"是发展资本主义，而现在注重解决"不平衡不充分的发展"问题是要开始发展社会主义。改革开放不是搞中国特色资本主义，充其量只能说我们过去主要是运用资本主义的方式来发展社会主义。邓小平早就有定论，他不仅强调"贫穷不是社会主义"，更是提出关于"姓资"还是"姓社"问题的"三个有利于"判断标准。没有发达的社会生产力，发挥社会主义的优越性就会沦为空谈，但是我们同时不能忘了社会主义的本质除了解放和发展生产力，还有另一个十分重要的方面，那就是：消除剥削和两极分化、实现共同富裕。

马克思早就深刻指出：资产阶级的统治"既不会使人民群众得到解放，也不会根本改善他们的社会状况，因为这两者不仅仅决定于生产力的发展，而且还决定于生产力是否归人民所有"[1]。在社会主义制度下，不管人的需要处

---

[1]《马克思恩格斯文集》第2卷，人民出版社2009年版，第689页。

于什么层次,这些需要的满足不仅取决于"生产力的发展",更取决于"生产力是否归人民所有"。而在新时代的历史条件下,初级阶段的社会主义之所以依然"事实上不够格",一个极为重要的原因在于"不平衡不充分的发展"问题对实现"生产力归人民所有"构成了严重的威胁。这与我国生产力发展的不平衡不充分、生产关系和上层建筑在某些方面的不完善有着密切的联系。我们知道,如果没有生产力的发展,落后的生产状况不可能得到改变,人民需要的重心和层次就不会发生变化,原来的社会主要矛盾也就得不到阶段性的解决;而新的社会主要矛盾的产生,反过来又会对社会主义的生产关系和上层建筑的发展提出新的要求。由此可断定,在实现社会基本矛盾运动规律的过程中,不断认识和解决新的社会主要矛盾,是新时代发展社会主义的题中应有之义。

三、当代中国社会主要矛盾的转化动力

马克思历史规律理论对认识当代中国社会主要矛盾的另一重深刻启示,就是有助于我们理解和把握新时代主要矛盾的转化动力问题。深入研究这一转化的动力因素,是科学说明当代中国主要矛盾的变化何以可能问题的必要条件。机械论者由于漠视作为历史主体的人的活动及其能动作用,因而他们必定无法理解"需要"在人类社会发展历史中的重要地位。还原马克思历史规律理论的辩证本质,并以之审视我国主要矛盾转化的动力问题,关键在于把"需要"这一重要范畴纳入社会基本矛盾运动规律的框架。

(一)把需要范畴纳入社会基本矛盾运动规律的框架

不得不承认,过去我们对历史规律的理解有些简单化了,主要表现为忽视了"需要"在人类历史发展进程中的独特地位。当然,这有其客观原因,因为从社会基本矛盾运动规律的表述来看,其并不直接涉及"需要"的范畴。但是,今天深化马克思历史规律理论的研究,必须重新考量"需要"的历史作用,特别是有必要对生产与需要的矛盾做出合理的乃至创造性的解释。

黑格尔从绝对精神推演出自然界和人,从而把人当作绝对精神实现自身的工具。马克思历史规律理论的重要特点,在于它看到人并不只是实现历史必然性的工具,其自身就是目的,是工具和目的的统一。我们知道,费尔巴哈关注他所谓的"现实的自然界"和"现实的人",并使人从上帝(绝对精神)

的宾语变为主语，即把人当作目的，但他在把人的本质归为人自身的同时，落脚点却是人的自然属性，认为"现实的总和就是自然（普遍意义的自然）"，"只有回到自然，才是幸福的源泉"①。马克思则不同，他不仅认为主体能够创造历史，更是强调主体的现实目的的实现，特别是重视他们生活需要的满足。由于需要构成主体选择的第一动力，而历史规律是人们社会行动的规律，因而历史规律存在于人民群众对生活需要的追求及其实现的过程中。

在这个理论基础上，马克思深刻指出："我们首先应当确定一切人类生存的第一个前提，也就是一切历史的第一个前提，这个前提是：人们为了能够'创造历史'，必须能够生活。但是为了生活，首先就需要吃喝住穿以及其他一些东西。因此第一个历史活动就是生产满足这些需要的资料，即生产物质生活本身。"②根据这段论述可知，人要真正成为现实的历史主体，要实现对社会历史的"创造"，其前提条件是"能够生活"。何为"能够生活"？顾名思义，它指的是人们的各种生活的需要能够得到实现。而要实现人们在生活上的需要，必须进行物质生产活动，后者恰恰构成一切社会历史的基础。可见，把"需要"范畴纳入历史规律的框架，有利于实现"现实的人"与"物质生产"的统一。按照恩格斯在《在马克思墓前的讲话》一文中的描述，马克思正是得益于看到以下"简单事实"——主体只有在实现吃、喝、住、穿等基本生活需要的前提下才能从事政治生活和精神生活的活动，这位伟大的革命导师才能够发现"直接的物质的生活资料的生产"构成全部历史的物质性基础的原理，从而进一步揭示了关于社会基本矛盾运动的"人类历史发展规律"。③

人们的生活需要为生产活动的进行提供原动力，而随着原有需要在生产活动中逐步得到满足，新的需要又会生成并反作用于生产活动，由此生产与需要之间便构成了一对相互作用的矛盾。马克思强调："第二个事实是，已经得到满足的第一个需要本身、满足需要的活动和已经获得的为满足需要而用的工具又引起新的需要，而这种新的需要的产生是第一个历史活动。"④之所

---

① 《费尔巴哈哲学著作选集》（上），商务印书馆1984年版，第84页。
② 《马克思恩格斯文集》第1卷，人民出版社2009年版，第531页。
③ 《马克思恩格斯文集》第3卷，人民出版社2009年版，第601页。
④ 《马克思恩格斯文集》第1卷，人民出版社2009年版，第531—532页。

以说"新的需要的产生是第一个历史活动",主要是意在表明它对于推进再生产过程具有重要的促进作用。这里蕴含的逻辑进路表现为:人们的物质生活需要→物质生活资料的生产→新的需要→物质生活资料的再生产。由此观之,生产与需要的矛盾,是推动人类社会历史发展的深层次的、基础的、内生的动力。

当然,"需要"范畴在马克思历史规律理论中有着特殊的涵义。根据马克思的思想,"新的需要"的生成,至少要具备两个条件,一是"满足需要的活动",二是"已经获得的为满足需要而用的工具",而这两者都是人们的实践活动不断发展的结果。动物也有维持生命存在的需要,但它们并不会从事生产需要的活动。马克思眼中的人的需要以及生产这种需要的活动,是人的物质生产活动的展开。由于人的需要的形成、实现都依赖于与物质前提相联系的实践过程,其本身就受制于以经济因素为基础的社会历史条件,因而具有客观性和有限性。这一认识,既不同于过度强调人的需要的心理基础的心理学解释,又迥异于认为人的需要处于无限状态的现代西方经济学观点。

综上可以推断:生产与需要的矛盾,统一于人们创造历史的实践活动中。因此,要在"实践的唯物主义"的理论立场上确定和认识这对矛盾,否则,即便我们克服了机械论和宿命论的误区,但是又可能会从另一个方面陷入了唯心主义哲学和不可知论的泥潭。只有把"需要"范畴纳入马克思所揭示的社会基本矛盾运动规律的框架,我们才能从学理上深刻领悟历史规律与当代中国社会主要矛盾的转化动力之间的内在联系和深层关联。

(二)生产与需要的矛盾构成主要矛盾转化的内生动力

生产与需要的矛盾是推动人类历史发展的一对基础性矛盾,更是直接构成当代中国主要矛盾转化的动力。即是说,新时代我国主要矛盾的转化是有其内生动力的,那就是生产与需要之间的矛盾。正如前面所论证的,当代中国的两个主要矛盾都是"发展"与"需要"之间的矛盾,但是还有必要进一步明确的是,从原来的主要矛盾转化为新的主要矛盾的动力,是处于更为本质层面的"生产"与"需要"之间的矛盾。"生产"的发展,实质是生产力的发展,它是最根本的发展;而"发展"则涉及社会结构的各个领域(若再进一步拓宽视野,它也涉及主体的发展)。因而,与"发展"与"需要"的矛盾相比，"生产"与"需要"的矛盾更加具有基础性、根本性，这也是"内生动力"的"内生"所蕴含的意蕴。

坚持遵循历史规律与尊重人民主体地位的一致性，要求我们在实现历史规律的进程中必须不断保障广大群众的需要。从历史上看，无论是马克思生活的时代西欧社会所存在的严峻的异化劳动状况，还是中国古代建立在封建土地制度上的剥削现实，都有悖于劳动大众的需要，有违人类历史发展的客观规律。与此形成鲜明对照的是，邓小平在改革开放新时期提出的"三个有利于"标准，其实质就是要解决生产与需要之间的矛盾，即实现彰显生产力的决定性作用与保障人民群众的需要的有机统一。

把生产与需要的矛盾确立为当代中国主要矛盾的转化动力，不仅有其自身的理论逻辑，同时也是实践发展的必然。一方面，在不断完善社会主义制度即调整生产关系和上层建筑的过程中，我国的社会生产能力实现了总体跃升，供给不足的状况获得根本改观。经过长期的发展，我国在国内生产总值、进出口贸易总额、制造业增加值等诸多方面，已经处于世界领先水平。随着现代化进程的推进，我国的工业和农业生产力得到显著改善，超过200种产品的产量位列世界首位，甚至出现部分产品大量过剩的情形。再讲"落后的社会生产"已经不是对当代中国的实际状况的客观描述。与此同时，在另一方面，人们的"需要"状况也发生了深刻的改变。生产力的不断发展，不仅有利于保障人们的物质生活需要，而且使得他们对于文化产品和文化服务的需要也得到了较大的满足。根据马克思的观点，"需要"具有历史性和趋于复杂化。当基本的生存需求得到实现时，人们会进而追求实现更高层次、更大范围的需要。反观当代中国人们的需要的变化，由于原来的需要在社会发展过程中不断得到阶段性的实现，在新时代，"需要"在领域和重心上已经不仅仅停留在"物质文化"的层次，而是日益拓展到社会生活的方方面面。有足够的事实依据可以证明，人民对于美好生活的向往和需求，已经取代"物质文化需要"而成为社会主要矛盾的一个构成方面。

在社会基本矛盾运动中，一方面是落后的生产状况被改变，另一方面是人们的需要表现出新的特点，这表明生产与需要的矛盾发展到了新的阶段。与马克思的描述相比，生产与需要的矛盾在新时代有了新的表现。"生产"不仅仅包括"物质生活资料的生产",而是拓展为涉及人们各方面生活资料的"广义生产";与此相对应,"需要"也演变为"日益广泛的美好生活需要",这主要表现为,人民在政治生活领域(对民主与法治的期待)、社会建设和治理领域(对公平正义、生命安全的期待)、生态文明建设领域(对优美环境的期待)的需要呈现逐步增长的态势。应当指出,"日益广泛的美好生活需要"建立在"物质文化需要"的基础之上,它并不是对后者的简单否定,而是一种内在的扬弃。我们原来在理论思维上倾向于以"物质"和"精神"来对社会生活领域进行二元划分,所以主要强调这两个领域的生活需要的实现,这是具有历史合理性的。而随着社会生活本身逐渐得以丰富,对于社会生活领域划分的认识有必要再进一步拓展。由于人们的生活需要所涉及的领域变得"日益广泛",在这种状况下,关于以物质文化所规定的生活需要的认识因而就体现出其历史局限性。总而言之,随着生产与需要的矛盾这个"内生动力"的发展呈现出新的阶段性特征,我国的社会主要矛盾也发生了转化。

还必须明确,社会主要矛盾的转化从其酝酿到实现,要经历一个历史的过程。党的十七大报告就指出:我国从生产力到生产关系、从经济基础到上层建筑都发生了意义深远的重大变化,但是社会主要矛盾没有发生变化。值得深入思考的问题是:为何社会基本矛盾的各个构成要素发生了"意义深远的重大变化",但是对我国社会主要矛盾的判断依然没有发生变化?判断社会主要矛盾转化与否的标准是什么?其实,不管在哪一种社会形态下,社会基本矛盾运动都具有历史性,其发展变化都是不言而喻的。更为重要的是,在社会主义条件下,由于社会基本矛盾的构成要素之间具有"基本适应"的非对抗性特征,所以经过长足的发展,从生产力到生产关系、从经济基础到上层建筑都发生了意义深远的重大变化,也是在情理之中。由于社会基本矛盾对于社会主要矛盾的发展有决定性影响,所以,既然社会基本矛盾已经发生了"意义深远的重大变化",那么,就预示着我国社会的主要矛盾也或快或慢地必定会发生转化。从"基本矛盾的重大变化"到"主要矛盾的转化"中间之所以会经过一个历史过程,有对主要矛盾转化的认识略滞后于实践的原因,但是深层次的根源在于,社会主要矛盾发生转化与否的判断依据,不仅仅在于社会结构的变化,更重要的还要看生产与需要的矛盾的发展,这其中包含发展对人民群众的需要的满足程度问题。

四、新时代社会主要矛盾的结构及其解决

马克思历史规律理论对于认识当代中国社会主要矛盾的意义，还体现在它对把握新时代我国社会主要矛盾的结构及其解决问题有重要的启示。当然，我们不能机械地把社会基本矛盾运动规律的框架直接搬过来套用在"新时代社会主要矛盾"之上。原因在于，今天中国的社会结构和社会矛盾的复杂性，已经远远超出了马克思的想象。创造性地运用马克思历史规律理论来认识新时代社会主要矛盾，不仅需要准确把握主要矛盾的两个方面及其相互关系，而且应当从以下两个维度深刻理解解决这一主要矛盾的路径：一是以生产力为牵引推动社会有机体的协调发展；二是以调整分配格局为核心理顺人与人之间的关系。这同样是在当代运用层面实现消解对待马克思历史规律理论的机械论倾向的内在要求。

（一）社会主要矛盾的两个方面及其关系

从内在结构来看，新时代中国社会主要矛盾包括两个方面：(1)"人民日益增长的美好生活需要"；(2)"不平衡不充分的发展"。这两个方面之间究竟是何种关系？有学者强调：新时代中国社会主要矛盾本身是一个充满张力的动态整体，其中蕴涵的两个方面内容之间并非线性的因果关系，而是一种双向互动的关系。① 这一见解是深刻的。我们说，社会主要矛盾之所以构成"矛盾"，在于其内部构成要素之间呈现为既对立又统一的关系。只有准确理解这种对立统一的矛盾关系，才能深刻认识新时代我国社会的主要矛盾的结构。

"人民日益增长的美好生活需要"与"不平衡不充分的发展"，首先处于一种对立的状态之中，它们之间在内涵上有着明显的区别。所谓"需要"，是人们在社会生活中由于感知到"缺乏"而产生的对于外界对象的"要求"。需要具有三大特征：一是在外延上包括基本的自然需要以及更高层次的社会需要、个性需要等，具有层次性；二是由于受到生活资料的生产水平等客观因

---

① 参见马拥军、陈瑞丰:《如何看待新时代的社会主要矛盾》，载《江苏行政学院学报》，2018年第2期。

素的制约，体现出社会历史性；三是因主体的状况而异，受主体尺度的影响而带有差异性。所谓"美好生活"，与粗陋的、不好的生活相对，它涉及主观评价和价值判断，其实质是实现客体的属性及功能与主体尺度之间的统一。与动物仅仅追求自然的生理需要不同，人不仅仅追求物质生活的享受，后者所追求的"美好生活需要"是一种全方位、多领域的需要。从外延上看，"美好生活需要"涉及经济、文化、政治、社会和生态文明等人的生活的各个领域，它具体体现为人们在教育、工作、收入、社会保障、医疗卫生服务、居住条件、生态环境、精神文化生活等各个方面的生活期待和要求。作为主要矛盾的一个方面，"人民日益增长的美好生活需要"不是指某个个体的具体需要，而是一个整体性的范畴，特指作为整体的"人民"的生活需求。当然，这不是对个体的个性化需要的排斥，原因在于，人民范畴是具体的而不是抽象的，每个个体的美好生活需要的满足是社会全体人民美好生活需要实现的前提条件。

而"发展"则指称事物进步变化的过程。应当如何理解"不平衡不充分的发展"的基本内涵？"发展不平衡"，侧重于横向的比较，它是一个全称判断，指的是各地区、各领域、各方面的发展存在不协调、不一致的问题。"发展不充分"则倾向于纵向的考察，它当然可以被用来描述整个社会的发展状况，即对于发展程度较低和较高的地区、领域和方面，都可能存在发展不足的问题；但是，相比较而言，在发展程度较低的条件下，"不充分"问题显然要表现得更为突出。而且，当我们把"不充分"放到"不平衡"后面当作一个整体加以使用时，它更像是一个特称判断。从这个意义上讲，"总体上的发展不平衡"与"某些部分的发展不充分"互为表里：某些部分的发展不充分奠定总体发展不平衡的基础，而总体发展不平衡则构成某些部分发展不充分的结果。对于作为社会主要矛盾的一个方面的"不平衡不充分的发展"，应该从这重意蕴上加以理解。

这表明，"人民日益增长的美好生活需要"与"不平衡不充分的发展"构成新时代社会主要矛盾的两个相互排斥的对立面：如果要满足呈现增长的态势的美好生活需要，那就意味着须"消费"更多的发展成果，而改善不平衡不充分的发展状况，目的则在于提升发展的程度和质量，从正向推动发展成果的"生产"。当然，必须清楚地认识到，这两个对立面之间以它们的差别为前提又表现出统一性，是一种相互依存、相互渗透的关系。对这种统一关系的把握，需要建立在理解生产与消费之间的辩证关系的基础之上。

所谓消费，指的是利用物质的和非物质的资料来满足主体生活所需的各种需要的过程。马克思眼中的"消费"，指的是满足人的实际需要的消费，而不是消费主义者所强调的对欲望本身而非商品的使用价值的消费。只有明确认识到生产与消费的有机统一，才能在理论思维上避免陷入消费主义的泥潭。在《〈政治经济学批判〉导言》中，马克思曾指出："因为消费创造出新的生产的需要，也就是创造出生产的观念上的内在动机，后者是生产的前提。消费创造出生产的动力，它也创造出在生产中作为决定目的的东西而发生作用的对象。如果说，生产在外部提供消费的对象是显而易见的，那么，同样显而易见的是，消费在观念上提出生产的对象，把它作为内心的图像、作为需要、作为动力和目的提出来。消费创造出还是在主观形式上的生产对象。没有需要，就没有生产。而消费则把需要再生产出来。"[①] 由此可见，没有消费，就没有生产者的需要，那么生产就丧失自身的目的和动力。这里体现的是消费和需要对生产的鲜明的反作用。这种作用有时候甚至是决定性的，在这个意义上，这两个因素之间表现为一种反身性的相互决定关系。

但是从另一个维度来看，作为满足人们的实际需要过程之体现的消费，其本身就作为人的生产活动的一个内在要素而存在。消费归根到底是由生产所决定的。生产不仅为消费提供材料，而且可以通过作为对象的材料在消费者身上引起需要，进而创造消费者本身。关于生产对需要的决定性影响，马克思深刻阐释道："生产不仅为需要提供材料，而且它也为材料提供需要。一旦消费脱离了它最初的自然粗野状态和直接状态——如果消费停留在这种状态，那也是生产停滞在自然粗野状态的结果——那么消费本身作为动力就靠对象来作中介。消费对于对象所感到的需要，是对于对象的知觉所创造的。艺术对象创造出懂得艺术和具有审美能力的大众——任何其他产品也都是这样。因此，生产不仅为主体生产对象，而且也为对象生产主体。"[②] 人维持自

---

① 《马克思恩格斯文集》第8卷，人民出版社2009年版，第15页。
② 《马克思恩格斯文集》第8卷，人民出版社2009年版，第16页。

身的生活所需消费资料的获取，不能仅仅依靠自然界的赐予，而是必须经过人自己的劳动实践的途径。换言之，主体能否通过消费行为来满足生活需要，从根本上取决于其对客观世界的改造程度，取决于社会生产的发展状况。从我国发展的现实境况来看，在新的历史条件下，包括主客观条件在内的许多因素都或多或少地影响了人们对美好生活需要的追求，但就主要方面而言，这些因素通常与不平衡不充分的发展有关，或者至少是由这一问题所引发或者派生的。

作为一种反映其中的构成要素相互约束的状态，主要矛盾的内部有主要方面和次要方面之分。那么，新时代我国主要矛盾的主要方面究竟是"不平衡不充分的发展"（供给侧），还是"人民日益增长的美好生活需要"（需求侧）？由于生产构成最本质的发展，因而这个问题的实质是"生产和需要（消费）之间何者具有主导性作用"。应当注意，马克思和马克思主义主要使用的是"生产"与"需要"的说法，而不用"供给"与"需求"的概念，后者是当代经济学专门用来解释市场经济现象的一对特定范畴。再结合前面的分析可得出推论：在新时代社会主要矛盾的结构中，作为供给侧的"不平衡不充分的发展"，是占据主导性地位的主要方面，它对作为需求侧的"人民日益增长的美好生活需要"的实现具有决定性的影响。

（二）以生产力为牵引推动社会有机体的协调发展

解决新时代社会主要矛盾，必须首先把握住主要矛盾的主要方面，解决好社会有机体发展的不平衡不充分问题。马克思对历史规律的揭示，是以对社会结构的分析作为基础的。如果不是得益于把社会分解为"三层楼结构"（生产力、生产关系、上层建筑）的社会结构理论，马克思不可能得以进一步深入揭示它们之间动态的矛盾运动，也就不可能发现历史发展的内在规律。对社会基本矛盾运动所具有的整体性逻辑的揭示，则表明他对于社会结构内部关系的有机性的基本认识。这为马克思创立社会有机体理论奠定了理论基础和提供了可能性。

在《哲学的贫困》中，马克思说："谁用政治经济学的范畴构筑某种意识形态体系的大厦，谁就是把社会体系的各个环节割裂开来，就是把社会的各个环节变成同等数量的依次出现的单个社会。其实，单凭运动、顺序和时间的唯一逻辑公式怎能向我们说明一切关系在其中同时存在而又互相依存的社会机体呢？"① 如果说，这是在说明社会结构各个要素之间错综复杂、相互制约的关系，那马克思在《资本论》第一版序言中的论断，则是要阐明社会是一个发展着的有机整体："现在的社会不是坚实的结晶体，而是一个能够变化并且经常处于变化过程中的有机体。"② 由此可见，社会有机体理论不仅没有违背马克思所发现的社会基本矛盾运动规律，反而是对这一规律认识的拓展和深化。

在社会有机体中，生产力是具有决定性的构成要素。对社会有机体的狭义理解并不把生产力涵盖在这一范畴之内，这种理解是不全面的。如同"经济基础"（经济结构）有广义和狭义之分一样，"社会有机体"也有双重意蕴。要探讨社会有机体的发展状况，首先应当关注我国生产力发展的不平衡不充分问题。从当代中国的现实情况来看，尽管生产力的发展总体水平较高，但是各生产部门、各地区的生产力发展程度和生产力布局很不均匀。从我国历史发展的宏观进程来审视，总体而言，生产力表现出趋于前进的发展态势。生产力所固有的趋于发展的属性，使得其发展的不充分是一个永恒的问题。众所周知，我国一方面存在较为发达甚至世界领先的生产力，另一方面，在一些地区和工农业领域，还存在着大量传统的甚至是原始的生产力。相比较而言，在生产力相对落后的生产部门和地区，不充分的问题表现得更为突出；这种生产力发展的不充分同时意味着，其在发展水平方面远不如其他的生产部门和地区，因此从全局来讲，发展不平衡的问题也是客观存在的。

改善生产力的发展不平衡不充分问题，是解决新时代我国社会主要矛盾的关键。而要解决这个问题，有必要深入分析其产生的原因。导致不平衡不充分的生产力发展状况的原因是复杂的。从理论逻辑来看，生产力作为一种既得的力量，是人们以往实践活动的产物，这种可继承性特征在一定程度上对其在不同生产部门、不同地区的发展差距负有责任。另一个与此相关的重要原因是，生产力在现实发展中所存在的不均匀的布局。无论是在整个国民经济范围内对生产力进行宏观布局，还是对各个生产部门以及地区生产力进

---

① 《马克思恩格斯文集》第1卷，人民出版社2009年版，第603—604页。
② 《马克思恩格斯文集》第5卷，人民出版社2009年版，第10—13页。

行具体布局，都要立足于特殊的社会历史条件，紧密结合当时当地的生产实际；而原有的生产力发展水平、生产关系的差异，以及自然禀赋、人口因素、政治文化条件等方面的特殊性，客观上造就了我国生产力布局的不均匀现状。在社会主义条件下，国家对不同生产部门、不同地区的生产力布局，对其生产力的发展水平有显著的制约作用。因此，我国对于生产力的不均匀布局，是导致生产力发展的不平衡不充分问题凸显的一个主要根源。在尊重客观条件的前提下，以多样化的方式最大限度地促进生产力布局的协调性，是解决这一突出问题的重要途径。

生产力是社会结构的基础，但并不是后者的全部。所以，解决社会发展的不平衡不充分问题，还应当以生产力为牵引推动社会有机体的协调发展。对于构成社会基本矛盾的各个组成部分，如果换一种视角来解读，可以发现生产力、生产关系构成"经济"，政治的和法律的上层建筑构成"政治"，思想上层建筑构成"文化"。从社会有机体的宽阔视角来审视发展不平衡不充分问题，需要把眼光拓展到包括社会（狭义）和生态文明领域在内的"五位一体"。事实上，经济、政治、文化、社会和生态文明各个领域虽然地位不同，但这些因素之间不仅相辅相成、互相依存，而且都经常处于变化的过程中，它们共同构成社会有机体。

各个具有不同功能的构成要素"互相依存"和"经常处于变化过程中"，是社会有机体的本质规定性，而这恰恰决定了中国特色社会主义总体布局的发展不平衡不充分问题的客观性。但是只有当这种不平衡不充分破坏了社会的有序运转，即各个构成由于发展程度的差异而导致它们之间的矛盾尖锐化时，它才会显化。就当代中国的现实情况而言，生产力这个基础性要素发展的不平衡不充分，必然会导致各个地区在社会结构的每一方面，都或多或少地存在着发展不协调的问题。而从中国特色社会主义发展的总体来看，这个问题表现得更加明显：长期以来，在以经济建设为中心的战略的推动下，我国的经济发展水平不仅与过去相比有了显著的提升，而且在总量上一点都不逊色于世界发达国家；然而，较之良好的经济发展水平，我国在政治、文化、社会和生态文明等领域的发展并不充分，比如社会法治化水平不高、文化建设相对滞后、社会建设存在不少短板、生态文明建设问题很多等，这种不充分直接导致社会结构发展的"一强多弱"的不平衡状况。这种状况对新时代中国社会的良性发展和健康运行构成了威胁。如果说过去我们主要是通过发展经济来解决"有没有"的问题,那么,新时代的中国应当聚焦于社会有机体发展得"好不好"的问题,迈进一个由强调"实现量的增长"到重视"促进量和质的统一的发展"的新阶段。在新时代解决社会的主要矛盾,有必要推进解决"五位一体"总体布局的发展不平衡不充分问题,统筹提升社会各个领域的文明程度,推进中国特色社会主义社会的全面进步。

(三)以调整分配格局为核心理顺人与人之间的关系

社会有机体的发展为人民满足自身各方面的需要创造了客观基础。但这并不意味着,只要经济社会实现发展和进步,人民的美好生活需要就会如机械论者所言自然而然地获得实现。从对温饱生活的向往到对小康生活的向往,再到对美好生活的向往,我国人民逐渐迎来个性化和小批量的需求阶段。现阶段要解决发展得"好不好"的问题,一个核心要义是要保障发展成果归人民所有。马克思历史规律理论所提供另一重要当代启示,就是昭示我们要解决新时代的社会主要矛盾,应当坚持以人民为中心的发展战略。这不仅需要推进供给侧结构性改革,更需要以调整分配格局为核心理顺人与人之间的关系。

人是社会主要矛盾的承担者,是联结社会主要矛盾的两个方面的主体力量。只有实现生产力归人民所有,才能有效协调社会的发展状况与主体的生活需要之间的矛盾。而要协调这一矛盾,须正确认识和处理分配这个重要的中介环节。在《〈政治经济学批判〉导言》中,马克思强调:"在社会中,产品一经完成,生产者对产品的关系就是一种外在的关系,产品回到主体,取决于主体对其他个人的关系。他不是直接获得产品。如果说他是在社会中生产,那么直接占有产品也不是他的目的。在生产者和产品之间出现了分配,分配借社会规律决定生产者在产品世界中的份额,因而出现在生产和消费之间。"[①]根据这一思想逻辑可知,我们不能离开人与人之间在生产中形成的物质关系而空谈分配问题。事实上,生产资料的所有制形式构成生产关系的基础,它决定人们在经济生活中的地位,决定产品在人与人之间的分配关系。这种

---

① 《马克思恩格斯文集》第8卷,人民出版社2009年版,第18页。

观点在《哥达纲领批判》中得到更为清晰的表达:"消费资料的任何一种分配,都不过是生产条件本身分配的结果;而生产条件的分配,则表现生产方式本身的性质。例如,资本主义生产方式的基础是:生产的物质条件以资本和地产的形式掌握在非劳动者手中,而人民大众所有的只是生产的人身条件,即劳动力。既然生产的要素是这样分配的,那么自然就产生现在这样的消费资料的分配。如果生产的物质条件是劳动者自己的集体财产,那么同样要产生一种和现在不同的消费资料的分配。"[①] 由此观之,在资本主义私有制条件下,资本家由于占有剩余劳动和剩余价值而在分配格局中占据绝对优势地位,由此所导致的消费资料分配的不公平严重制约了雇佣劳动者需要的实现。只有通过推翻资产阶级的国家政权而逐步消灭私有制、确立公有制,才能保障消费资料在人与人之间分配的公平性,从而有效满足劳动者维持生命和生活的需要。

通过社会主义改造,我国实现了生产资料归国家所有,确立了有计划的社会主义经济。但是随着社会生产力的发展,由国家直接占有生产资料的形式对进一步激发经济活力、实现生产力归人民所有产生了一定的阻碍作用。而改革开放以后,我国逐步确立了与社会主义市场经济相适应的生产关系:在所有制形式上,既强调以公有制为主,同时还鼓励多种所有制经济的共同发展;在分配方式上,一方面凸显按劳分配的主体地位,另一方面又重视资本、技术等要素在分配中的地位和作用。这并不是对公有制的否定和抛弃,而是我国探索过渡到共产主义公有制——社会所有制的重要尝试。如果说国家所有制是国家以社会的名义占有生产资料,那么,在社会所有制条件下,工人通过劳动而生产出来的产品一方面由社会占有(作为再生产资料),另一方面则由劳动者个体占有(作为生活消费资料)。

有论者指出,发展多种所有制经济、发挥资本在分配中的作用,实质是要壮大私有制经济,这有悖于马克思的思想,它必然会导致居民收入分配的两极分化。事实是否真的如此?作为为共产主义者同盟起草的带有鼓动性的政党纲领,马克思和恩格斯在1848年写作的《共产党宣言》中鲜明提出"消

[①] 《马克思恩格斯文集》第3卷,人民出版社2009年版,第436页。

灭私有制"的号召。而在《资本论》第三卷中，马克思根据社会基本矛盾运动规律对原来的认识作了补充说明："工人自己的合作工厂，是在旧形式内对旧形式打开的第一个缺口，虽然它在自己的实际组织中，当然到处都再生产出并且必然会再生产出现存制度的一切缺点。但是，资本和劳动之间的对立在这种工厂内已经被扬弃，虽然起初只是在下述形式上被扬弃，即工人作为联合体是他们自己的资本家，也就是说，他们利用生产资料来使他们自己的劳动增殖。这种工厂表明，在物质生产力和与之相适应的社会生产形式的一定的发展阶段上，一种新的生产方式怎样会自然而然地从一种生产方式中发展并形成起来。没有从资本主义生产方式中产生的工厂制度，合作工厂就不可能发展起来；同样，没有从资本主义生产方式中产生的信用制度，合作工厂也不可能发展起来。信用制度是资本主义的私人企业逐渐转化为资本主义的股份公司的主要基础，同样，它又是按或大或小的国家规模逐渐扩大合作企业的手段。资本主义的股份企业，也和合作工厂一样，应当被看做是由资本主义生产方式转化为联合的生产方式的过渡形式，只不过在前者那里，对立是消极地扬弃的，而在后者那里，对立是积极地扬弃的。"①

马克思对扬弃资本主义生产方式的过渡形式的详细论证，为我国改革开放以来利用资本要素来发展社会主义的实践提供了理论基础。当然，与计划经济时期相比较，在发展社会主义市场经济时期，由于坚持效率和先富优先的政策导向，以分配不正义为主要表现的不平等格局也在逐步形成。这首先体现在居民的收入分配差异方面。从2003—2016年，我国的基尼系数都在0.4—0.5区间，这表示收入差距的扩大趋势已经演变为一个不容忽视的严重社会问题。② 从2017年全国居民的人均可支配收入指标来看，低收入组为5958元，中等偏下收入组为13843元，中等收入组为22495元，中等偏上收入组为

---

① 《马克思恩格斯文集》第7卷，人民出版社2009年版，第499页。
② 据国家统计局的数据，我国在2003—2016年的基尼系数依次为0.479、0.473、0.485、0.487、0.484、0.491、0.490、0.481、0.477、0.474、0.473、0.469、0.462、0.465。按国际通行标准，基尼系数在0.4—0.5区间表示收入差距较大，而在0.5以上则表示收入差距悬殊。发达资本主义国家的基尼系数通常在0.4以下。

34547元，高收入组为64934元。① 从中可见，高收入群体的人均可支配收入是低收入群体的10倍以上。这种状况严重制约了低收入群体的生活需要的满足。美好生活需要的产生和实现，是以人们的基本物质需要的满足为先决条件的。如果基本的物质生活需要都得不到满足，那他们就难以享受更好的教育、医疗和居住条件，就难以继续从事政治、科学、艺术等历史活动，因而也就不能在创造历史的过程中不断实现自身的全面的发展。

从理论上讲，在公有制占据主导地位的状况下，个体的劳动收入差异就会很小，以按劳分配为主要原则而形成的分配格局于是处于一个合理的水平。那为何社会主义中国也存在较为严重的收入差距问题？中国的财富不平衡问题具有与资本主义国家完全不同的性质，它并非体现为"劳动者"和"资本家"两大阶级财富的两极分化，而是更多地表征为社会主义劳动人民内部由机会不平等所产生的收入差异。经济学通常把经济结果的影响因素分为两类：环境变量和努力变量。人与人之间由于环境变量的影响所造成的起点不平等，就是"机会不平等"；而与之相对的是"机会平等"，即客观环境因素对最终结果并不产生显著的影响。机会不平等是催生当前中国不平衡的收入分配格局的主要原因。有学者就通过实证研究得出结论：我国的机会不平等对居民收入差距的贡献度为40%左右，这远远高于许多发达资本主义国家。②

考察机会不平等对收入分配的影响，实质就是分析环境变量对后者的作用。从中国的现实情况来看，导致我国人民收入差距扩大的环境因素，主要有出生地、户籍制度、家庭背景、教育条件、医疗卫生水平等。这些因素或多或少都与城乡差别、区域发展差异两大结构性因素有关。相比较而言，出生地和户籍在乡村、中西部贫困地区的人群，他们的父母的受教育程度、就业和财产状况往往欠佳，其所能享受到的公共服务也相对有限。由于历史遗留因素、生产力布局不均匀等多方面的原因，乡村、中西部贫困地区依然存

---

① 五等份收入分组指的是从高到低依次分为五个等份，其中处于最高20%的收入群体为高收入组，依此类推为中等偏上收入组、中等收入组、中等偏下收入组、低收入组。具体数据参见国家统计局2018年2月28日公布的《中华人民共和国2017年国民经济和社会发展统计公报》。

② 参见马艳、张建勋：《不同所有制条件下的收入差距问题研究——基于机会不平等理论的视角》，载《财经研究》，2015年第5期。

在着大量传统的甚至是原始的生产力。由于生产力决定生产关系和上层建筑，在社会有机体中居于主导性的地位，因此，这些生产力发展不足的地方，其经济结构、基础设施建设、教育水平、社会治理、医疗卫生服务、精神文明建设等方面的发展也很不充分。机会不平等严重制约了这些地区人民的劳动收入的提升，当然，个体在受教育、就业等方面的努力有可能改变这种影响，但是，努力的选择本身其实也在很大程度上受制于环境变量。

总体而论，在新时代解决我国的社会主要矛盾，须坚持正确的价值导向和理论思维。一方面，在价值导向上要从注重"物"的发展转换到关注"人"的发展上来。人的美好生活需要的生产与满足，与人的自由全面发展的实现过程，具有本质一致性，是一种同向同行的正相关关系。而只有逐步消除各种影响机会平等的因素，推动构建合理有序的收入分配格局，理顺不同群体、阶层之间的财富关系，才能彰显社会主义的人民立场和道义价值。在1986年答美国记者迈克·华莱士问时，邓小平阐释道："社会主义财富属于人民，社会主义的致富是全民共同致富。社会主义原则，第一是发展生产，第二是共同富裕。……正因为如此，我们的政策是不使社会导致两极分化，就是说，不会导致富的越富，贫的越贫。"[①] 另一方面，我们在理论思维上对"共同富裕"的认识要有所拓展和深化。"共同富裕"是与人民群众多样化的需要所对应的总体性范畴，新时代对"共同富裕"的理解，不应仅仅停留在经济分配方面，即只强调保障物质生活上的共同富裕，还应当拓展到社会生活的其他方面，通过全方位地调整分配格局来保障人民对社会发展成果的享有。

---

① 《邓小平文选》第三卷，人民出版社1993年版，第172页。

结 束 语

围绕拒斥关于认识和对待马克思历史规律理论的机械论倾向问题，本书从以下理路逐步展开：首先，从发生学角度探讨了马克思历史规律理论的形成问题；其次，通过研究马克思眼中的历史规律的内容、作用机制和特殊表现形式，以及辨析历史规律与自然规律、社会历史条件、人的存在之间的关系，展示了马克思历史规律理论的辩证本质；再次，从思想史意义、理论方位和历史运用三重维度考察马克思历史规律理论的地位，并从发展21世纪马克思主义的向度集中谈论如何实现这一理论的创新发展问题；最后，结合中国的现实问题和社会发展状况，研究马克思历史规律理论对认识当代中国社会主要矛盾的现实启示。在本书的末尾，有必要对书中的主要研究结论进行简要的回顾。

以列宁提出的"两个归结"为线索对马克思历史规律理论作发生学考察，有利于反对机械论割裂"逻辑"与"历史"的倾向；遭遇物质利益难题，是促使以黑格尔主义作为自己历史理论起点的马克思由纯政治转向经济关系的动因；应有和现有的矛盾，推动了马克思开始"把社会关系归结于生产关系"的探索；费尔巴哈对马克思确立"历史的"唯物主义有重要影响，但机械论所谓的"独立的费尔巴哈阶段"是不存在的；马克思之所以能在"市民社会"中找到理解人类史的锁钥，主要归因于《克罗茨纳赫笔记》的研究；在1844年把市民社会范畴具体化为资产阶级社会，马克思积极过渡到"把生产关系归结于生产力的高度"的探索；从"劳动""实践"和"物质生产"中不断探寻历史的诞生地，把"现实的人"确立为历史的前提，马克思实现向唯物史观的思想转变。驳斥机械论，还应认识到：一是马克思在1844—1846年间的思想在本体论意义上具有一致性，二是马克思建构历史规律理论的逻辑起点与历史前提是统一的，三是青年马克思不是机械的物质生产决定论者。

厘清马克思对揭示历史规律的贡献，对历史规律的内容、作用机制和表现形式作唯物辩证的阐释，有助于从源头上避免陷入机械论的泥潭。把"规律"界定为矛盾的事物之间内在的、必然的联系，与作为这一范畴起源的"逻各斯"的源初哲学含义和 λογος 的词源学解释是相称的。机械论者否认事物的内部矛盾，因此无法理解历史规律的释义——现实的历史发展过程中由内部矛盾所构成的本质关系。而马克思眼中的"历史规律"，是关于人类社会历史运动的规律，它与具体的"经济生活规律"既有显著区别，又有深层联系。马克思并非把达尔文的自然选择学说机械地套用到人类历史中，而是从历史内部真实揭示了其本身固有的社会基本矛盾运动规律。这一规律不是作为盲目强制力量的"铁的规律"，而是不排斥主体、包含潜在偶然性的内部必然性。在此基础上对社会基本矛盾运动的作用机制进行探微，具体揭示各要素间的有机联系、影响方式和联结中介，以及彰显这一运动的整体性逻辑，有利于防止掉进机械决定论的误区，有利于避免把历史规律看成死板的教条。阶级斗争和具体民族或国家社会形态的演变，是历史规律的两种特殊表现形式。把"五种社会形态"的线性更替公式当作"预设"的永恒规律强加给一切民族和地域，是机械论话语最为集中的体现。

正确解读马克思历史规律理论的要义，应当在机械论拒斥的广泛联系和辩证关系中把握历史规律的本质和特点。首先，区分自然规律与历史规律。以自然物质为基础建构的"推演论模式"，其实质在于机械地取消"两种规律"的界限。由于造成人化自然和人类社会的演进动因不同，"两种规律"之间始终存在本质差异。当然，由于人的活动的介入，永恒的自然规律在变成历史的自然规律；而且在历史规律规范主体性的意义上可把人类史理解为自然历史过程。其次，在历史规律与社会历史条件的关联中把握前者的"两副面孔"。机械论往往片面强调历史规律的抽象性、普遍性和因果性。祛除附在历史规律之上的神秘因素，须把握其抽象性与具体性的矛盾，看到历史规律的普遍性寓于实践条件的特殊性之中，它在表现形态上是因果性和统计性的统一。最后，澄清历史规律与人之存在的关系之谜。认为历史本身有自身的特殊目的，是机械论的一个缺陷。其实，只是当主体把其活动的目的内化给历史时，这种"目的"于是就作为"规律"决定人们行动的方式方法。人的主体性为揭示历史规律的秘密提供了钥匙。作为人们社会行动的规律，历史规律通过人在可能性空间中的选择而实现，其客观性奠基于主体选择合力的客观性之上，而后者则与人们以需要为基础的动机和意志合力有紧密关联。

以唯物辩证思维克服机械论的弊端，还不得不再探讨马克思历史规律理论的地位及其创新发展问题。马克思以"实践的唯物主义"立场超越法国唯物主义关于人与环境的"二律背反"，实现了对机械论等一切历史规律解释范式的革命性变革。由于在马克思"两个发现"中处于核心位置，历史规律理论构成马克思主义的理论硬核。如果说20世纪的社会主义革命从实践上突破了西欧"五种社会形态"线性更替的特殊运动规律，那么，"苏联模式"的日益僵化和中国改革的生动实践，则分别从反面和正面证实了社会基本矛盾运动规律。马克思历史规律理论的彻底性，不仅不表明它是机械论者眼中的永恒教条，反而为其对发展21世纪马克思主义的价值之存在提供了可能性。21世纪马克思主义是对当代中国马克思主义的时空拓展，是事实性和价值性的统一。发展21世纪马克思主义，最根本的是要聚焦于人类社会历史规律的主题。这为创新马克思历史规律理论提出了迫切要求，而实现该目标的关键，在于把握这一理论与机械论者拒斥的"问题"之间的关系。坚持问题导向是马克思主义的鲜明特点，马克思历史规律理论创新的路径，蕴含于"发现问题→筛选问题→研究问题→解决问题"的进路之中。以问题为导向创新马克思历史规律理论，应抓住剔除马克思主义发展史上的机械论痕迹、提升对21世纪实践的解释力、加强与各种当代思潮对话的能力三大着力点。

对马克思历史规律理论的当代运用，同样要警惕机械论倾向。之所以"选取"当代中国社会主要矛盾这个问题作为联系马克思主义中国化研究的内容，具有理论和现实的双重逻辑根据。马克思历史规律理论对认识当代中国社会主要矛盾具有深刻的启示：第一，关于党的十八大以前的主要矛盾及其实质。我国主要矛盾在1956年后就不再是阶级矛盾。经历曲折的认识历程，中国共产党在改革开放新时期突破对历史规律的抽象化理解，以生产力标准确定社会主要矛盾。这一矛盾的实质是作为基本矛盾具体化的"社会主义制度和生产力的矛盾"。第二,关于两个"变与不变"与当代中国主要矛盾的转化。社会主义初级阶段以及中国国际地位的变化,为主要矛盾的转化奠定了实践基础。而"事实上不够格"的实质和最大发展中国家地位的不变,决定新时代主要矛盾的变化并非是与纠偏相联系的质变,因而不宜以对立思维割裂两个主要矛盾的本质联系。第三,关于当代中国主要矛盾的转化动力。机械论者往往漠视"需要"的历史作用。其实,统一于实践活动中的生产与需要的矛盾,不仅是推动人类历史发展的基础矛盾,更直接构成主要矛盾转化的内生动力。第四,关于新时代主要矛盾的结构及其解决。生产和消费的对立统一关系,表明"不平衡不充分的发展"构成主要矛盾的主要方面。对新时代主要矛盾的解决,不仅要以生产力为牵引推动社会有机体的协调发展,而且须以调整分配格局为核心理顺人与人之间的关系。

参考文献

一、中文文献

(一) 经典文献

[1]《马克思恩格斯全集》第2卷，人民出版社1957年版。

[2]《马克思恩格斯全集》第7卷，人民出版社1959年版。

[3]《马克思恩格斯全集》第8卷，人民出版社1961年版。

[4]《马克思恩格斯全集》第12卷，人民出版社1962年版。

[5]《马克思恩格斯全集》第16卷，人民出版社1964年版。

[6]《马克思恩格斯全集》第19卷，人民出版社1963年版。

[7]《马克思恩格斯全集》第22卷，人民出版社1965年版。

[8]《马克思恩格斯全集》第27卷，人民出版社1972年版。

[9]《马克思恩格斯全集》第29卷，人民出版社1972年版。

[10]《马克思恩格斯全集》第40卷，人民出版社1982年版。

[11]《马克思恩格斯全集》第1卷，人民出版社2002年版。

[12]《马克思恩格斯全集》第3卷，人民出版社2002年版。

[13]《马克思恩格斯全集》第21卷，人民出版社2003年版。

[14]《马克思恩格斯全集》第25卷，人民出版社2001年版。

[15]《马克思恩格斯文集》第1—10卷，人民出版社2009年版。

[16]《列宁全集》第55卷，人民出版社1990年版。

[17]《列宁专题文集 论马克思主义》，人民出版社2009年版。

[18]《列宁专题文集 论辩证唯物主义和历史唯物主义》，人民出版社2009年版。

[19]《列宁专题文集 论社会主义》，人民出版社2009年版。

[20]《斯大林文集》，人民出版社1985年版。

[21]《毛泽东选集》第1—3卷，人民出版社1991年版。

[22]《毛泽东文集》第7—8卷，人民出版社1999年版。

[23]《邓小平文选》第2卷，人民出版社1994年版。

[24]《邓小平文选》第3卷，人民出版社1993年版。

[25] 习近平:《在哲学社会科学工作座谈会上的讲话》，人民出版社2016年版。

[26]《习近平谈治国理政》第2卷，外文出版社2017年版。

[27]《建国以来重要文献选编》第9册，中央文献出版社2011年版。

[28]《三中全会以来重要文献选编》（下），中央文献出版社2011年版。

[29]《十二大以来重要文献选编》（中），中央文献出版社2011年版。

[30]《十三大以来重要文献选编》（上），中央文献出版社2011年版。

[31]《中共中央文件选集》第11册，中共中央党校出版社1991年版。

（二）中文著作

[1] 北京大学哲学系外国哲学史教研室编译:《古希腊罗马哲学》，商务印书馆1982年版。

[2] 卜祥记:《青年黑格尔派与马克思》，商务印书馆2015年版。

[3] 陈锡喜:《马克思主义：意识形态和话语体系》，华东师范大学出版社2011年版。

[4] 陈锡喜:《马克思告诉了我们什么》，江苏人民出版社2015年版。

[5] 陈锡喜:《意识形态：当代中国的理论与实践》，中国人民大学出版社2018年版。

[6] 陈先达、靳辉明:《马克思早期思想研究》，中国人民大学出版社2016年版。

[7] 陈先达:《走向历史的深处》，中国人民大学出版社2016年版。

[8] 邓晓芒:《思辨的张力：黑格尔辩证法新探》，商务印书馆2008年版。

[9] 段忠桥:《重释历史唯物主义》,江苏人民出版社2009年版。

[10] 何中华:《重读马克思:一种哲学观的当代诠释》,山东人民出版社2009年版。

[11] 胡绳:《中国共产党的七十年》,中共党史出版社2009年版。

[12] 黄书进:《物质本质一元论》,西苑出版社1998年版。

[13] 侯绍庄:《社会历史发展规律研究》,贵州民族出版社1997年版。

[14] 林泰:《唯物史观通论》,高等教育出版社2001年版。

[15] 刘曙光:《人的活动与社会历史发展规律的关系》,民族出版社2002年版。

[16] 庞卓恒:《唯物史观与历史科学》,高等教育出版社1999年版。

[17] 王旭东、姜海波:《马克思〈克罗茨纳赫笔记〉研究读本》,中央编译出版社2016年版。

[18] 王荫庭:《普列汉诺夫哲学新论》,北京出版社1988年版。

[19] 吴晓明:《形而上学的没落——马克思与费尔巴哈关系的当代解读》,人民出版社2006年版。

[20] 萧灼基:《马克思传》,中国社会科学出版社2008年版。

[21] 徐亦让:《人道主义到唯物史观》,天津人民出版社1995年版。

[22] 俞吾金:《重新理解马克思——对马克思哲学的基础理论和当代意义的反思》,北京师范大学出版社2013年版。

[23] 俞宣孟:《本体论研究》,上海人民出版社2012年版。

[24] 张一兵:《回到马克思——经济学语境中的哲学话语》,江苏人民出版社2009年版。

(三)中文译著

[1]《不列颠百科全书》(国际中文版)第10卷,中国大百科全书出版社1998年版。

[2] [英]戴维·麦克莱伦:《青年黑格尔派与马克思》,夏威仪译,商务印书馆1982年版。

[3] [英]戴维·麦克莱伦:《马克思传》,王珍译,中国人民大学出版社2016年版。

[4]《费尔巴哈哲学著作选集》(上),商务印书馆1984年版。

[5] [美]菲利普·克莱顿、贾斯廷·海因泽克:《有机马克思主义——生态灾难与资本主义的替代选择》,孟献丽等译,人民出版社2015年版。

[6] [英]G.A.科恩:《卡尔·马克思的历史理论——一种辩护》,段忠桥译,高等教育出版社2008年版。

[7] [日]广松涉:《文献学语境中的〈德意志意识形态〉》,彭曦翻译,南京大学出版社2005年版。

[8] [日]广松涉:《唯物史观的原像》,邓习议译,南京大学出版社2009年版。

[9] [德]H.李凯尔特:《文化科学和自然科学》,商务印书馆1991年版。

[10] [德]海德格尔:《形而上学导论》,王庆节译,商务印书馆2015年版。

[11] [德]黑格尔:《逻辑学》(下),杨一之译,商务印书馆2009年版。

[12] [德]黑格尔:《小逻辑》,贺麟译,商务印书馆2009年版。

[13] [德]黑格尔:《哲学史讲演录》第1、4卷,贺麟、王太庆译,商务印书馆2009年版。

[14] [德]黑格尔:《黑格尔历史哲学》,潘高峰译,九州出版社2011年版。

[15] [德]黑格尔:《法哲学原理》,范扬、张企泰译,商务印书馆2016年版。

[16] [英]卡尔·波普尔:《开放社会及其敌人》第2卷,郑一明等译,中国社会科学出版社1999年版。

[17] [英]卡尔·波普尔:《历史决定论的贫困》,杜汝楫、邱仁宗译,上海人民出版社2009年版。

[18] [德]康德:《纯粹理性批判》,邓晓芒译,人民出版社2004年版。

[19] [德]康德:《实践理性批判》,韩水法译,商务印书馆2009年版。

[20] [德]柯尔施:《马克思主义和哲学》,王南湜、荣新海译,重庆出版社1989年版。

[21] [法]路易·阿尔都塞:《保卫马克思》,顾良译,商务印书馆2006年版。

[22] [苏]尼·拉宾:《马克思的青年时代》,南京大学外文系俄罗斯语

言文学教研室翻译组译,生活·读书·新知三联书店1982年版。

[23]《普列汉诺夫哲学著作选集》第3卷,生活·读书·新知三联书店1961年版。

[24] [苏]普列汉诺夫:《论一元论历史观的发展问题》,王荫庭译,商务印书馆2012年版。

[25] [美]R.L.海尔布隆纳:《马克思主义赞成与反对》,易史信、杜章智译,中国社会科学院情报研究所1982年版。

[26] [法]萨特著:《存在与虚无》,陈宣良等译,三联书店2007年版。

[27] [意]维柯:《新科学》(下),朱光潜译,安徽教育出版社2006年版。

[28] [德]文德尔班:《文德尔班哲学导论》,施璇译,北京联合出版公司2016年版。

[29] [苏]谢·列·鲁宾斯坦:《存在和意识》,赵璧如译,三联书店1980年版。

[30] [古希腊]亚里士多德:《形而上学》,黄颖译,时事出版社2014年版。

[31] [美]伊曼纽尔·沃勒斯坦:《现代世界体系》第1卷,尤来寅等译,高等教育出版社1998年版。

[32] [美]伊曼纽尔·沃勒斯坦:《变化中的世界体系:论后美国时期的地缘政治与地缘文化》,王逢振译,中央编译出版社2016年版。

[33] [英]伊姆雷·拉卡托斯:《科学研究纲领方法论》,兰征译,上海译文出版社2005年版。

(四)中文期刊论文

[1] 陈锡喜:《斯大林模式形成的意识形态根据及其核心话语》,载《探索与争鸣》,2010年第9期。

[2] 陈锡喜:《关于发展21世纪马克思主义的若干思考——学习习近平总书记在哲学社会科学工作座谈会上的讲话》,载《思想理论教育》,2016年第8期。

[3] 陈锡喜:《再议恩格斯和马克思的关系——兼论恩格斯晚年的唯物辩证法思想》,载《探索与争鸣》,2016年第11期。

[4] 陈锡喜:《"发现问题":马克思主义理论创新的起点》,载《上海交

通大学学报》(哲学社会科学版),2017年第5期。

[5] 陈锡喜:《十月革命所体现的历史偶然性和必然性的统一及其启示》,载《决策与信息》,2017年第10期。

[6] 陈锡喜:《主要矛盾的"变"与初级阶段"不变"相统一的理论辨析》,载《思想理论教育导刊》,2018年第1期。

[7] 陈先达:《一个值得商榷的哲学命题——关于"合规律与合目的"问题质疑》,载《学术研究》,2009年第8期。

[8] 陈先达:《历史唯物主义的史学功能——论历史事实·历史现象·历史规律》,载《中国社会科学》,2011年第2期。

[9] 谌中和:《马克思晚年学术转向的思想史意义》,载《中国社会科学》,2016年第5期。

[10] 段忠桥:《对"五种社会形态理论"一个主要依据的质疑——重释〈政治经济学批判〉序言〉的一段著名论述》,载《南京大学学报》(哲学·人文科学·社会科学版),2005年第2期。

[11] 高放:《当前要加强国际共运史研究》,载《当代世界与社会主义》,2015年第6期。

[12] 龚培河、万丽华:《马克思主义历史决定论的两个解释范式》,载《探索》,2010年第4期。

[13] 郭强:《马克思的社会形态发展规律思想新探》,载《当代世界与社会主义》,2013年第1期。

[14] 贺祥林、王启妍:《澄明社会基本矛盾与社会主要矛盾的宏阔视野》,载《理论探讨》,2015年第1期。

[15] 侯惠勤:《试论马克思主义理论的"内在紧张"》,载《中国社会科学》,2007年第3期。

[16] 侯惠勤:《读好马列经典是博士生的基本功》,载《思想理论教育导刊》,2017年第3期。

[17] 胡涵锦:《"新时代"范畴"进课堂"的教学思路探析》,载《学校党建与思想教育》,2018年第7期。

[18] 胡亚军、许恒兵:《历史规律的抽象性特征——从〈德意志意识形

态〉谈起》，载《云南社会科学》，2008年第2期。

[19] 黄伟力：《开掘思想资源 推进马克思主义理论创新》，载《党政论坛》，2013年第5期。

[20] 姜海波：《马克思和赫斯的思想关系》，载《哲学动态》，2014年第5期。

[21] 姜忠：《关于社会主义社会基本矛盾和主要矛盾的关系问题》，载《经济研究》，1978年第7期。

[22] 李延明：《社会基本矛盾究竟由哪两个方面组成》，载《马克思主义研究》，2006年第8期。

[23] 梁树发、李德阳：《发展21世纪马克思主义路径的思考》，载《思想理论教育导刊》，2017年第3期。

[24] 梁爽：《只有用历史的辩证法才能正确理解马克思主义——访英国肯特大学哲学系荣休教授肖恩·塞耶斯》，载《马克思主义研究》，2016年第11期。

[25] 刘青华：《"社会基本矛盾"和"社会主要矛盾"这两个概念是不恰当的》，载《国内哲学动态》，1979年第4期。

[26] 卢秉利：《应有和现有：马克思早期思想逻辑转换的枢纽》，载《广西社会科学》，2003年第10期。

[27] 马艳、张建勋：《不同所有制条件下的收入差距问题研究——基于机会不平等理论的视角》，载《财经研究》，2015年第5期。

[28] 马拥军、陈瑞丰：《如何看待新时代的社会主要矛盾》，载《江苏行政学院学报》，2018年第2期。

[29] 秦宣：《21世纪马克思主义的历史使命》，载《理论视野》，2016年第6期。

[30] 任平：《论"21世纪马克思主义"的出场路径与当代使命》，载《吉林大学社会科学学报》，2017年第6期。

[31] 商逾：《论历史规律的抽象表述与具体论述之关系及其方法论意义》，载《马克思主义研究》，2003年第2期。

[32] 孙承叔：《中国道路与马克思主义哲学研究重心的第二次转向》，

载《马克思主义与现实》，2014年第1期。

[33] 孙继虎：《对马克思社会发展规律理论两个重大问题的再认识》，载《华东师范大学学报》（哲学社会科学版），2007年第3期。

[34] 孙力：《主要矛盾分析方法是中国共产党的理论创新》，载《毛泽东邓小平理论研究》，2017年第12期。

[35] 孙熙国：《是地道的唯心主义哲学还是唯物史观的秘密诞生地——马克思〈博士论文〉与唯物史观的创立》，载《学术月刊》，2013年第5期。

[36] 田心铭：《马克思对唯物主义历史观要点"扼要的阐述"——读马克思〈《政治经济学批判》序言〉》，载《红旗文稿》，2015年第5期。

[37] 田毅松：《马克思思想发展中是否存在"费尔巴哈阶段"》，载《高校马克思主义理论研究》，2016年第3期。

[38] 王东：《恩格斯的伟大贡献与历史地位——兼论必须回答"马恩对立论"的思想挑战》，载《毛泽东邓小平理论研究》，2010年第12期。

[39] 王东、林锋：《马克思哲学存在一个"费尔巴哈阶段"吗？——"两次转变论"质疑》，载《学术月刊》，2007年第4期。

[40] 王南湜：《历史唯物主义阐释中的历史目的论批判》，载《社会科学》，2008年第12期。

[41] 王天恩：《"可能性空间"及其认识和实践意义》，载《江西社会科学》，1989年第4期。

[42] 王伟光：《学习和掌握马克思两个伟大发现的重要意义》，载《马克思主义研究》，2016年第8期。

[43] 王于、陈朗：《"实践本体论"及其革命意义》，载《哲学动态》，1988年第3期。

[44] 奚兆永：《关于五种社会形态理论的讨论——兼评〈对"五种社会形态理论"一个主要依据的质疑〉一文》，载《教学与研究》，2006年第2期。

[45] 杨耕：《当前马克思主义研究中的五个重大问题》，载《南京大学学报》（哲学．人文科学．社会科学），2014年第4期。

[46] 杨耕：《历史规律研究中的三个重大问题》，载《江苏社会科学》，2014年第5期。

[47] 叶泽雄：《论马克思人学视野中的"历史规律"》，载《哲学研究》，2014年第12期。

[48] 俞吾金：《被遮蔽的马克思》，载《学术月刊》，2012年第5期。

[49] 张凤莲：《坚持马克思主义哲学的唯物论本质》，载《哲学研究》，1996年第12期。

[50] 张国祚：《创新21世纪马克思主义必须着力研究的四个问题》，载《马克思主义研究》，2017年第3期。

[51] 张奎良：《马克思人的本质思想的全景展示》，载《天津社会科学》，2014年第1期。

[52] 张淑君：《社会主义初级阶段主要矛盾与基本矛盾辨析》，载《长白学刊》，1999年第3期。

[53] 张廷国：《"道"与"逻各斯"：中西哲学对话的可能性》，载《中国社会科学》，2004年第1期。

[54] 张一兵：《永恒的自然规律在变成历史的自然规律》，载《南京大学学报》（哲学·人文·社会科学），1995年第3期。

[55] 赵家祥：《质疑"马恩对立论"》，载《教学与研究》，2005年第5期。

[56] 左亚文：《邓小平社会主义阶段论对列宁思想的继承与发展》，载《马克思主义研究》，2002年第6期。

（五）中文报纸文章

[1] 韩东屏：《历史是被什么决定的》，载《社会科学报》，2017年2月23日。

[2] 韩震：《如何理解21世纪马克思主义的价值》，载《光明日报》，2016年8月14日。

[3] 胡涵锦：《创新发展21世纪马克思主义、当代中国马克思主义》，载《中国社会科学报》，2018年4月26日。

[4] 孙力：《历史是被制度决定的吗》，载《社会科学报》，2017年3月9日。

[5] 《习近平在中共中央政治局第十一次集体学习时强调 推动全党学习和掌握历史唯物主义 更好认识规律更加能动地推进工作》，载《人民日报》，2013年12月5日。

[6] 习近平：《在纪念马克思诞辰200周年大会上的讲话》，载《人民日

报》，2018年5月5日。

（六）析出文献

[1] 安启念：《〈关于费尔巴哈的提纲〉与〈1844年经济学哲学手稿〉》，见韩立新主编：《新版〈德意志意识形态研究〉》，中国人民大学出版社2008年版。

[2] 聂敏里：《什么是赫拉克利特的逻各斯》，见冯俊主编：《哲学家》，人民出版社2006年版。

二、外文文献

[1] *Karl Marx/Friedrich Engels-Werke: Band 13*, Berlin: Dietz Verlag,1971.

[2] W.K.C. Guthrie, *A History of Greek Philosophy*, Vol.1,Cambridge: Cambridge University Press,1962.

后 记

本书是在我的博士学位论文的基础上完成的，也是我的第一本学术专著。由于马克思历史规律理论在马克思主义理论体系中的独特地位，国内外学界对其关注的热度长期保持在一个较高的水平上。在某种意义上，学习和研究马克思主义，就避不开对马克思历史规律理论进行再诠释的问题。

把马克思历史规律理论作为博士论文的选题方向，得到恩师上海交通大学讲席教授陈锡喜先生的肯定。在长期的写作过程中，陈老师倾注了大量的心血，给予了全方位的指导。陈老师是真学、真信、真用马克思主义，如果再考一次博士生，我还要选择拜于他的门下。在他的指导和感染下，我更加坚定马克思主义理论自信，增强学习马克思恩格斯原著的自觉，并注重培养研究中的问题意识，从而加深了对马克思主义基本立场和核心原理的认识。

"陈门喜苑"有定期举办学术沙龙的传统，本书在某种程度上还诞生于多次师门沙龙的思想火花碰撞中。感谢杜玉华教授、赵勇教授、徐国民教授、徐俊峰教授、焦娅敏教授、温美平教授、邬思源教授、刘伟博士、桑建泉与贾鹏飞等同门对本书的贡献。

感谢我的硕士生导师、山东大学荣聘教授周向军先生。周老师是我的学术领路人和人生导师，是他把我引入了马克思主义的学术殿堂。本书的形成，得益于周老师关于"学点哲学"和"以科学的态度对待马克思主义"的教导。

  本书在成稿和准备出版的过程中,亦得到了胡涵锦教授、黄伟力教授、王岩教授、王平教授、高福进教授、孙力教授、张远新教授、杜艳华教授、李冉教授、汪青松教授、张传泉博士等专家学者的点拨和帮助。

  承蒙中央编译出版社的抬爱,将本书纳入《马克思诞辰200周年纪念文库》。中央编译出版社编辑在组织书稿评选、进行编辑校订等方面为本书的付梓做出了重要的贡献。

  最后,特别感激我的父母、岳父母以及妻子覃喆等家人对我的包容、守候和鼓励。没有他们,我就不可能完成博士阶段的学业,因而也不可能顺利完成本书的写作。

  本书是我学习和研究马克思主义的阶段性成果。在走进马克思深邃的思想世界的过程中,作为一名刚入门的初学者,我总是感到心有余而力不足。书中难免存在许多纰漏,恳请学界专家和读者朋友们批评指正。

李国泉